A UNIÃO EUROPEIA

ANTÓNIO GOUCHA SOARES
Professor Jean Monnet de Direito Comunitário
Instituto Superior de Economia e Gestão
Universidade Técnica de Lisboa

A UNIÃO EUROPEIA

ALMEDINA

A UNIÃO EUROPEIA

AUTOR
ANTÓNIO GOUCHA SOARES

EDITOR
EDIÇÕES ALMEDINA, SA
Rua da Estrela, n.º 6
3000-161 Coimbra
Tel.: 239 851 904
Fax: 239 851 901
www.almedina.net
editora@almedina.net

EXECUÇÃO GRÁFICA
Cláudia Mairos
claudia_mairos@yahoo.com

IMPRESSÃO • ACABAMENTO
G.C. – GRÁFICA DE COIMBRA, LDA.
Palheira – Assafarge
3001-453 Coimbra
producao@graficadecoimbra.pt

Abril, 2006

DEPÓSITO LEGAL
241311/06

Os dados e as opiniões inseridos na presente publicação
são da exclusiva responsabilidade do(s) seu(s) autor(es).

Toda a reprodução desta obra, por fotocópia ou outro qualquer processo,
sem prévia autorização escrita do Editor,
é ilícita e passível de procedimento judicial contra o infractor.

SUMÁRIO

Nota Prévia

CAPÍTULO I: Das Comunidades à União Europeia

CAPÍTULO II: O Tratado de Nice

CAPÍTULO III: O Alargamento a Leste

CAPÍTULO IV: Federalismo e União Europeia

CAPÍTULO V: O Tratado Constitucional da União Europeia

CAPÍTULO VI: As Instituições e o Processo Político

CAPÍTULO VII: A Divisão de Competências entre a União e os Estados-Membros

CAPÍTULO VIII: Direitos Fundamentais

Bibliografia

Quadro de Matérias

NOTA PRÉVIA

A União Europeia vive uma fase delicada. A onda de Tratados adoptados no decurso dos últimos anos, o alargamento a leste, as consequências da globalização económica e a aprovação de uma Constituição colocaram a integração europeia no centro do debate político em todos os Estados-membros. Por seu turno, o processo de ratificação do Tratado Constitucional evidenciou que a União Europeia é uma questão fracturante para os cidadãos e as opiniões públicas dos Estados-membros.

Este livro pretende ser um contributo, ainda que limitado, para o melhor conhecimento da União Europeia. Ao longo dos seus diferentes capítulos são abordadas as principais questões relacionadas com o processo de integração, começando pela criação das Comunidades Europeias e o estabelecimento da União. De seguida, é analisado o conteúdo do Tratado de Nice, que define as regras de funcionamento institucional da União. O Capítulo III é consagrado ao alargamento da União aos países do leste europeu. O Capítulo sucessivo contém uma reflexão sobre a questão do federalismo no contexto da integração europeia. O Capítulo V é dedicado ao Tratado Constitucional, que se encontra em fase de ratificação pelos Estados-membros. O sistema político da União é objecto do Capítulo VI. Os dois últimos capítulos abrangem temas centrais no funcionamento da União Europeia que são, respectivamente, a divisão de competências entre a União e os Estados-membros, e a protecção dos direitos fundamentais dos cidadãos. O livro não pretende servir, todavia, de manual sobre a União Europeia. Pelo que não esgota os temas tratados, nem abrange a globalidade dos domínios de intervenção da União.

O presente livro reúne um conjunto de estudos e ensaios sobre integração europeia e direito comunitário, que haviam sido publicados em revistas científicas e obras colectivas, bem como textos apresentados em conferências académicas. Assim, compreende artigos publicados na *Análise Social* (2000), *Revista do Ministério Público* (2000 e 2004), *Política Internacional* (2000), capítulos de livros organizados por Paula Fontoura (Celta, 2004) e António Romão (Celta, 2004), bem como conferências realizadas na Roger Williams University (2003) e na Faculdade de Direito de Lisboa (2005). Todos os capítulos foram objecto de apurada revisão, de forma a melhorar a consistência do livro. Pretende-se agora oferecer estes estudos sobre a União Europeia a um público mais vasto do que a comunidade académica, que havia sido destinatária inicial. Agradece-se a todas as entidades que acolheram a anterior versão destes textos a oportunidade de renovar a sua oferta, em edição integrada. Eventuais fragilidades e insuficiências existentes no livro são da exclusiva responsabilidade do autor.

Lisboa, Janeiro de 2006.

CAPÍTULO I

DAS COMUNIDADES À UNIÃO EUROPEIA

O processo de integração europeia nasceu de um imperativo político de paz. A necessidade de estabelecer relações pacíficas duradouras entre as maiores potências continentais esteve na base da formação dos principais movimentos políticos integracionistas que se registaram ao longo do século XX. Os dois grandes conflitos mundiais, que tiveram por principal terreno de guerra o coração da Europa, foram os maiores detonadores dos movimentos que se situam nas origens da actual realidade da construção europeia.

Foi esse imperativo de paz que originou o movimento pan-europeu que emergiu no rescaldo da assinatura do Tratado de Versalhes. Inspirado em *Pan-Europa* de Coudenhove-Kalergi, obra publicada em 1923, o movimento defendia que a unidade política continental deveria assentar na integração franco-alemã, cujas tradicionais desavenças haviam estado na origem dos precedentes conflitos europeus.[1] Em termos institucionais, Kalergi pretendia que a União Pan-europeia fosse dotada de um Parlamento bicameral, onde uma Câmara baixa representaria os povos europeus - com um deputado por cada milhão de habitantes - e o Senado reuniria representantes dos Estados. Este processo deveria ser despoleta-

---

[1] R.N. Coudenhove-Kalergi, *Pan-Europa*, Wien, 1923; versão em língua inglesa, *Pan-Europe*, A.A.Knopf, New York, 1926.

do através de uma conferência intergovernamental que elaborasse um Tratado onde se fixaria, numa primeira fase, o objectivo da realização de uma união aduaneira e de um espaço económico único.

O movimento patrocinado por Kalergi[2] gerou alguma dinâmica integracionista entre as elites centro-europeias da época, tendo estado na base do discurso do Ministro dos Negócios Estrangeiros francês na Sociedade das Nações, em Setembro de 1929. Nessa intervenção, Briand propôs aos seus homólogos políticos que entre os povos que se encontram geograficamente agregados no território europeu se construísse *uma espécie de laço federal*. Muito embora o alcance da sua afirmação tivesse sido algo diluído pelo facto de haver referido que a associação de Estados proposta em nada afectaria a soberania dos países membros.

Contudo, a crise económica mundial que imediatamente seguiu, o súbito desaparecimento de um dos grandes entusiastas do projecto - Stresemann, Ministro dos Negócios Estrangeiros alemão -, o recrudescimento dos nacionalismos, o alastramento dos regimes totalitários no continente europeu e a célere caminhada para uma situação de onde resultaria a Segunda Guerra Mundial, liquidaram a intenção de encetar o processo de integração europeia.[3]

No final do segundo conflito mundial, o imperativo da construção de relações pacíficas duradouras no continente europeu motivou a realização do Congresso de Haia, em Maio de 1948. Presidido por Churchill e juntando personalidades políticas e intelectuais de toda a Europa ocidental, o Congresso estabeleceu um comité político de ligação, que posteriormente daria origem ao Movimento Europeu. O Congresso aprovou também a ideia da formação de um Parlamento Europeu, muito embora não tenha sido possível gerar consenso entre as diversas tendências ma-

---

[2] Outras obras que testemunham o empenho europeísta de Kalergi, *Europe Must Unite*, Paneuropa Editions Ltd, Switzerland, 1939; *Crusade for Pan-Europe - Autobiography of a Man and a Movement*, G.P.Putman's, New York, 1943; *An Idea Conquers the World*, Hutchinson, London, 1953.

[3] J. Lukaszewski, *Jalons de l'Europe*, Fondation Jean Monnet, Lausanne, 1985, p. 81.

nifestadas quanto ao modo e aos termos que deveriam caracterizar o embrionário processo de construção europeia que ali se havia começado a definir.

Ainda que o Congresso de Haia tenha resultado de uma iniciativa não-governamental, o seu espírito europeísta reflectiu-se na declaração do Ministro dos Estrangeiros francês - por ocasião da assinatura do Tratado de Aliança de Bruxelas entre a França, Reino Unido e Benelux, em Julho de 1948 - que propôs aos parceiros nacionais a criação de uma união económica e monetária e de um Parlamento Europeu como primeiros passos da construção europeia.

A dinâmica política gerada pelo Congresso de Haia e o impacto provocado pela proposta do Ministro Bidault levaram à constituição do Conselho da Europa, em Maio de 1949, com o objectivo explícito da realização de uma união mais estreita entre os países europeus.[4] Por imposição britânica, o Estatuto do Conselho da Europa previu que esta organização tivesse, a par do órgão parlamentar, um Comité de Ministros em representação dos governos nacionais[5]. A primazia de poderes confiada ao Comité de Ministros atenuou os propósitos supranacionais que inspiraram a gestação do Conselho da Europa. Talvez por esse motivo, o Conselho da Europa apesar de haver sido criado com base no ideal federador dos Estados da Europa democrática, não tenha conseguido alcançar o protagonismo que dele se esperava como motor da construção europeia. O que não obsta a que se reconheça ao Conselho da Europa uma acção notável noutros domínios, como no âmbito da protecção dos direitos fundamentais, sendo uma referência da Europa democrática.

---

[4] Preâmbulo do Estatuto do Conselho da Europa. Também o artigo 1º, alínea a).

[5] J.-B. Duroselle, *História da Europa*, Publicações Dom Quixote, Lisboa, 1990, p.394.

As Comunidades Europeias

Seria um crítico do funcionamento do Conselho da Europa - Jean Monnet - que viria dar outro rumo à construção europeia. Monnet defendia que se deveria seguir uma estratégia de pequenas realizações comuns dos Estados europeus, a qual deveria levar à criação de solidariedades de facto entre países tradicionalmente rivais e conflituantes.[6] Descrente das abordagens da integração europeia que privilegiavam o primado da política sobre a economia, Monnet elaborou um plano que visava não apenas superar o diferendo político sobre a questão do Sarre, que impedia a plena reconciliação franco-alemã, como levar os Estados participantes a aceitarem o princípio da criação de uma entidade supranacional.[7]

Adoptado pelo executivo francês, o plano Monnet seria formalizado através da declaração proferida por Schuman, Ministro dos Negócios Estrangeiros, em Maio de 1950, propondo à Republica Federal Alemã que o conjunto da produção e comercialização do carvão e do aço franco-alemães fossem colocados sob a direcção de uma Alta Autoridade, a qual exerceria funções no quadro de uma nova organização aberta à participação de outros Estados democráticos.[8]

Através do controlo da produção franco-alemã do carvão e do aço - base da indústria do armamento de então - por parte de uma autoridade supranacional, Monnet pensava que impossibilitaria o eclodir de novo conflito entre os dois Estados. Por outro lado, com a nova organização aliviavam-se as tensões políticas existentes entre Alemanha e França sobre o destino dos territórios do Sarre e permitia-se, ainda, responder ao défice de aprovisionamento de carvão necessário ao esforço de reconstrução da indústria europeia no período do pós-guerra.

---

[6] J. Lukaszewski, *Jalons de l'Europe*, op. cit., p. 121.

[7] F. Duchêne, Jean Monnet - *The First Statesmam of Interdependence*, W.W. Norton & Comp., New York, 1994, p. 181.

[8] J. Monnet, *Mémoires*, Fayard, Paris, 1976, p. 350.

O projecto Monnet afastava-se da abordagem federalista da integração europeia que inspirou a criação do Conselho da Europa. Monnet não acreditava que a construção europeia pudesse ser despoletada de modo abertamente político. Preferia antes uma via de tipo funcionalista.[9] Na verdade, Monnet defendia que a integração europeia era um projecto que deveria começar pela criação de solidariedades de facto entre França e Alemanha, que afastassem o perigo de confrontação entre estes Estados. Seria explorando o filão da criação sucessiva de interesses comuns entre os principais Estados europeus que seria possível, posteriormente, conferir uma orientação política ao processo de integração europeia.[10] Daí que a estratégia de Monnet tenha sido considerada neo-funcionalista, na medida em que combinava o propósito de unificação entre Estados europeus prosseguido pelo federalismo - assente no primado da política - com o método funcional, onde a forma do objectivo político a atingir se subordinava à função desempenhada.[11]

A Declaração Schuman - que mereceu resposta positiva da Alemanha, e à qual também se associaram Itália, Bélgica, Holanda e Luxemburgo - está na base da criação da primeira das três Comunidades Europeias - a Comunidade Europeia do Carvão e do Aço (CECA) - cujo Tratado constitutivo foi assinado em Paris, em Abril de 1951. A CECA, que iniciou a sua actividade em 1952, visava a realização de um mercado comum do carvão e do aço entre os Estados-membros.

Segundo a Declaração Schuman, o estabelecimento da CECA deveria constituir a primeira pedra de um processo mais vasto que visava a criação de uma federação europeia. O sucesso da primeira Comunidade Europeia levou os seus mentores a precipitarem-se no lançamento de ou-

---

[9] E.B. Haas, *The Uniting of Europe*, Stanford University Press, California, 1958.

[10] J. Monnet, *Mémoires*, op. cit., p. 353.

[11] C. Pentland, "Political Theories of European Integration: Between Science and Ideology", in D.Lasok, P.Soldatos, *Les Communautés en Fonctionnement*, Bruylant, Bruxelles, 1981, p. 345. Para uma crítica da teoria neo-funcionalista, A. Moravcsik, *The Choice for Europe - Social Purpose and State Power from Messina to Maastricht*, Cornell University Press, New York, 1998, p.13 e segs.

tros objectivos de integração para fazer face a dificuldades políticas conjunturais. De entre essas, colocava-se a polémica relativa à questão do rearmamento alemão. Com efeito, no contexto da Guerra-fria, e na sequência da guerra da Coreia, os compromissos dos Aliados relativos ao desarmamento alemão pareciam irremediavelmente ultrapassados. Porém, a França continuava a opor-se à possibilidade do rearmamento da Alemanha. Para superar o impasse resultante do veto francês perante a inevitabilidade de fazer participar a Alemanha ocidental na defesa do seu território, contra hipotética agressão da República Democrática Alemã, o Primeiro-Ministro francês Pleven, inspirado por Monnet, apresentou um plano que previa o alargamento da experiência da primeira Comunidade Europeia ao domínio da defesa, contornando o problema da criação do exército alemão através da formação de um corpo de forças armadas europeias.[12]

Com este propósito, os Estados-membros da CECA assinaram, em Maio de 1952, o Tratado constitutivo de uma Comunidade Europeia da Defesa. Porém, como a questão da defesa comum não poderia deixar de ser equacionada no contexto mais amplo da sua dimensão política, os Estados signatários do acordo constitutivo da nova Comunidade assinaram, em 1953, o Tratado relativo ao estabelecimento de uma Comunidade Política Europeia, complementar da Comunidade de Defesa.

A ratificação da Comunidade Europeia de Defesa conheceu obstáculos insuperáveis em França, ainda que o respectivo Tratado tivesse sido antes ratificado pelos demais Estados. Na verdade, a forte oposição dos comunistas, de parte da esquerda socialista e do General De Gaulle a qualquer tipo de compromisso que permitisse o rearmamento alemão, bem como o clima de momentâneo degelo no ambiente da Guerra Fria, provocado pela morte de Estaline - com a consequente abertura da nova liderança política na União Soviética - fizeram com que a Assembleia Nacional francesa tivesse recusado a ratificação do Tratado constitutivo

---

[12] C. Pineau, C. Rimbaud, *Le Grand Pari. L'Aventure du Traité de Rome*, Fayard, Paris, 1991, p.123.

da Comunidade Europeia de Defesa, em Agosto de 1954[13], comprometendo a viabilidade desta organização e arrastando, ainda, a sorte da Comunidade Política Europeia[14].

Perante este insucesso político, a estratégia europeísta centrou-se de novo numa perspectiva de integração que, fundada no primado da economia, permitisse o relançamento do processo de construção europeia. Na conferência de Messina de 1955, os ministros do Benelux propuseram a criação de uma nova Comunidade que promovesse a integração global de todas as actividades económicas através da construção de um mercado comum europeu. Diferente se afigurava a ideia defendida por Monnet o qual preferia continuar, na linha da experiência conseguida pela CECA, a estabelecer pequenas integrações económicas sectoriais, privilegiando a europeização da energia atómica não militar.[15] Uma comissão presidida por Spaak seria encarregue de elaborar um relatório que servisse de base à redacção do Tratado constitutivo da nova entidade. Esse relatório foi apresentado à Conferência de Veneza de 1956, a qual decidiu pela criação de duas novas Comunidades - a Comunidade Económica Europeia e a Comunidade Europeia da Energia Atómica.

A Comunidade Económica Europeia pretendia a integração geral das actividades económicas dos Estados-membros, com o objectivo da criação do mercado comum europeu que estabelecesse os fundamentos de uma união cada vez mais estreita entre os povos europeus[16]. Por seu turno, a Comunidade Europeia da Energia Atómica abrangia apenas o sector específico da energia nuclear para fins civis. Os motivos que levaram à separação da Energia Atómica face à Comunidade Económica Europeia

---

[13] Em 30 de Agosto de 1954 a Assembleia Nacional recusou a moção apresentada pelo primeiro-ministro Mendès-France sobre a ratificação do Tratado da Comunidade Europeia de Defesa, cfr. D.W.Urwin, *The Community of Europe - A History of European Integration Since 1945,* 2nd ed., Longmann, London, 1995, p.67. Cfr. também, J. Monnet, Mémoires, op. cit., p. 465.

[14] W.Wallace, J. Smith, "Democracy or Technocracy? European Integration and the Problem of Popular Consent", *West European Politics 18* (1995), p. 137.

[15] J. Monnet, *Mémoires*, op. cit., p. 473.

[16] Preâmbulo do Tratado que estabeleceu a Comunidade Económica Europeia.

deveram-se à prudência dos negociadores, pelo receio que os processos nacionais de ratificação pudessem rejeitar o Tratado CEE - à semelhança do que tinha sucedido em 1954 com a Comunidade Europeia de Defesa - por ser aquele que continha objectivos de integração mais ambiciosos, salvando-se, em tal eventualidade, o Tratado que instituía a Comunidade da Energia Atómica.[17]

Os Tratados constitutivos das novas Comunidades Europeias foram assinados em Roma, em Março de 1957, pelos seis Estados-membros da CECA. As Comunidades iniciaram as suas actividades em 1958. As três Comunidades Económicas Europeias, apesar de autónomas do ponto de vista jurídico, constituíram um fenómeno unitário em termos políticos. A unicidade política foi evidenciada, desde logo, pela realização de uma Convenção que estabelecia que a Assembleia Parlamentar e o Tribunal de Justiça seriam instituições comuns às três Comunidades.

O projecto de integração protagonizado pelas Comunidades Europeias tem sido objecto de substancial evolução desde a assinatura dos Tratados de Roma. Esta evolução processou-se quer pela adesão de novos Estados europeus, quer pelo reforço dos mecanismos institucionais e das áreas de actuação acordadas em 1957. Assim, os desenvolvimentos principais da construção europeia são susceptíveis de serem analisados no quadro do alargamento a novos Estados e do aprofundamento da integração.[18]

Alargamento

O primeiro alargamento da Comunidade Europeia ocorreu no princípio dos anos setenta, muito embora a Comunidade tivesse conhecido ante-

---

[17] P.J.G. Kapteyn e P. Verloren Van Themaat, *Introduction to the Law of the European Communities*, Kluwer, Deventer, 1973, pag.15.

[18] N. Nugent, "The Deepening and Widening of the European Community: Recent Evolution, Maastricht and Beyond", *Journal of Common Market Studies XXX* (1992), p. 313.

riormente diligências no sentido da adesão de novos Estados.[19] Nas negociações de adesão deste alargamento comunitário participaram Reino Unido, Dinamarca, Noruega e Irlanda. Porém, a Noruega não ratificou o Tratado de Adesão, assinado em 1972, em virtude do resultado do referendo sobre a integração na Comunidade Europeia. Os outros três Estados tornaram-se membros efectivos da Comunidade Europeia em 1973.[20]

Numa segunda fase do alargamento, a Comunidade Europeia deslocaria ligeiramente a sul o eixo de gravidade do processo de integração. Esta vaga de alargamento compreendeu os países meridionais, que haviam andado apartados da esfera avançada da integração europeia em virtude da natureza autoritária dos seus regimes políticos. Assim, e com o intuito de apoiar as transformações políticas realizadas durante a década de 1970, a Comunidade Europeia acolheu favoravelmente os pedidos de adesão formulados por estes Estados. O primeiro ingresso proveniente de um país do sul da Europa processou-se com a entrada da Grécia, que assinou o Tratado de Adesão em 1979, tendo-se tornado no décimo Estado-membro em 1981. Mais demoradas se revelaram as negociações de adesão dos países ibéricos os quais, apesar de terem solicitado a adesão em 1977, vieram apenas a celebrar o acordo final em 1985, tornando-se membros efectivos a partir de 1986.[21] A Comunidade Europeia duplicava, assim, o seu número inicial de Estados-membros.

---

[19] O Reino Unido - seguido pela Dinamarca, Irlanda e Noruega - apresentou dois pedidos de adesão durante a década de 1960. O primeiro, em 1961, foi vetado pelo Presidente De Gaulle em 1963, após negociações. O segundo, em 1967, conheceu novo veto do Presidente francês nesse ano e, tal como no primeiro caso, a posição gaulesa foi apresentada em conferência de imprensa. Sobre o assunto ver, D.W.Urwin, *The Community of Europe - A History of European Integration Since 1945,* op. cit., pp. 116-129.

[20] Uma visão distinta das motivações tradicionalmente associadas ao veto de De Gaulle à adesão do Reino Unido - a defesa da hegemonia francesa na Comunidade Europeia - é oferecida por Moravcsik que sustenta que o veto francês se deveu fundamentalmente a motivos económicos relacionados com a comercialização do trigo, cfr. A. Moravcsik, *The Choice for Europe* , op. cit., p. 176.

[21] A adesão dos países ibéricos deparou com fortes dificuldades por parte de certos Estados-membros, em particular França e Itália, devido aos receios dos efeitos negativos

Na década de 1990, a União Europeia conheceu novo alargamento. Num primeiro momento, os países membros da Associação Europeia de Comércio Livre (EFTA), com o intuito de incrementar as relações económicas com a Comunidade Europeia, assinaram o acordo relativo à formação de um Espaço Económico Europeu. Porém, alguns países da EFTA sentiram a necessidade de participarem plenamente no processo de integração europeia, tendo demandado a respectiva adesão. O Tratado de Adesão da Áustria, Finlândia, Noruega e Suécia à União Europeia seria assinado em 1994. De novo, e à semelhança do ocorrido aquando do primeiro alargamento comunitário, os norruegueses recusaram por referendo a integração no processo de construção europeia. Assim, em 1995 a União Europeia passou a contar com quinze Estados-membros.

O fenómeno do alargamento da União conheceu nova dinâmica com os pedidos de adesão dos países do leste europeu, tema analisado no capítulo III.

Aprofundamento

Por aprofundamento entende-se a evolução verificada quer no sistema institucional comunitário - como a criação do Conselho Europeu ou o aumento dos poderes conferidos ao Parlamento Europeu -, quer as alterações ao sistema de competências atribuídas à Comunidade Europeia, as quais definem o seu limite de actuação.

Refira-se, porém, que o chamado aprofundamento comunitário se tem verificado de modo desigual. Nas primeiras décadas da Comunidade Europeia, o aprofundamento processou-se quer através de alterações pontuais, decididas a nível político, ao quadro geral de funcionamento das Comunidades, quer em resultado da chamada dinâmica comunitária de integração. A partir do Acto Único Europeu entrou-se numa nova fase do

---

que a poderosa agricultura espanhola poderia causar nas produções agrícolas destes últimos, cfr. D.W.Urwin, *The Community of Europe - A History of European Integration Since 1945*, op. cit., p.208.

aprofundamento do processo de integração, caracterizada pelo facto de as alterações introduzidas decorrerem da revisão dos Tratados constitutivos. Como elementos marcantes desta fase do aprofundamento temos a assinatura do Tratado da União Europeia em 1992, a aprovação do Tratado de Amesterdão em 1997, a conclusão do Tratado de Nice em 2000, bem como o Tratado Constitucional de 2004.

Uma dimensão fundamental do aprofundamento do processo de integração ocorrido durante essa primeira fase respeita ao reforço da supranacionalidade do seu ordenamento jurídico. O sistema normativo comunitário comportava, desde início, um conjunto de características supranacionais, como sejam a existência de certos actos jurídicos susceptíveis de serem directamente aplicados nos Estados-membros e um Tribunal de Justiça dotado de vastas competências para o exercício do controlo de legalidade. Porém, a partir dos anos 1960, o Tribunal de Justiça desenvolveu jurisprudência que acentuou a dimensão supranacional do sistema normativo comunitário. Essa jurisprudência respeitava aos chamados princípios do efeito directo e do primado do direito comunitário, bem como ao diálogo que soube estabelecer com os tribunais nacionais.[22]

Através do princípio do efeito directo, o Tribunal de Justiça das Comunidades Europeias rompeu com a ideia do direito comunitário como corpo de normas que respeitavam apenas aos Estados-membros e às instituições europeias, atribuindo também aos cidadãos a possibilidade de invocar essas normas nos tribunais nacionais. Referindo-se à importância do princípio do efeito directo, o Juiz Mancini considerou-o a maior realização democrática empreendida pelo Tribunal de Justiça, por ter permitido retirar as normas comunitárias do círculo restrito de políticos e burocratas e ter alargado o seu âmbito de aplicação a todos os cidadãos[23].

---

[22] J.H.H.Weiler, *The Constitution of Europe - "Do the new clothes have an emperor?" and other essays on European integration*, Cambridge University Press, 1999, p.28.

[23] G.F. Mancini, D.T.Keeling, "Democracy and the European Court of Justice", *The Modern Law Review 57* (1994), p. 183.

Pelo princípio do primado do direito comunitário o Tribunal de Justiça afirmou que, em caso de conflito entre o disposto por uma norma nacional e uma norma comunitária, o direito comunitário deveria prevalecer sobre o direito nacional. O princípio da supremacia do direito comunitário sobre o direito interno dos Estados-membros - que faz com que o disposto em qualquer norma comunitária deva primar sobre qualquer norma nacional, mesmo de natureza constitucional - conduziu ao estabelecimento de uma rígida hierarquia nas relações entre direito comunitário e o direito dos Estados-membros.

O terceiro aspecto da supranacionalidade normativa do sistema comunitário respeita ao relacionamento do Tribunal de Justiça com os tribunais nacionais. O Tratado da Comunidade Europeia previa que os juízes nacionais que tivessem dúvidas sobre a interpretação de certas normas comunitárias pudessem colocar essas dúvidas ao Tribunal de Justiça, através do mecanismo do reenvio prejudicial. Porém, os juízes nacionais desde cedo suscitaram questões que colocavam problemas de compatibilidade do direito nacional com o direito comunitário. Situação que transcendia o alcance do mecanismo das questões prejudiciais previsto no Tratado. Na medida em que o órgão jurisdicional comunitário não recusou o conhecimento destas questões, o Tribunal de Justiça adquiriu a possibilidade de empreender um controlo da conformidade do direito nacional com o direito comunitário, bem como transformou os tribunais nacionais em órgãos de fiscalização do cumprimento das obrigações que os Estados assumiram no plano comunitário.[24]

O efeito conjugado dos três aspectos referidos determinou profunda alteração do perfil do ordenamento jurídico comunitário. Com efeito, as mutações introduzidas pela jurisprudência do Tribunal de Justiça ao funcionamento do sistema jurídico da Comunidade Europeia contribuíram para afastar o direito comunitário da sua génese de direito internacional e, em consequência, para o aproximar das características fundamentais dos sistemas jurídicos de moldura federal. Neste sentido, a literatura jurídica

---

[24] K.J. Alter, "Who Are the «Masters of the Treaty»? The European Governments and the European Court of Justice", *International Organization 52* (1998), p. 125.

tende a considerar a transformação operada pela actividade do Tribunal de Justiça como o período de constitucionalização do direito comunitário.[25]

A questão que se pode colocar é a dos motivos porque os Estados-membros aceitaram este conjunto de transformações que levaram à chamada constitucionalização do direito comunitário. Sobre o assunto, Weiler considera que o reforço dos elementos supranacionais do sistema jurídico comunitário ocorreu contemporaneamente ao declínio das características supranacionais do processo político comunitário. Recorde-se que em meados da década de 1960 a Comunidade conheceu uma das maiores crises políticas da sua história, com a retirada da França das reuniões do Conselho, cuja superação foi conseguida pelos chamados Acordos do Luxemburgo, os quais previam o abandono do voto maioritário no processo de decisão e o retorno à regra do consenso. Portanto, os Estados-membros recuperaram o controlo absoluto sobre o processo político de decisão. Em tais circunstâncias, estariam menos relutantes em aceitar o reforço do sistema jurídico comunitário porque, em última análise, os actos normativos adoptados pressupunham sempre a exigência do consenso de todos os governos nacionais. Donde, as alterações de tipo constitucional do sistema jurídico operadas na década de 1960 terem sido, em certo modo, compensadas pelo reforço da dimensão intergovernamental do processo político.[26]

O Acto Único Europeu

O Acto Único Europeu (AUE) iniciou uma nova fase de aprofundamento do processo de integração.[27] A adopção do Acto Único resultou da

---

[25] J.H.H. Weiler, "The Transformation of Europe", *The Yale Law Journal* (1991), p. 2403.

[26] J.H.H. Weiler, "The Community System: The Dual Character of Supranationalism", *Yearbook of European Law* (1981), p. 292.

[27] Assinado em Fevereiro de 1986. Entrou em vigor em Julho de 1987

conjugação de uma pluralidade de factores que determinaram a oportunidade e conveniência de uma revisão formal do quadro constitutivo das Comunidades Europeias. De entre esses motivos destacavam-se: os bloqueios que caracterizavam o processo de decisão em virtude da regra do consenso; a pretensão do Parlamento Europeu, eleito por sufrágio directo desde 1979, de ver aumentada a sua participação no processo político comunitário; a aprovação pelo Parlamento Europeu em 1984 de um Projecto de Tratado de União Europeia, que havia colocado a revisão dos Tratados na agenda política; a eleição de Delors para Presidente da Comissão, em 1985, determinado a conferir novo impulso à integração europeia; e o termo de um longo ciclo de recessão económica internacional, provocado pelo impacto dos choques petrolíferos na década de 1970.

O Acto Único Europeu constituiu a primeira reforma geral dos Tratados operada desde o início das três Comunidades. Designou-se "único" porque através do mesmo acto normativo os Estados-membros procederam à revisão dos três Tratados constitutivos das diferentes Comunidades Europeias e concordaram, ainda, em institucionalizar a chamada Cooperação Política Europeia.

A Cooperação Política Europeia entre os Estados-membros foi uma prática desenvolvida a partir da adopção do relatório Davignon, em 1970, pelos Ministros dos Negócios Estrangeiros. Consistia no estabelecimento de um processo de consulta e informação regular entre os Estados-membros sobre as grandes questões da política internacional, no sentido da concertação de posições.[28] A prática da Cooperação Política entre os Estados-membros foi sendo intensificada ao longo da década tendo sido aprovado, na Cimeira de Copenhaga de 1973, que seria neste quadro que se deveriam definir os princípios de política externa no confronto de terceiros Estados, e afirmar a posição da Europa sobre os grandes temas da política mundial. Contudo, a Cooperação Política permanecia uma reali-

---

[28] D.W.Urwin, *The Community of Europe - A History of European Integration Since 1945*, op. cit., p.148.

dade externa ao sistema comunitário. Com a institucionalização da Cooperação Política Europeia pelo Acto Único, os Estados-membros prenunciavam o propósito de não confinar o processo de integração à esfera económica, alargando-o para o terreno da política externa.

Mas o objectivo político principal do Acto Único foi a realização do mercado interno, em 1992. O mercado interno compreendia um espaço sem fronteiras internas onde era assegurada a plena circulação dos factores de produção. O objectivo da supressão de fronteiras entre os Estados-membros viria a conferir nova dinâmica ao funcionamento da Comunidade. Para a sua realização a Comunidade necessitava, porém, de adoptar um conjunto de medidas que permitissem aos Estados-membros a eliminação dos controlos fronteiriços na circulação de pessoas, bens, serviços e capitais. Tais medidas constavam de um relatório elaborado pela Comissão e apresentadas no chamado "Livro Branco para a realização do Mercado Interno".[29]

No entanto, a adopção dos actos normativos que suportavam a realização do mercado interno apenas se tornou possível pelas alterações que o AUE introduziu no processo de decisão comunitário e que se traduziram, fundamentalmente, no incremento do voto maioritário pelo Conselho. De entre as inovações introduzidas pelo Acto Único destacam-se, também, o reforço da participação do Parlamento Europeu no sistema político comunitário e a criação do Tribunal de Primeira Instância. O Acto Único introduziu, ainda, algumas alterações no leque de competências atribuídas à Comunidade, tendo sido formalmente reconhecida a sua intervenção nas áreas da coesão económica e social, do ambiente e da investigação e desenvolvimento tecnológico.[30]

Refira-se, porém, que o incremento do voto maioritário - que se revelou a chave para o sucesso do programa legislativo do mercado interno - veio abalar o equilíbrio constitucional estabelecido durante a década de 1960. Como se disse, a constitucionalização do sistema jurídico comu-

---

[29] A. Moravcsik, *The Choice for Europe* , op. cit., p. 314.

[30] J. De Ruyt, *L'Acte Unique Européen,* Éditions de l'Université de Bruxelles, Bruxelles, 1987, p. 43.

nitário foi tolerada pelos governos nacionais porque detinham o controlo absoluto do processo político de decisão. Com a passagem ao voto maioritário, os governos nacionais perderam o controlo absoluto sobre o processo político. Isso implicava que os governos nacionais podiam ser obrigados a acatar actos comunitários - os quais são apoiados por um forte aparato jurídico de implementação - adoptados contra a sua própria vontade.[31] Após a entrada em vigor do Acto Único os Estados foram confrontados com número crescente de situações desse tipo, o que os levou a manifestar desconforto face ao sistema jurídico supranacional da Comunidade Europeia.

Com o Acto Único foi, também, formalmente institucionalizado o Conselho Europeu. O Conselho Europeu teve origem na realização das Cimeiras de Chefes de Estado e de Governo dos países da Comunidade Europeia, na década de 1960. A falta de liderança política no processo de integração europeia, e o acentuado reforço da intergovernamentalidade do processo de decisão, levaram à transformação destas Cimeiras avulsas em reuniões regulares. Assim, a partir de 1974 os dirigentes máximos dos governos dos países comunitários passaram a reunir-se em Conselho Europeu, na expressão de Giscard d'Estaing, três vezes por ano.[32] O Conselho Europeu permanecia, no entanto, um órgão estranho à estrutura institucional das Comunidades Europeias.

A União Europeia

A realização de uma União Europeia era um conhecido objectivo da agenda comunitária. Desde a Cimeira de Paris, de 1972, cujo comunicado final apelava para a transformação das Comunidades em uma União

---

[31] J.H.H.Weiler, *The Constitution of Europe* , op. cit.p.70.

[32] D.W.Urwin, *The Community of Europe - A History of European Integration Since 1945*, op. cit., p.174.

Europeia até ao final da década, encontram-se várias referências a essa meta política. De entre os momentos marcantes sobre o tema, destaque para o Relatório Tindemans, de 1976, que englobava no conceito de União Europeia a política externa e de segurança comum, a união económica e monetária, o reforço da intervenção comunitária nos domínios social, regional e industrial, bem como preconizava importantes alterações ao perfil institucional das Comunidades.[33] Referência, também, para a aprovação pelo Parlamento Europeu de um projecto de Tratado de União Europeia, em 1984 e a menção feita a este mesmo objectivo pelo Acto Único Europeu.

Seria, porém, o sucesso político produzido pelo mercado interno que veio acentuar a necessidade do aprofundamento do processo de integração europeia, através da realização de uma união económica e monetária.[34] A justificação política apresentada para a adopção da união monetária decorria dos eventuais efeitos nocivos para a economia dos Estados-membros provocados pela completa liberalização do espaço financeiro europeu, nomeadamente a realização plena da livre circulação de capitais, a supressão das barreiras existentes ao direito de estabelecimento e à livre prestação de serviços das instituições financeiras. Ou seja, o regular funcionamento do mercado interno dependeria de uma situação de estabilidade cambial plena, a qual seria apenas alcançada através da realização de uma união económica e monetária. O mercado interno havia, assim, determinado uma espécie de efeito de arrastamento, efeito típico, no plano das teorias de integração, da abordagem neo-funcionalista em que o chamado *spillover* provocado pela realização de objectivos definidos gera uma dinâmica política que obriga à atribuição de novas competências.[35] Foi

---

[33] *Idem*, p.218.

[34] N. Nugent, "The Deepening and Widening of the European Community: Recent Evolution, Maastricht and Beyond", *Journal of Common Market Studies XXX* (1992), p. 311.

[35] R. O. Keohane, S. Hoffmann, "Institutional Change in Europe in the 1980s", in Keohane, Hoffman, *The New European Community . Decision-Making and Institutional Change*, Westview Press, Boulder, 1991, p. 3.

neste contexto que o Conselho Europeu de Hanover, em Junho de 1988, solicitou à Comissão que efectuasse um estudo sobre a realização da união económica e monetária. O estudo elaborado pela Comissão deu lugar à apresentação de um documento, o relatório Delors, aprovado pelo Conselho Europeu de Madrid, em Junho de 1989.

O objectivo da união económica e monetária não era uma ideia nova no processo de integração europeia. Tratava-se de uma meta há muito perseguida no quadro da construção europeia. Com efeito, na sequência da Cimeira de Haia, foi apresentado em 1970 o Relatório Werner para a união económica e monetária, o qual previa a sua realização faseada ao longo da década, com a adopção de uma moeda única e a criação de um banco central europeu. A turbulência então ocorrida no sistema monetário internacional, bem como a recessão económica mundial provocada pelo primeiro choque petrolífero, inviabilizaram a implementação do Relatório Werner. No entanto, a Comunidade Europeia prosseguiu esforços em matéria de política monetária através da criação do Sistema Monetário Europeu, em 1979.

Por outro lado, no Outono de 1989 a Europa assistiu a profundas transformações nos regimes políticos dos países do Leste, tendo sido derrubados os governos de inspiração soviética. Apesar do colapso político dos regimes autoritários, o futuro dos Estados que se situavam além da chamada "cortina de ferro" permanecia não apenas uma incógnita, mas também fonte de potencial instabilidade no coração do continente europeu. No seio da Comunidade Europeia estas transformações políticas colocavam problemas delicados, em particular, a perspectiva de reunificação alemã provocada pela queda do "Muro de Berlim".[36]

---

[36] A divisão das duas Alemanhas em Estados distintos, República Federal Alemã e República Democrática Alemã, nunca foi aceite pela Alemanha Ocidental, que sempre entendeu a participação no processo de construção europeia como forma de alcançar a unificação. A este título é curioso notar como os vários artigos que enumeravam os Estados-membros no texto originário do Tratado de Roma referiam apenas "Alemanha", e não República Federal Alemã, parecendo ignorar que na cena política internacional de então existiam dois Estados alemães.

Em ambiente político europeu de grande transformação, os Estados-membros da Comunidade sentiram a necessidade de, enquanto pólo aglutinador dos países com sistema de governo democrático e dotados de economia de mercado, enfrentarem o desafio da alteração da geografia política do continente de um modo que ultrapassasse as limitações da Comunidade Económica Europeia. Estavam perante acontecimentos de profundo significado político, aos quais a Comunidade só poderia responder de forma política. A resposta da Comunidade pressupunha atribuições em matéria de política externa, que ultrapassavam largamente a Cooperação Política prevista no Acto Único.[37] Por outro lado, a chamada questão alemã conheceu desenvolvimento muito célere, tendo culminado com a unificação formal dos dois Estados, em Outubro de 1990, no quadro da República Federal Alemã e originado a extinção da República Democrática Alemã. A emergência da nova Alemanha, e o sentimento dominante da necessidade de a enquadrar na integração europeia, reforçaram a ideia de passar à fase da Europa política.[38]

Assim, o Conselho Europeu de Dublin, em Junho de 1990, decidiu convocar duas conferências intergovernamentais para o estabelecimento, respectivamente, de uma União Económica e Monetária e de uma União Política Europeia.

A abertura das conferências intergovernamentais teve lugar em Roma, em Dezembro.[39] Situação que determinou preparação desigual dos trabalhos das duas conferências. Se por um lado a União Económica e Monetária (UEM) foi objecto de cuidadosa preparação, com base no alu-

---

[37] A.S. Milward, V. Sørensen, "Interdependence or integration? A national choice", in Milward e outros, *The Frontier of National Sovereignty. History and theory 1945-1992*, Routledge, London, 1993, p. 31.

[38] E. Noël, "Reflections on the Maastricht Treaty", *Government and Opposition 27* (1992), p. 148.

[39] As duas conferências intergovernamentais decorreram de modo separado, tendo os trabalhos da conferência sobre a união monetária sido conduzidos por um grupo composto de representantes dos Ministros da Economia e Finanças dos Estados-membros, ao passo que a CIG da União Política Europeia foi seguida por representantes dos Ministros dos Negócios Estrangeiros.

dido relatório Delors, a conferência encarregue da União Política não foi precedida de qualquer reflexão de fundo, mas apenas de um acordo relativo aos assuntos a debater[40]. Esse acordo fez-se em torno dos seguintes temas: política externa comum; défice democrático comunitário; reforço das instituições comunitárias; competências atribuídas à Comunidade.

Coube ao Luxemburgo, enquanto Estado que assegurava a presidência do Conselho durante o primeiro semestre de 1991, promover a discussão das propostas apresentadas pelos Estados-membros, bem como das contribuições provindas das instituições comunitárias. Num esforço de sistematização das posições recebidas, o Luxemburgo procurou sintetizar os vários contributos sobre a União Política num único documento, o "Non- Paper" da Presidência, que visava fixar um mínimo denominador comum de consenso.[41] Esse documento foi posteriormente apresentado em versão de projecto de Tratado, em Junho desse ano, tendo acabado por servir de base ao texto final do acordo.[42]

O acordo político global de todos os Estados-membros permitiu que as negociações fossem concluídas pelo Conselho Europeu de Maastricht, em Dezembro de 1991. O Tratado da União Europeia - instrumento jurídico que agrega o resultado final das negociações ocorridas no quadro das duas conferências intergovernamentais - foi assinado em Fevereiro de 1992.

---

[40] P.Verloren Van Themaat, « Les défis de Maastricht », *Revue du Marché Commun 356* (1992), p.204.

[41] R. Corbett, "The Intergovernmental Conference on Political Union", *Journal of Common Market Studies XXX* (1992), p. 271.

[42] A presidência em exercício no semestre sucessivo, assegurada pela Holanda, ainda apresentou novo projecto, no qual propunha uma estrutura única de Tratado, conferia poderes mais amplos ao Parlamento Europeu e apresentava uma outra perspectiva da política externa comum. Essa proposta teve acolhimento negativo pela generalidade dos Estados-membros, tendo sido retirada.

O Tratado de Maastricht

De entre os aspectos menos conseguidos no acordo de Maastricht encontra-se a própria estrutura do Tratado da União. Tal estrutura resultava de ser um Tratado que se colocava na continuidade de uma situação normativa precedente, ou seja, do processo comunitário de integração. O Tratado de Maastricht adicionou novas vertentes à intervenção da União, as quais ultrapassavam o fenómeno comunitário. Assim, o Tratado da União centra-se em torno do desenvolvimento comunitário do processo de integração, o chamado pilar comunitário - que compreendia as três Comunidades Europeias -, sendo completado pela Política Externa e de Segurança Comum, segundo pilar, e pela Cooperação nos Domínios da Justiça e dos Assuntos Internos, terceiro pilar.[43]

Donde resulta que o Tratado da União Europeia adoptou uma estrutura normativa apoiada em "três pilares". A coerência da arquitectura em pilares da União limitou-se à adopção de uma espécie de "tecto comum", resultante das disposições previstas no seu primeiro Título. Este começa por referir que os Estados signatários instituem entre si uma União Europeia, a qual se funda nas Comunidades, completadas pelas políticas e formas de cooperação instituídas no Tratado - os aludidos pilares - e que constitui uma nova etapa do processo de criação de uma união cada vez mais estreita entre os povos da Europa.

Vejamos, sucintamente, os motivos que terão levado os Estados-membros a adoptarem a arquitectura em pilares no Tratado da União Europeia. Com efeito, a estrutura em três pilares adoptada em Maastricht constituiu uma demarcação clara dos governos nacionais sobre os desenvolvimentos supranacionais registados pelo processo comunitário de integração. Os Estados demonstraram que aceitavam aprofundar o seu diálogo e cooperação no quadro da política externa, da justiça e dos assuntos internos. Porém, não queriam que decisões em matéria de "alta políti-

---

[43] Com o Tratado de Amesterdão, o terceiro pilar passou a designar-se por "cooperação policial e judiciária em matéria penal".

ca"[44] fossem tomadas segundo os modos previstos para o processo de decisão comunitário, bem como não aceitavam que os actos adoptados nos novos domínios pudessem relevar do sistema jurídico da Comunidade Europeia. Donde, a criação de dois pilares paralelos ao núcleo comunitário. Política externa, justiça e assuntos internos passaram a integrar o âmbito da União, mas ao funcionamento dos novos pilares não se aplica o chamado método comunitário, preferindo os Estados-membros mantê-los na esfera intergovernamental.

Notemos, em seguida, as alterações mais importantes que o Tratado de Maastricht introduziu no processo de construção europeia:

1. Objectivo político maior do Tratado de Maastricht foi a **União Económica e Monetária**. A realização da união monetária foi inserida no núcleo duro do processo de integração, ou seja, no âmbito da Comunidade Europeia[45]. Maastricht previu um processo gradual de preparação da União Económica e Monetária, o qual se processava em três fases. Durante a primeira fase, os Estados-membros asseguraram a circulação plena dos movimentos de capitais, bem como adoptaram programas de convergência nominal das suas economias, em especial no que se refere ao controlo da inflação e à solidez das finanças públicas. Na segunda fase, com início em 1994, foi criado um Instituto Monetário Europeu que fiscalizava os progressos alcançados pelos Estados-membros em matéria de convergência, de acordo com os critérios fixados pelo Tratado.[46]

---

[44] H. Wallace, "The Institutions of the EU: Experience and Experiments", in H. Wallace, W. Wallace, *Policy-Making in the European Union*, Oxford University Press, 3rd ed., 1997, p.55.

[45] J.-V. Louis, « L'Union Économique et Monétaire », *Cahiers de Droit Européen 3-4* (1992), p. 251.

[46] Para uma crítica da prioridade conferida aos critérios de convergência nominal na construção da moeda única, ver Amartya Sen, *La libertà individuale come impegno sociale*, Editori Laterza, Bari, 1998, pp. 75-79.

As perturbações que afectaram o Sistema Monetário Europeu a partir de 1992 – tendo conduzido ao abandono deste mecanismo por parte de algumas divisas nacionais e determinado a necessidade do alargamento das margens de flutuação das moedas comunitárias abrangidas pelo acordo - provocaram algumas alterações ao calendário estipulado pelo Tratado de Maastricht para a realização da União Monetária. O Conselho Europeu de Bruxelas de 1993 reafirmou, contudo, o objectivo da criação da moeda única e da passagem à segunda fase em Janeiro de 1994. Em Maio de 1998 o Conselho, reunido a nível de Chefes de Estado e de Governo, decidiu que onze Estados-membros reuniam condições para a passagem à terceira fase, em Janeiro de 1999, com a adopção da moeda única. A Grécia integrou, também, a terceira fase em Janeiro de 2001.

A passagem à terceira fase comportou a criação de uma nova instituição, o Banco Central Europeu, que sucedeu ao Instituto Monetário Europeu, em 1999.[47] A terceira fase implicou, para os Estados-membros participantes, a fixação irrevogável das taxas de câmbio das suas divisas nacionais, bem como da sua relação com o euro.[48] Até Janeiro de 2002 o euro foi apenas utilizado como moeda de conta, altura em que substituiu de pleno as divisas nacionais.

2. Uma das questões delicadas que o Tratado de Maastricht teve de enfrentar foi o problema dos limites de actuação da Comunidade Europeia. Esta questão colocou-se com maior acuidade na sequência do Acto Único Europeu pelo facto de este ter provocado uma alteração do equilíbrio constitucional em que se fundava a Comunidade. Com efeito, a questão da delimitação das competências comunitárias havia sido um

---

[47] F. Papadia, C. Santini, *La Banca centrale europea*, il Mulino, Bologna, 1998, p. 27.

[48] A passagem à terceira fase da UEM obteve um regime derrogatório específico para o Reino Unido e para a Dinamarca. No caso do Reino Unido foi estabelecido um Protocolo que dispõe que a passagem à terceira fase está sujeita a aprovação do Governo e Parlamento. No respeitante à Dinamarca, outro Protocolo prevê que a passagem à terceira fase possa ser submetida a referendo interno.

tema de certa forma menor nas primeiras décadas do processo comunitário, na medida em que o controlo absoluto do processo de decisão pelos Estados-membros fazia com que os governos exercessem um efectivo domínio sobre o alcance da actuação comunitária. Com a introdução do voto maioritário pelo Acto Único, os Estados passaram a preocupar-se de modo acrescido com a questão dos limites de actuação da Comunidade, considerando insuficientes os princípios gerais que resultavam do Tratado de Roma. Os Estados procuravam, sobretudo, colocar um travão no alastramento continuado das competências comunitárias e nos efeitos centrípetos que esta mesma expansão provocava no sistema político comunitário. Para isso, seria necessário encontrar um mecanismo constitucional que resguardasse os Estados da tendência para o esvaziamento progressivo da sua área de intervenção, em benefício da Comunidade.[49]

O modo encontrado pelos Estados para abordar o problema dos limites da intervenção comunitária foi a introdução do **princípio da subsidiariedade** no texto do Tratado da Comunidade Europeia.[50] Através da subsidiariedade pretendeu-se estabelecer uma presunção favorável à actuação normativa no plano nacional, relativamente à intervenção a nível comunitário, no âmbito das competências partilhadas entre a Comunidade e os Estados. O princípio da subsidiariedade entendido, portanto, como antídoto constitucional para fazer face à centralização de competências, situação que tende a caracterizar os sistemas políticos compostos por diferentes níveis de autoridade política e normativa.

3. Aspecto interessante do Tratado de Maastricht foi a instituição da **cidadania da União**. Se a realização da UEM representou o corolário do desenvolvimento dinâmico das quatro liberdades fundamentais previstas no Tratado de Roma, dentro de uma lógica fundamentalmente económica, a consagração da cidadania traduz o alargamento do horizonte cultural, cívico e político em que se pretende situar a União Europeia. O Tratado

---

[49] N. Emiliou, "Subsidiarity: An Effective Barrier Against the Enterprises of Ambition?", *European Law Review* (1992), p. 384.

[50] J.H.H.Weiler, *The Constitution of Europe*, op. cit. p. 318.

que instituiu a Comunidade Económica Europeia, em 1957, tratava os cidadãos nacionais dos Estados-membros como meros factores de produção do mercado comum, conferindo-lhes apenas o direito à livre circulação. Através da jurisprudência do Tribunal de Justiça, proferida nas décadas de 1970 e 1980, permitiu-se a superação dos limites estreitos dos textos iniciais alargando o universo de aplicação das normas comunitárias.[51]

Considera-se cidadão da União qualquer pessoa que tenha a nacionalidade de um Estado-membro. Porém, o conteúdo dos direitos de cidadania é bastante modesto, porquanto se consubstancia nos seguintes aspectos: direito de circular e de residir no território de qualquer Estado-membro[52]; direito de votar e de ser eleito no Estado de residência, nas eleições municipais e nas eleições para o Parlamento Europeu; possibilidade de beneficiar de protecção diplomática e consular de um Estado da União no território de países terceiros, quando o Estado da sua nacionalidade não se encontrar representado; direito de petição ao Parlamento Europeu; e direito de acesso ao Provedor de Justiça.

4. O Tratado de Maastricht consagrou também o reforço do **elemento democrático** no equilíbrio interinstitucional de poderes da Comunidade, através do incremento das funções conferidas ao Parlamento Europeu.[53] Este aumento de poderes do Parlamento verificou-se nas duas vertentes da sua actuação, ou seja, enquanto órgão de controlo político e como instituição que participa no processo de decisão comunitário.

As alterações introduzidas ao quadro de poderes políticos e normativos do Parlamento Europeu foram determinadas pela necessidade de

---

[51] R.M. Moura Ramos, *Das Comunidades à União Europeia - Estudos de Direito Comunitário*, Coimbra Editora, 1994, p. 267.

[52] O direito de residência já tinha sido praticamente generalizado pela adopção de directivas no âmbito do programa do mercado interno, as quais resultaram, em boa medida, de jurisprudência desenvolvida durante os anos 1980, daí que o preceito do Tratado se limite a constitucionalizar este direito.

[53] C. Reich, «Le Traité sur l'Union Européenne et le Parlement Européen», *Revue du Marché Commun 357* (1992), p.287.

superação do chamado défice democrático da Comunidade Europeia. Nos termos da versão tradicional da teoria do défice democrático, este resultaria do facto de os Estados-membros haverem transferido vastas competências normativas para a Comunidade, sendo que o Parlamento Europeu não participava de forma plena no exercício comunitário destas competências. Acresce, ainda, que no plano do seu exercício anterior pelos Estados-membros, os parlamentos nacionais participavam no correspondente processo normativo ou, pelo menos, detinham um controlo efectivo da sua implementação pelo governo. A inexistência deste tipo de participação do elemento democrático no sistema político comunitário determinaria o referido défice democrático no funcionamento da Comunidade Europeia.[54] O problema do défice democrático comunitário adquiriu maior vulto no debate sobre as alterações ao equilíbrio de poderes no sistema político da Comunidade a partir da eleição do Parlamento Europeu por sufrágio directo, em 1979.

5. Referência, ainda, para o facto de o Tratado de Maastricht ter alargado os domínios de actuação da Comunidade Europeia a um conjunto de **novas competências**. Assim, e para além das inovações nos domínios da cidadania e da política monetária, a Comunidade Europeia beneficiou de uma atribuição de competências num conjunto de novos domínios que vão desde a educação, cultura, saúde pública e defesa dos consumidores até às chamadas redes transeuropeias, indústria, cooperação no desenvolvimento e política de vistos.

6. O Tratado da União Europeia instituiu a **Política Externa e de Segurança Comum** (PESC). Esta política, que constitui o segundo pilar da União, traduziu-se no aprofundamento do esforço anteriormente desenvolvido pelos Estados-membros a nível da Cooperação Política Europeia. Assim, a Cooperação em matéria de Política Europeia, institucionalizada pelo Acto Único Europeu, foi absorvida pela PESC tendo sido revogadas as correspondentes disposições do Acto Único.

---

[54] A. Goucha Soares, "O défice democrático da União Europeia: alguns problemas conexos", *Análise Social XXXII* (1997), p. 627.

A Política Externa e de Segurança Comum compreende todos os domínios da política externa e de segurança. Em matéria de segurança, a PESC pretende definir uma política de defesa, que possa conduzir a uma futura defesa comum. O Tratado considera a União da Europa Ocidental (UEO) como parte integrante do desenvolvimento da União Europeia e atribui-lhe competências no domínio da defesa. A PESC respeita as obrigações decorrentes, para certos Estados-membros, dos compromissos com a NATO.

Como se referiu, a razão de ser da autonomização da política externa como segundo pilar da União Europeia teve a ver com a preferência dos Estados manterem este domínio no campo estrito da intergovernamentalidade, manifestando o desejo de operar fora da estrutura desenvolvida no seio do processo comunitário.[55] Assim, no processo político de decisão o Conselho delibera por unanimidade; a Comissão, embora associada aos trabalhos da PESC, não tem poder de iniciativa; e o Parlamento Europeu é apenas consultado sobre as opções fundamentais desta política. No aspecto normativo, prevê-se que a jurisdição do Tribunal de Justiça fique excluída do âmbito da PESC.

7. Por fim, o Tratado de Maastricht instituiu o terceiro pilar da União Europeia, relativo à Cooperação nos Domínios da **Justiça e Assuntos Internos**. O terceiro pilar visava facilitar a realização de objectivos em matéria de livre circulação de pessoas. As áreas previstas como sendo de interesse comum dos Estados-membros neste âmbito referiam-se à política de asilo, controlo das fronteiras externas da União, tratamento de cidadãos provenientes de países terceiros,[56] luta contra a fraude e a toxicomania, cooperação judiciária em matéria civil e penal, cooperação aduaneira e cooperação policial tendo em vista o combate ao terrorismo, tráfico de droga e outras formas de criminalidade internacional.

---

[55] J. Weiler, "The Reformation of European Constitutionalism", *Journal of Common Market Studies* (1997), p. 110.

[56] Com o Tratado de Amesterdão estas matérias passaram para o âmbito de aplicação do primeiro pilar. Em compensação, o terceiro pilar conheceu um alargamento da sua esfera de aplicação ao combate à criminalidade e à luta contra o racismo e a xenofobia.

Do mesmo modo que o segundo pilar, a Cooperação no domínio da Justiça e dos Assuntos Internos é um domínio que se rege de forma inter-governamental.[57] Quer em termos políticos, quer em termos normativos, os Estados-membros tiveram o cuidado de afastar os aspectos suprana-cionais que caracterizam o funcionamento das Comunidades Europeias. Assim, o poder de decisão compete ao Conselho, que delibera por una-nimidade. A Comissão não exerce o monopólio da iniciativa como sucede na Comunidade Europeia, da mesma forma que o Parlamento Europeu é meramente consultado sobre as actividades desenvolvidas neste âmbito. Do ponto de vista jurídico, também se afastou inicialmente a jurisdição do Tribunal de Justiça no âmbito da Cooperação nos Domínios da Justiça e dos Assuntos Internos.[58]

O Tratado de Amesterdão

Diferentemente das anteriores alterações aos Tratados das Comunidades Europeias - Acto Único Europeu e Tratado de Maastricht - que decorreram da vontade política dos Estados-membros em introduzir

---

[57] M.L.Duarte, "A Cooperação Intergovernamental na União Europeia - âmbito, natureza das acções previstas e sua relação com o domínio da integração comunitária", in AA.VV., *Em Torno da Revisão do Tratado da União Europeia*, Almedina, Coimbra, 1997, p. 36.

[58] O Tratado de Maastricht deveria ter entrado em vigor em 1 de Janeiro de 1993, se nessa data todos os Estados-membros tivessem procedido ao depósito dos instrumentos de ratificação. O resultado negativo do referendo realizado na Dinamarca, em Junho de 1992, introduziu incerteza quanto à sua entrada em vigor. Porém, a Decisão do Conselho Europeu do Luxemburgo, em Dezembro de 1992, permitiu a organização de novo refer-endo. O segundo referendo, realizado em Maio de 1993, abriu caminho para a entrada em vigor do Tratado. No entanto, um recurso pendente no Tribunal Constitucional da República Federal Alemã, relativo à conformidade do Tratado de Maastricht com a Lei Fundamental, não permitiu que a Alemanha depositasse a ratificação antes da leitura do acórdão. O acórdão foi proferido em Outubro de 1993, tendo o governo alemão entregue de imediato o instrumento de ratificação. O Tratado da União Europeia entrou em vigor em 1 de Novembro de 1993.

novos objectivos específicos no desenvolvimento do processo de integração europeia, o mercado interno e a moeda única, respectivamente, o Tratado de Amesterdão não resultou da vontade política originária de conferir novo impulso à construção europeia. Pelo contrário, o Tratado representa o culminar de uma conferência intergovernamental que se realizou, fundamentalmente, por determinação normativa, ou seja, por ter sido prevista pelo Tratado de Maastricht.

Porém, o contexto político em que decorreu a conferência intergovernamental que negociou o Tratado de Amesterdão foi diverso daquele que marcou as anteriores revisões constitucionais. Na verdade, na sequência do processo de ratificação do Tratado de Maastricht verificou-se a emergência de forte dissenso popular, manifestado através dos referendos nacionais então realizados, bem como de uma inédita onda de contestação da opinião pública dos Estados-membros sobre o rumo e o próprio modo de condução do processo de integração. A existência de uma clara fractura entre, por um lado, a acção dos políticos nacionais e comunitários em sede de construção europeia e, por outro lado, a percepção pública desse mesmo processo confrontava o poder comunitário com uma crise de legitimidade política.

Refira-se que a aceitação pública do processo de integração nunca havia sido considerada como uma questão de primeiro plano na construção europeia.[59] Não o foi na década de 1950, aquando da assinatura dos seus actos constitutivos, como também não o foi nas revisões operadas pelo Acto Único e pelo Tratado de Maastricht. Com efeito, de início a Comunidade Europeia foi tida como um instrumento de reforço do bem-estar e da prosperidade económica dos Estados e dos seus cidadãos pelo que se entendia que tanto bastaria para capturar o apoio tácito destes últimos. Quando a fase de crescimento económico se interrompeu a partir da década de 1970 pensou-se, de modo algo redutor, que a realização de eleições por sufrágio directo para o Parlamento Europeu e o reforço de poderes desta instituição, assegurariam o necessário consenso popular ao processo de integração.

---

[59] W.Wallace, J. Smith, "Democracy or Technocracy? European Integration and the Problem of Popular Consent", *West European Politics 18* (1995), p. 140.

O período que se seguiu à assinatura do Tratado de Maastricht haveria de assinalar a ruptura com este modo de conduzir o processo de integração. A elite político-burocrática envolvida nos assuntos europeus compreendeu que não seria possível conduzir o processo em circuito fechado e que a construção europeia havia conquistado lugar de destaque na opinião pública dos Estados. Percebeu, também, que os cidadãos evidenciavam crescente mau estar perante o perfil fundamentalmente tecnocrático com que o processo de integração se apresentava, não obstante o facto de os assuntos europeus se alargarem a um número sempre maior de situações.

É neste contexto político que decorreram as negociações da conferência que preparou o Tratado de Amesterdão. Pela primeira vez, uma conferência intergovernamental devia produzir resultados que fossem consensuais para as partes envolvidas, mas que fossem, sobretudo, aceitáveis para a opinião pública e para os cidadãos. Ganhar a confiança destes últimos terá sido um objectivo nuclear na elaboração do Tratado. Neste sentido, o Tratado de Amesterdão marcou uma inversão de tendência relativamente às revisões precedentes, e em particular com o Tratado de Maastricht.[60]

A conjuntura política europeia que precedeu a abertura da conferência que elaborou o Tratado de Amesterdão levou a que dois aspectos emergissem como temas dominantes das suas negociações: a reforma institucional que deveria preparar a União Europeia para os desafios colocados pelo alargamento aos países do leste europeu; e a difícil e fragilizada relação que o processo de integração europeia mantinha com os cidadãos dos Estados-membros.

O primeiro desses temas, a reforma institucional, não conseguiu reunir o consenso dos Estados-membros para introduzir as alterações que se julgavam necessárias ao funcionamento eficaz e equilibrado de uma União alargada. Por esse motivo, a primeira impressão que transpareceu foi que o Tratado de Amesterdão havia falhado os resultados que se havia

---

[60] A. Goucha Soares, "O Tratado de Amesterdão e o novo passo da União Europeia", *Legislação 21* (1998), p. 5.

proposto concretizar. O que não deixa de ser verdade se se considerar que a reforma das instituições foi o ponto principal na agenda da conferência intergovernamental.[61]

Porém, o texto final do Tratado de Amesterdão introduziu um conjunto de pequenas inovações que indiciavam uma alteração positiva não apenas quanto ao modo de condução do processo de integração, mas também no tocante aos valores que norteiam esse mesmo processo. Assim, e de entre as principais alterações introduzidas pelo Tratado de Amesterdão cumpre destacar os seguintes aspectos:[62]

1. Em termos puramente formais, a simplificação dos actos constitutivos da União, realizada através da eliminação de diversos artigos dos Tratados considerados caducos, bem como pela consequente renumeração sequencial de todos os artigos dos Tratados da União e das Comunidades Europeias. O trabalho de **simplificação e renumeração** dos Tratados permitiu melhorar a leitura e compreensão destes mesmos actos.[63]

2. Em termos político-institucionais, o Tratado de Amesterdão criou a figura do **Alto Representante da União** para a política externa e de segurança comum. O Alto Representante é a face visível da União nas relações políticas e diplomáticas com terceiros Estados e organizações internacionais, permitindo suprir a lacuna sentida pelos principais actores políticos mundiais e consubstanciada na célebre frase de Kissinger: "Who do you call when you want to call Europe?" O lugar de Alto Representante é desempenhado pelo Secretário-Geral do Conselho. Compete-lhe assistir o Conselho no âmbito da política externa, contribuindo para a formulação, elaboração e execução das decisões políticas, podendo também actuar em

---

[61] J.-V. Louis, «Le traité d'Amsterdam: Une occasion perdue?», *Revue du Marché Unique Européen 2* (1997), p.7.

[62] Após ratificação pelos quinze Estados-membros da União Europeia, o Tratado de Amesterdão entrou em vigor no dia 1 de Maio de 1999.

[63] J.-P. Jacqué, «La simplification et consolidation des traités», *Revue Trimestrielle du Droit Européen 33* (1997), p. 903

nome do Conselho e conduzir o diálogo político com terceiros. Uma pre-figuração do Ministro dos Negócios Estrangeiros da União.

3. No plano da teoria da integração, referência para a introdução pelo Tratado de Amesterdão do chamado **princípio da flexibilidade**. Ou seja, do princípio que a União poderá avançar na abordagem de determinados domínios sem que tenha que envolver, necessariamente, a participação de todos os Estados-membros. Não se trata de um princípio original, na medida em que o Tratado de Maastricht havia sido o detonador da ideia de flexibilidade ao introduzir o conceito de geometria variável em domínios como o Protocolo Social, ou a União Económica e Monetária. A novidade resultante do Tratado de Amesterdão em matéria de flexibilidade, consistiu na introdução de uma cláusula geral no texto do Tratado que estabelece o princípio das cooperações reforçadas entre Estados-membros em domínios que não precisam ser previamente identificados pelos Tratados constitutivos, as quais serão desencadeadas no âmbito da própria União Europeia, através do direito derivado.[64]

4. Em termos ideológicos, o Tratado de Amesterdão denotou intenção de suavizar a natureza excessivamente *market oriented* que caracterizava o processo de integração. A este título, a introdução de um capítulo relativo ao emprego representou um aspecto de uma tendência mais vasta de alargamento dos valores que norteiam o desenvolvimento da actividade comunitária. Tal tendência compreendeu também as alterações que o Tratado introduziu em matéria de protecção dos direitos sociais fundamentais, do incremento da protecção ambiental e do reforço da garantia judicial dos direitos dos cidadãos.

Como se sabe, o Tratado da Comunidade Económica Europeia era um acto normativo que tinha por finalidade a realização de um mercado comum e que se apoiava, para a sua concretização, num espírito livre

---

[64] C.D. Ehlermann, « Différenciation, flexibilité, coopération renforcée: les nouvelles dispositions du traité d'Amsterdam », *Revue du Marché Unique Européen 3* (1997), p.74.

cambista de supressão dos obstáculos à circulação dos factores de produção e de garantia da livre concorrência. Posteriormente, quer os instrumentos normativos privilegiados pelo Acto Único Europeu em vista da construção do mercado interno - da integração negativa ao princípio do reconhecimento mútuo -, quer os ventos políticos dominantes na década de 1980, incutiram forte orientação neo-liberal aos princípios do Tratado. Com o Tratado de Amesterdão introduziu-se um conjunto de pequenas alterações que abriram a possibilidade de atenuar a condução geral das políticas e actividades comunitárias no sentido de uma maior sensibilidade para a dimensão social e para o desenvolvimento sustentado do processo de integração europeia[65].

---

[65] F. Dehousse, «Le Traité d'Amsterdam, Reflet de la Nouvelle Europe», *Cahiers de Droit Européen XXXIII* (1997), p. 272.

CAPÍTULO II

O TRATADO DE NICE

A pretendida reforma institucional em vista do alargamento da União aos países do leste Europeu, abortada em Amesterdão, serviu de pano de fundo para nova alteração aos Tratados, aumentando o complexo mosaico jurídico em que assenta o processo de construção europeia.

O Tratado assinado em Nice, em 2001, pelos Estados-membros da União Europeia foi a quarta revisão constitucional operada no ordenamento jurídico comunitário desde o Acto Único Europeu, de 1986. Na sequência da queda do Muro de Berlim e da reunificação alemã, o Tratado de Maastricht, em 1992, estabeleceu a União Europeia e o objectivo da moeda única. Volvidos cinco anos, foi assinado o Tratado de Amesterdão, em 1997. Tendo bastado o decurso de apenas quatro anos para a feitura de novo acordo de alteração aos Tratados constitutivos, na cidade de Nice.

A conferência intergovernamental que conduziu à adopção do Tratado de Nice terá sido a que teve a agenda política mais limitada, de entre os vários momentos constituintes da União. Na verdade, a realização da conferência intergovernamental teve por objectivo lidar com assuntos que os Estados-membros não foram capazes de resolver aquando da conclusão do Tratado de Amesterdão, mas que identificaram como sendo as questões sobre que incidiria a negociação relativa às transformações institucionais, em vista do alargamento da União Europeia.

Os chamados "restos de Amesterdão" (*Amsterdam leftovers*) consistiam, nos termos do Protocolo anexo a esse Tratado, numa espécie de troca entre, por um lado, o número de membros da Comissão e, por outro lado, a ponderação de votos dos Estados-membros no seio do Conselho. De acordo com o referido Protocolo, à data do primeiro alargamento da União os Estados-membros acordavam que a Comissão fosse composta por um nacional de cada Estado, desde que a ponderação de votos no Conselho tivesse sido alterada de modo a compensar os Estados que tivessem prescindido da possibilidade de indicar um segundo comissário.

À estreita agenda negocial da conferência que preparou o Tratado de Nice foi também acrescentada a discussão sobre o incremento do voto por maioria qualificada no Conselho.[66] Um último tema para debate, introduzido no decurso da conferência intergovernamental, incidiu sobre as chamadas cooperações reforçadas.[67]

A conferência intergovernamental teve início em Fevereiro de 2000. As negociações foram concluídas no termo do atribulado Conselho Europeu de Nice, em Dezembro de 2000. O Tratado de Nice foi assinado pelos Estados-membros em Fevereiro de 2001.[68] Entrou em vigor em Fevereiro de 2003.

Todavia, o Tratado de Nice incorpora também outro tipo de alterações aos Tratados constitutivos que não foram objecto de negociação nos trabalhos da conferência intergovernamental. Essas alterações dizem respeito ao sistema jurisdicional da Comunidade Europeia.

Na verdade, o crescente número de processos pendentes no Tribunal de Justiça e no Tribunal de Primeira Instância compromete a eficiência do sistema judicial comunitário. A gravidade da situação foi realçada num documento sobre o futuro do sistema judicial comunitário, apresentado em 1999, pelo Tribunal de Justiça e pelo Tribunal de Primeira Instância. Esse documento levou a Comissão a nomear um grupo de trabalho, dirigido pelo antigo presidente do Tribunal de Justiça, Ole Due, para reflectir sobre a reforma do sistema judicial comunitário. O relatório do grupo foi apresentado no início de Janeiro de 2000, tendo servido de base para as

---

[66] Conselho Europeu de Colónia, Junho de 1999.
[67] Conselho Europeu da Feira, Junho de 2000.
[68] JOCE, C 80, de 10-3-2001.

observações sobre o funcionamento do sistema judicial que a Comissão entregou à conferência intergovernamental.

Por outro lado, o consenso dos Estados-membros sobre a necessidade de reformar o sistema judicial levou a que a conferência intergovernamental convocasse um grupo especializado, os chamados "Amigos da Presidência", composto por juristas em representação dos Estados e instituições comunitárias, a fim de apresentar recomendações.[69]

Na sequência dos trabalhos desse grupo, foi possível incluir nas conclusões da conferência intergovernamental alterações que visam introduzir importante transformação da arquitectura judicial comunitária. Na verdade, para além das modificações efectuadas no sistema político em vista do alargamento terá sido, porventura, no sistema jurisdicional que o Tratado de Nice consagrou as mais profundas alterações ao funcionamento das instituições comunitárias.

Este capítulo analisa as principais alterações introduzidas pelo Tratado de Nice, quer na actividade das instituições políticas comunitárias, quer no sistema jurisdicional da Comunidade. Assim, são abordadas as modificações relativas à Comissão, ao Conselho e ao Parlamento Europeu, bem como as alterações operadas no quadro das cooperações reforçadas. A última parte será consagrada à arquitectura judicial da Comunidade Europeia.

Comissão

As alterações introduzidas pelo Tratado de Nice ao funcionamento da Comissão dizem respeito ao problema da sua composição, ao seu modo de nomeação e aos poderes do Presidente.

1. No tocante à *composição* da Comissão, um dos aspectos nucleares da reforma das instituições em vista do alargamento, na linha do com-

---

[69] J. Shaw, "The Treaty of Nice: Legal and Constitutional Implications", *European Public Law* 7 (2001), p. 204.

promisso de Amesterdão, foi estipulado o princípio de que a Comissão compreende um nacional de cada Estado-membro. De acordo com o Protocolo relativo ao alargamento, anexo ao Tratado de Nice, a partir de Janeiro de 2005 a Comissão é composta por um nacional de cada Estado-membro.

Abandonou-se, deste modo, o princípio que permitia aos chamados países grandes indicarem dois Comissários, enquanto os restantes Estados nomeavam apenas um Comissário. A razão de ser da alteração da composição da Comissão consistiu em evitar que o Colégio de Comissários atingisse um número elevado de membros, em virtude do processo de alargamento. Por isso, tornou-se necessário alterar as regras relativas à composição deste órgão.

Todavia, com o intento de evitar que a Comissão possa atingir número considerado excessivo de membros, que comprometa a eficácia do seu funcionamento e a colegialidade das suas decisões, o Protocolo estabelece que a partir do momento em que União tiver 27 Estados-membros, o número de elementos da Comissão terá de ser inferior ao número de Estados. O número de membros da Comissão, quando se verificar a adesão do 27º Estado à União, será fixado pelo Conselho, deliberando por unanimidade. Em todo o caso, este preceito estipula que os membros da Comissão serão escolhidos com base numa rotação paritária, cujas modalidades serão definidas pelo Conselho.

O acordo sobre a composição da Comissão foi considerado vital pelos Estados-membros de pequena e média dimensão da União Europeia. No caso de Portugal, entendia-se que assegurar a presença de um nacional de cada Estado no Colégio de Comissários - contrariamente aos interesses dos países grandes que pretendiam romper com o carácter nacional da nomeação dos membros desta instituição – era um objectivo essencial da reforma das instituições, em vista do alargamento. Considerava-se que a garantia de um nacional de cada Estado no Colégio de Comissários seria o único modo de compensar o domínio que os países grandes exercem nas estruturas intermédias de poder da Comissão. Pelo que o resultado alcançado foi entendido como positivo para os interesses nacionais. Não só porque assegurou a presença de um Comissário português até à adesão do 27º Estado, mas também porque garante um mecanismo de igualdade absoluta de todos os países na rotação dos membros da Comissão, a partir do momento em que o seu número de membros for inferior ao número de Estados.[70]

2. O Tratado de Nice introduziu também alterações na *nomeação* dos membros da Comissão. De acordo com a nova redacção do artigo 214º do Tratado da Comunidade Europeia, o Presidente da Comissão é designado pelo Conselho, reunido a nível de Chefes de Estado ou de Governo, seguindo a sua aprovação pelo Parlamento Europeu. Os restantes membros da Comissão são designados pelo Conselho, de comum acordo com o Presidente eleito, sendo depois submetidos a voto de aprovação colegial pelo Parlamento Europeu. Seguidamente, o Presidente e demais membros da Comissão são definitivamente nomeados pelo Conselho. Em todas as fases do procedimento de nomeação da Comissão, o Conselho delibera por maioria qualificada.

A principal diferença do novo procedimento reside no facto de deixar de ser uma prerrogativa reconhecida aos Estados-membros, para se assumir a comunitarização da nomeação.[71] Por outro lado, o reconhecimento do papel do Conselho na nomeação da Comissão tornou possível a deliberação daquele órgão por maioria qualificada, contrariamente ao procedimento anterior em que os Estados tinham necessariamente de chegar a consenso. Um dos principais motivos desta transformação terá sido, porventura, a preocupação de evitar que um Estado-membro pudesse vetar a nomeação do Presidente da Comissão, como sucedeu com o Reino Unido em 1994.

Note-se que as alterações ao funcionamento da Comissão permitem acabar, de certa forma, com dois mitos associados a esta instituição. Desde logo, a ideia de que os Comissários são totalmente independentes dos Estados-membros de origem, exercendo as suas funções no interesse geral da União, apenas. Se assim fosse, dificilmente se aceitaria o inex-

---

[70] F. Seixas da Costa, "Portugal e o Tratado de Nice. Notas sobre a estratégia negocial portuguesa", *Negócios Estrangeiros 1* (2001), pp. 42-48.

[71] T. Georgopoulos, S. Lefevre, «La Commission après le traité de Nice: métamorphose ou continuité ?», *Revue Trimestrielle de Droit Européen 37* (2001), p. 598.

cedível apego de pequenos e médios Estados em garantir a presença de um seu nacional no Colégio de Comissários. Com efeito, e apesar de os membros da Comissão não deverem receber instruções dos governos dos seus países, é irrefutável que os Estados-membros vêem nos seus Comissários um canal privilegiado para a exposição dos interesses nacionais.[72]

Por outro lado, a referida comunitarização do procedimento de nomeação da Comissão, pondo termo à ficção do papel dos Estados-membros, pôs em causa outra ideia em que se apoiava o funcionamento das instituições: o princípio de que a Comissão era nomeada pelos governos dos Estados-membros, para sublinhar a sua independência no confronto da outra instituição com quem dividia o protagonismo do processo político comunitário, o Conselho, em aplicação do princípio da separação de poderes. As circunstâncias em se processava a nomeação da Comissão evidenciavam, na verdade, que se tratava de mera ficção jurídica, porque a indicação do Colégio de Comissários ocorria, normalmente, nas sessões do Conselho. A comunitarização deste procedimento, ainda que não tenha por consequência tornar a Comissão politicamente dependente do Conselho, consagra uma realidade de facto e denota, também, progressiva subalternização da Comissão no sistema político da União Europeia.

3. Um outro aspecto relativo à Comissão que mereceu atenção do Tratado de Nice, respeita aos *poderes do Presidente*. As alterações introduzidas nesta sede dão continuidade ao reforço de poderes do Presidente, que havia sido iniciado pelo Tratado de Amesterdão e que, no seu conjunto, transformam significativamente as condições de exercício deste cargo.[73]

---

[72] C. Gutiérrez Espada, "Una reforma 'difícil pero productiva': la revisión institucional en el Tratado de Niza", *Revista de Derecho Comunitario Europeo 9* (2001), p. 71.

[73] Sobre as alterações introduzidas aos poderes do Presidente da Comissão, ver A. Goucha Soares, "O Tratado de Amesterdão e o novo passo da União Europeia", *Legislação. Cadernos de Ciência da Legislação 21* (1998), p. 36.

De acordo com o artigo 217° do Tratado da Comunidade Europeia, compete ao Presidente decidir sobre a organização interna da Comissão, a fim de assegurar a coerência, eficácia e colegialidade da sua acção. O Presidente detém o poder de decidir sobre a tutela das diferentes áreas de actuação da Comissão pelos diversos Comissários, podendo proceder à alteração das responsabilidades por essas pastas no decurso do seu mandato. Para além disso, o Presidente tem poder para solicitar a demissão de qualquer membro da Comissão, após aprovação pelo respectivo Colégio. Esta alteração permite ao Presidente evitar os episódios que originaram a demissão colectiva do executivo liderado por Jacques Santer, em 1999.

Os poderes atribuídos ao Presidente na composição da Comissão, na distribuição de responsabilidades sectoriais pelos seus diferentes membros, bem como a possibilidade de pedir aos Comissários que apresentem a sua demissão, para além do facto de lhe competir definir a orientação política da Comissão, fazem com que esta figura não deva continuar a ser considerada como simples *primus inter pares*. Na verdade, como resultado das alterações introduzidas às prerrogativas presidenciais pelos Tratados de Amesterdão e de Nice ocorreu a transformação do perfil desta função, em sentido próximo do desempenhado por um chefe de governo.[74] Donde, a tendência para a chamada presidencialização do executivo comunitário.

Conselho

O fulcro das alterações relativas ao Conselho prendia-se com o Protocolo de Amesterdão, nos termos do qual os Estados-membros que tivessem prescindido de um segundo membro na Comissão deveriam ser compensados ao nível da ponderação de votos no Conselho. Acordado o princípio de que a Comissão seria composta por um nacional de cada Estado-membro, importava redefinir a ponderação de votos no Conselho.

---

[74] R. Barents, "Some Observations on the Treaty of Nice", *Maastricht Journal of European and Comparative Law 8* (2001), p. 125.

Nos termos do artigo 205º, nº 2, do Tratado da Comunidade Europeia, o sistema de votação por maioria qualificada no Conselho realiza-se com base numa diferente ponderação dos votos de cada Estado. A ponderação dos diferentes Estados-membros, para efeitos do voto por maioria qualificada, foi fixada ao tempo da criação da Comunidade Europeia, tendo o sistema permanecido inalterado desde então. Por ocasião dos alargamentos a novos Estados-membros foi sendo determinada a ponderação desses países, com base num critério predominantemente demográfico, tendo sido introduzidas as correspondentes alterações ao chamado limiar da maioria qualificada, as quais se apuravam pela respectiva fórmula aritmética.

A ponderação de votos inicialmente definida previa uma amplitude algo estreita: os grandes Estados-membros recebiam 10 votos; o mais pequeno Estado, o Luxemburgo, recebia 2 votos, sendo que o grupo dos chamados Estados médios, onde se situa Portugal, dispunha de 5 votos. Na verdade, o Conselho é uma instituição que representa os Estados-membros. Nas entidades internacionais, tem-se como pressuposto o princípio da igualdade formal dos Estados. Pelo que a ideia da ponderação de votos entre os Estados-membros visava constatar as diferenças, de facto, existentes entre os vários países, consagrando uma espécie de compensação para os Estados de maior dimensão. Não pretendia, seguramente, reflectir as diversidades demográficas existentes entre os Estados-membros. Tão pouco se preocupava com qualquer ideia de representação proporcional.

Todavia, a aplicação da fórmula aritmética que define o limiar da maioria qualificada criou problemas a alguns países, a partir de certa fase do alargamento a novos Estados-membros. Com efeito, quando Comunidade Europeia contava dez Estados membros, as deliberações obtinham-se com 45 votos, num total de 63 (minoria de bloqueio funcionava com 19 votos); com doze Estados-membros, as deliberações alcançavam-se com 54 votos, num total de 76 (minoria de bloqueio funcionava com 23 votos); com quinze Estados-membros, as deliberações necessitavam de 62 votos, num total de 87 (minoria de bloqueio de 26 votos). Como se vê, quando a Comunidade contava 10 Estados-membros, dois Estados grandes eram suficientes para impedir uma deliberação por maioria qualificada. Estes países perderam essa possibilidade com o alargamento a doze Estados, necessitando aliar-se a um pequeno Estado para bloquear a tomada de decisões. Com quinze Estados-membros, a possibilidade de bloqueio tornou-se ainda mais delicada para os grandes Estados.[75]

A gradual erosão do controlo do processo de decisão por parte dos grandes Estados, provocada pelos alargamentos ocorridos nas décadas de 1980 e 1990, em virtude da aplicação da fórmula aritmética que determina o limiar da maioria qualificada, conduziu a crescente contestação do mecanismo de ponderação de votos por aqueles países. Curiosamente, os chamados Estados grandes, na discussão que provocaram sobre o assunto, destrinçaram o problema da definição do limiar da maioria qualificada, do sistema de ponderação de votos em si mesmo considerado. Afirmando que o sistema vigente estabelecia uma espécie de sub representação dos Estados grandes, comparativamente aos votos atribuídos aos pequenos e médios países. Assim, os chamados grandes Estados passaram a exigir um aumento da grelha que define a ponderação de votos dos vários países, na base de alegada representação populacional. Subvertendo, deste modo, a natureza política e jurídica dos interesses corporizados pelo Conselho, instituição que representa os Estados.

1. O Tratado de Nice, no Protocolo relativo ao alargamento, estabelece um novo sistema de *ponderação de votos*. Este sistema alarga o peso específico dos grandes Estados na grelha de votos que determina a votação por maioria qualificada. Assim, os grandes países passam a contar com 29 votos cada e, no caso de Espanha, com 27; os Estados médios contam com 13 votos para os Países Baixos, 12 votos para Bélgica, Grécia e Portugal, e 10 votos para Áustria e Suécia; no grupo dos pequenos países foram atribuídos 7 votos à Dinamarca, Irlanda e Finlândia, e 4 votos ao Luxemburgo. Na União alargada a 25 Estados-membros o limiar da maioria qualificada foi estipulado em 232 votos, num total de 321.[76]

---

[75] Na verdade, a adesão da Áustria, Suécia e Finlândia foi precedida do chamado Compromisso de Ioanina, nos termos do qual um conjunto de Estados, representando 23 a 25 votos, poderia opor-se a uma decisão por maioria qualificada, até que fosse alcançado um acordo susceptível de ser adoptado por 65 votos. Cfr. JOCE, C 105, de 13-4-1994, alterado por JOCE, C 1, de 1-1-1995.

[76] Aplicável desde Novembro de 2004. O limiar da maioria qualificada corresponde a 72,3% do total de votos, percentagem idêntica ao sistema anterior.

Todavia, o sistema adoptado em Nice para as votações por maioria qualificada não se limitou a definir a reponderação simples dos votos, ou seja, não se quedou pela revisão da grelha de votos atribuídos a cada Estado e pela redefinição do limiar da maioria qualificada. O acordo alcançado prevê o chamado sistema de dupla maioria em que, para além do número de votos, se exige que a maioria qualificada assente na maioria dos Estados.[77] Na verdade, estabelece-se que os 232 votos devem corresponder a uma maioria de membros, no caso das deliberações serem tomadas sob proposta da Comissão. Nos restantes casos, o limiar da maioria qualificada deverá ser acompanhado da votação favorável de dois terços dos Estados.

Para além dos requisitos imperativos, Nice estabeleceu outra exigência, de natureza facultativa, sobre a percentagem mínima da população representada. Com efeito, o artigo 205º do Tratado da Comunidade Europeia foi acrescentado de uma disposição que prevê a possibilidade de qualquer Estado pedir a verificação que a maioria de votos alcançada representa, adicionalmente, 62% da população total da União.[78] Porém, nos casos em que for solicitada a verificação, é obrigatório o cumprimento desse requisito para adopção da decisão. Esta alteração foi introduzida para compensar a Alemanha pelo facto de lhe não ter sido concedido um número de votos superior aos demais países grandes, que reflectisse a diferença demográfica existente.

Assim, as decisões tomadas com base no nº 2 do artigo 205 do Tratado da Comunidade Europeia, necessitam contar com o número de votos fixado como limiar da maioria qualificada, e reunir também o apoio de uma maioria de Estados, cujo respectivo alcance variará em função da proposta em causa ter tido, ou não, origem na Comissão. Para além disso, qualquer Estado pode solicitar a verificação de que a maioria de Estados formada corresponde às exigências de população estabelecidas.

---

[77] Sobre as negociações ver F. Seixas da Costa, "Portugal e o Tratado de Nice. Notas sobre a estratégia negocial portuguesa", *Negócios Estrangeiros 1* (2001), pp. 48-53.

[78] C. Gutiérrez Espada, "Una reforma 'difícil pero productiva': la revisión institucional en el Tratado de Niza", *Revista de Derecho Comunitario Europeo 9* (2001), p. 46.

Capítulo II - O Tratado de Nice

2. Outro ponto incluído na agenda da conferência intergovernamental, enquadrável nos poderes do Conselho, refere-se ao âmbito de aplicação do *voto por maioria qualificada*. A razão de ser do alargamento do voto por maioria qualificada, tema recorrente das negociações de revisão dos Tratados desde o Acto Único Europeu, relaciona-se com a eficiência do processo de decisão comunitário. Se é inequívoco que a passagem ao voto por maioria qualificada facilitava a tomada de deliberações numa União formada por 15 Estados, importaria assegurar, por maioria de razão, que este fosse o modo normal de decisão numa entidade que ia conhecer o mais vasto alargamento da sua história.

Das sete dezenas de disposições dos Tratados que requeriam o voto por unanimidade, cerca de metade passaram a ser regidas pelo voto por maioria qualificada em virtude do Tratado de Nice. Neste particular, foi evidente que certos Estados não abdicaram de áreas que consideram sensíveis para os seus interesses nacionais, pelo que os resultados globais alcançados neste domínio foram insatisfatórios, do ponto de vista da eficácia do processo de decisão. Apesar de Nice ter permitido alargar o voto por maioria qualificada a uma trintena casos, certo é que matérias onde esta modalidade de voto mais se reclamava – como, por exemplo, fiscalidade, segurança social, ambiente, coesão social – permanecem sujeitas à regra da unanimidade.

Por outro lado, o Tratado de Nice parece ter interrompido a tendência que se vinha afirmando desde o Acto Único, de relacionar a passagem ao voto por maioria qualificada com o aumento da participação do Parlamento Europeu no processo de decisão nessas matérias. Ou seja, a relação entre o voto por maioria qualificada no Conselho e a adopção do procedimento de co-decisão, onde o Parlamento Europeu detém maior participação política. Com efeito, em apenas sete disposições que foram objecto de passagem ao voto por maioria qualificada, o Tratado de Nice determinou o procedimento de co-decisão.[79] Em domínios importantes

---

[79] Artigos 13º nº 2, 63º nº 1, 63º nº 2 a), 65º, 157º nº 3, 159º e 191º do Tratado da Comunidade Europeia.

como a política agrícola e a política comercial comum, onde o Conselho delibera por maioria qualificada, não se aplica o procedimento de co-decisão.[80]

3. Duas notas para terminar o enunciado das principais alterações introduzidas pelo Tratado de Nice, no tocante ao Conselho. Por um lado, a Declaração nº 22, anexa à Acta Final, introduz alterações relativas ao local de reunião do Conselho Europeu. Nos termos desta Declaração, quando a União for constituída por 18 Estados, Bruxelas será palco de todas as reuniões do Conselho Europeu. A modificação do uso de realizar os Conselhos Europeus no território dos países que exercem a presidência foi tomada no final do Conselho Europeu de Nice, para contrariar a resistência da Bélgica em aceitar quebrar a paridade, historicamente esta-belecida com os Países Baixos, na ponderação de votos no Conselho.[81] Recorde-se, contudo, que o local de realização das reuniões do Conselho Europeu não consta do texto do Tratado da União, pelo que se trata de mera prática política.

A última nota tem que ver com a questão da presidência do Conselho. Como se sabe, o instituto das presidências rotativas tem sido objecto de numerosas críticas por parte de alguns Estados. A proximidade do alargamento da União fornecia novo argumento para modificar a semestralidade dos mandatos desta função, bem como pôr em causa a paridade dos diversos tipos de Estados no seu exercício. Todavia, o Tratado de Nice não introduziu quaisquer alterações nesta sede, pelo que se mantiveram as regras sobre o exercício semestral da presidência por todos os Estados-membros, na ordem definida pelo Conselho.[82]

---

[80] J. Wouters, "Institutional and constitutional challenges for the European Union – some reflections in the light of the Treaty of Nice", *European Law Review 26* (2001), pp. 350-352.

[81] C. Gutiérrez Espada, "Una reforma 'difícil pero productiva': la revisión institu-cional en el Tratado de Niza", *op. cit.*, p. 34.

[82] K. Bradley,"Institutional Design in the Treaty of Nice", *Common Market Law Review 38* (2001), p. 1121.

Parlamento Europeu

Ainda que o Protocolo de Amesterdão tivesse situado a essência da reforma das instituições em vista do alargamento no duo Comissão – Conselho, o Parlamento também foi envolvido pela alteração dos mecanismos de representação nacional no seio das instituições.

1. O Tratado de Amesterdão tinha conseguido estabelecer consenso entre os Estados-membros sobre o tecto de *deputados* ao Parlamento Europeu, tendo esse número sido fixado em 700. Considerou-se, então, que seria o limite máximo admissível para o bom funcionamento do Parlamento, tendo em conta a experiência existente em certos Estados-membros relativamente à dimensão das suas câmaras parlamentares.

Com base no limite fixado, a conferência intergovernamental deveria apenas discutir o número de representantes parlamentares eleitos por cada país, numa União Europeia composta por 27 Estados.

Todavia, as dificuldades surgidas durante a Cimeira de Nice, no tocante à reforma das instituições, acabaram por determinar que o tecto dos 700 deputados tivesse sido superado no calor das negociações, para um máximo de 732 membros. Com efeito, a Presidência francesa acomodou as divergências levantadas por alguns Estados-membros, no complexo jogo de redefinição da representação nacional no seio das instituições, recorrendo ao expediente da atribuição de mais lugares na assembleia parlamentar. Como exemplo, o facto de a Alemanha ser o único dos Estados grandes que não viu diminuído o número de parlamentares eleitos, quando é certo que a Alemanha não satisfez a legítima pretensão de obter maior número de votos no Conselho.[83] Igualmente, as resistências belgas à ruptura da paridade com o número de votos no Conselho com os Países Baixos, encontraram compensação na atribuição de mais 2 deputados. Por via disso, Portugal e Grécia viram as suas representações parlamentares aumentar em idêntica medida.

---

[83] C. Gutiérrez Espada, "Una reforma 'difícil pero productiva': la revisión institucional en el Tratado de Niza", op. cit., p. 52.

A redistribuição de lugares deixou apenas imutáveis o número de deputados atribuídos à Alemanha e ao Luxemburgo, respectivamente de 99 e 6 membros. Os outros três Estados grandes perderam 15 deputados cada (de 87 para 72); a Espanha foi o Estado que, proporcionalmente, mais perdeu, ficando com menos 14 membros (de 64 para 50). Nos chamados países médios, a Holanda perdeu 6 parlamentares, Portugal, Bélgica e Grécia têm menos 3 deputados, Áustria e Suécia menos 4 membros. Os países mais pequenos, Irlanda, Finlândia e Dinamarca reduziram 3 deputados cada, sendo que o Luxemburgo manteve a sua representação.

Todavia, o Protocolo relativo ao alargamento estipula que se o número de deputados elegíveis em 2004 for inferior a 732, em virtude do ritmo do alargamento, o número de representantes eleitos em cada país é aumentado proporcionalmente, até atingir o tecto fixado. Caso se verifiquem novas adesões no decurso da legislatura, admite-se derrogação temporária ao limite máximo.[84]

2. Para além dos acertos (e desacertos) relacionados com a chamada reforma das instituições em vista do alargamento, o Tratado de Nice introduziu pequenas alterações que interferem com a posição relativa do Parlamento Europeu no *equilíbrio de poderes* do sistema político comunitário.

Assim, as alterações enunciadas ao procedimento de nomeação da Comissão, que estipulam que o Conselho delibera por maioria qualificada na escolha do Presidente e demais membros do Colégio de Comissários, permitem aumentar a importância relativa do poder do Parlamento. Com efeito, na medida em que os Estados-membros perderam o direito de veto na designação dos membros da Comissão, o Parlamento Europeu, a quem compete a aprovação do Presidente e da lista de Comissários, acresceu o valor da sua participação neste procedimento. Na verdade, o Parlamento tem maior facilidade para projectar os resultados das eleições europeias na escolha do Presidente da Comissão, podendo antecipar as

---

[84] R. Barents, "Some Observations on the Treaty of Nice", *Maastricht Journal of European and Comparative Law 8* (2001), p. 123.

suas preferências quanto à escolha da personalidade que o Conselho designará Presidente.[85] Deste modo, o Parlamento poderá contribuir para a formação de executivos que reflictam a lógica maioritária em que assentam os sistemas democráticos. Incrementando a função de controlo político sobre a Comissão.

No tocante à participação do Parlamento no processo de decisão comunitário, matéria onde esta instituição registou os maiores ganhos desde o Acto Único, o Tratado de Nice trouxe também ligeiras alterações. Embora não se tenha verificado qualquer alteração na tipologia das modalidades de decisão existentes, nem dos respectivos procedimentos, houve, porém, um aumento das situações que requerem maior participação do Parlamento, ou seja, do âmbito de aplicação do chamado parecer favorável e da co-decisão.[86] E, por essa via, o Parlamento viu o seu estatuto no processo político de decisão ligeiramente melhorado.

Por fim, registo para a melhoria introduzida pelo Tratado de Nice no tocante à legitimidade processual do Parlamento Europeu. O Parlamento viu, finalmente, consagrado o estatuto de recorrente privilegiado nos recursos de anulação, acedendo ao plano dos Estados-membros, Conselho e Comissão (artigo 230º do TCE). A menoridade processual do Parlamento foi também eliminada no âmbito das chamadas competências consultivas do Tribunal, tendo a redacção do artigo 300º, nº 6, do TCE reconhecido que o Parlamento, tal como sucedia com os principais actores políticos da integração europeia, pode solicitar ao Tribunal que se pronuncie sobre a compatibilidade de um projecto de acordo internacional com as disposições do Tratado.

Cooperações reforçadas

O Tratado de Amesterdão havia dado consagração jurídica à ideia de flexibilidade no aprofundamento da integração europeia. Através da cria-

---

[85] K. Bradley,"Institutional Design in the Treaty of Nice", *op. cit*, p. 1104.

[86] O Parlamento passou a exercer parecer favorável, por exemplo, no quadro do artigo 7º nº 2 do TUE.

ção de um Título VII no Tratado da União Europeia (TUE), com a epígrafe "Disposições relativas às cooperações reforçadas", os Estados-membros aceitaram o princípio que o aprofundamento no quadro da União se poderá realizar, sem envolver a totalidade dos seus membros.

Todavia, o alcance das cooperações reforçadas estabelecidas em Amesterdão ficou limitado à Comunidade Europeia e ao chamado terceiro pilar da União. Para além da impossibilidade de grupos de Estados-membros encetarem cooperações reforçadas no âmbito da política externa e de segurança comum, o maior impedimento à realização deste tipo de iniciativas no seio da União tinha a ver com o procedimento previsto para a sua adopção. Apesar das deliberações sobre cooperações reforçadas serem tomadas por maioria qualificada, os artigos 40º do TUE e 11º do TCE permitiam que qualquer Estado exercesse direito de veto, invocando importantes e expressas razões de política nacional.

Com o Tratado de Nice, o instituto das cooperações reforçadas libertou-se dos espartilhos que sobre ele incidiam.[87] Na verdade, com a introdução de um conjunto de novos artigos no Tratado da União, a política externa e de segurança comum passou a prever a possibilidade de realização de cooperações reforçadas. Tais cooperações reforçadas destinam-se a salvaguardar os valores e servir os interesses da União no seu conjunto, afirmando a sua identidade como força coerente na cena internacional. O conteúdo destas iniciativas incide na execução de uma acção comum, ou de uma posição comum, não podendo abranger questões que tenham implicações militares, ou no domínio da defesa.

Para além do alargamento do âmbito de aplicação das cooperações reforçadas, o Tratado de Nice procedeu a um reordenamento das disposições que regulam o recurso às cooperações reforçadas. Assim, pretendeu acabar com a fragmentação das normas que regiam este instituto, tendo o Título VII do Tratado da União fixado os princípios gerais das cooperações reforçadas, deixando para as normas específicas de cada pilar o regime da sua implementação. De entre as alterações ao regime geral das cooperações reforçadas, merece destaque a referente ao número mí-

---

[87] R. Barents, "Some Observations on the Treaty of Nice", *op. cit.*, p. 130.

nimo de participantes, fixado em 8 Estados-membros, afastando a exigência da participação da maioria dos países da União.

Por outro lado, o procedimento de adopção das cooperações reforçadas foi objecto de maior flexibilização, no âmbito do primeiro e terceiro pilares da União. Com efeito, o artigo 11°, n° 2, do Tratado da Comunidade Europeia, bem como o artigo 40°-A, n° 2, do TUE, estipulam que o Conselho autorize o início de uma cooperação reforçada, deliberando por maioria qualificada. No tocante à política externa e de segurança comum, o Tratado de Nice adoptou a fórmula antes aplicável aos outros pilares, permitindo a um Estado-membro exercer direito de veto, com base em importantes e expressas razões de política nacional.

As alterações introduzidas no regime das cooperações reforçadas reflectem a lógica de pequenos passos que tem norteado o aprofundamento da integração. Num primeiro momento, os Estados-membros adoptaram o princípio que permite à União desenvolver formas de cooperação que não envolvam todos os países. Mas apenas numa segunda fase dotaram a União dos meios que lhe permitam a concretização efectiva desta figura. Talvez por esse motivo, os Estados submeteram o procedimento de adopção das cooperações reforçadas na política externa e de segurança comum a regras diferentes daquelas que se aplicam nos outros pilares. Em todo o caso, o Tratado de Nice veio permitir que um núcleo duro de países ensaie formas avançadas de integração, em vastas áreas de actividade da União.

Sistema jurisdicional

O sistema jurisdicional comunitário não ficou imune ao conjunto de alterações introduzido pelo Tratado de Nice no funcionamento das instituições, em vista do alargamento da União Europeia. O alcance das inovações verificadas nesta sede superou o conteúdo das transformações sofridas pelas instituições políticas. Na verdade, as modificações que os Estados acordaram em Nice afectam não apenas a composição do Tribunal, como a própria arquitectura do sistema judicial comunitário e, também, a competência jurisdicional dos seus órgãos.

1. Relativamente à *composição* do Tribunal de Justiça, a nova redacção do artigo 221º do Tratado da Comunidade Europeia consagrou o princípio que o Tribunal é composto de um juiz por Estado-membro. Abandonou-se, deste modo, a fixação do número preciso de juízes por este preceito do Tratado, que implicava a sua alteração por ocasião de cada alargamento a novos Estados. Por outro lado, reconheceu-se a vantagem em integrar no Tribunal de Justiça um juiz originário de cada Estado, assegurando a presença de todas as culturas jurídicas nacionais no seio do órgão jurisdicional comunitário.[88]

Nos debates que precederam a reforma do Tribunal de Justiça em vista do processo de alargamento da União, uma das teses dominantes defendia que o número de juízes do Tribunal de Justiça não deveria coincidir com o número de Estados, pois, numa União alargada a 25 ou mais membros, o funcionamento da sessão plenária do Tribunal adquiriria contornos próximos de uma pequena assembleia. O acordo alcançado em Nice não acolheu este entendimento.

Todavia, para obviar esse tipo de inconvenientes, mas sobretudo para aumentar a eficácia da actividade do Tribunal de Justiça, a nova redacção do artigo 221º do Tratado alterou as disposições relativas ao modo de funcionamento. Assim, as situações em que o Tribunal pode reunir em sessão plenária foram reduzidas aos casos previstos no novo Estatuto do Tribunal de Justiça. A reunião em Tribunal Pleno assume, assim, carácter extraordinário. Por outro lado, o segundo parágrafo do artigo 221º do TCE estipula que o Tribunal se reúne em secções, ou, em grande secção. Nos termos do artigo 16º do Estatuto, o Tribunal constitui secções de três e de cinco juízes. A grande secção é composta por treze juízes, cabendo a sua condução ao presidente do Tribunal, e reúne-se sempre que um Estado ou uma instituição comunitária, quando partes na instância, o solicitem. Deste modo, o funcionamento em secção é entendido como o modo normal de reunião do Tribunal.[89]

---

[88] D. Ruiz-Jarabo, "La reforme de la Cour de Justice opérée par le Traité de Nice et sa mise en oeuvre future", *Revue Trimestrielle de Droit Européen 37* (2001), p.716.

[89] A. Johnston, "Judicial Reform and the Treaty of Nice", *Common Market Law Review 38* (2001), p. 512.

No tocante aos advogados-gerais, Nice não alterou o número estabelecido para estes membros do Tribunal. Todavia, a obrigação de apresentação de conclusões fundamentadas ficou circunscrita aos casos em que, nos termos do Estatuto, requeiram a sua intervenção. De acordo com o último parágrafo do artigo 20° do Estatuto, sempre que o Tribunal considerar que não se suscita nova questão de direito, pode, ouvido o advogado-geral, decidir que a causa seja julgada sem apresentação das conclusões do advogado-geral. Assim, a dispensa de intervenção obrigatória do advogado-geral permite economia de tempo, e de meios, no funcionamento do Tribunal de Justiça.

Relativamente ao Tribunal de Primeira Instância, a redacção do artigo 224° do Tratado estabelece que este é composto de, pelo menos, um juiz por Estado, remetendo para o Estatuto a fixação do número membros. A solução encontrada permite aumentar o número de juízes do Tribunal de Primeira Instância, para responder ao acréscimo de processos pendentes em virtude do alargamento das suas competências jurisdicionais, sem proceder à alteração do Tratado. Como se sabe, existe consenso sobre a necessidade de dotar o Tribunal de Primeira Instância de mais juízes. De notar, ainda, que o primeiro parágrafo do artigo 224° do TCE dispõe que o Estatuto pode prever que o Tribunal de Primeira Instância seja assistido por advogados-gerais.

2. O Tratado de Nice foi um elemento marcante na transformação da *arquitectura jurisdicional* da Comunidade Europeia. Com efeito, o artigo 225° – A do TCE prevê que o Conselho pode criar câmaras jurisdicionais encarregadas de conhecer em primeira instância certas categorias de recursos, em matérias específicas. Deste modo, a estrutura judicial da Comunidade Europeia conhece um novo grau de jurisdição, muito embora de competência especializada, que se vem antepor ao Tribunal de Primeira Instância, denotando progressiva complexidade e hierarquização dos mecanismos de controlo da legalidade existentes no ordenamento comunitário.[90]

---

[90] J. Shaw, "The Treaty of Nice: Legal and Constitutional Implications", *European Public Law* 7 (2001), p. 207.

Refira-se que os motivos que levaram à introdução deste preceito no Tratado foram, em boa medida, os mesmos que justificaram o estabelecimento do Tribunal de Primeira Instância, aquando da adopção do Acto Único Europeu. Desde logo, a necessidade de libertar os órgãos existentes de certas categorias de acções que absorvem esforço considerável na actividade jurisdicional comunitária, como sucede com os recursos dos funcionários e agentes das Comunidades. Assim, a Declaração nº 16, anexa à Acta Final, afirmava que a Conferência solicitaria ao Tribunal de Justiça e à Comissão que preparassem um projecto de decisão criando uma câmara jurisdicional competente para decidir sobre os litígios entre a Comunidade e os seus agentes. Por Decisão do Conselho, em Novembro de 2004, foi adstrita ao Tribunal de Primeira Instância uma câmara jurisdicional para conhecer do contencioso da função pública da União, denominada Tribunal da Função Pública da União Europeia.[91]

A criação de câmaras jurisdicionais de competência especializada não deverá ficar confinada aos litígios que envolvam o pessoal das Comunidades. Outra matéria que poderá merecer a constituição de uma câmara de competência especializada é a dos recursos de actos adoptados em aplicação dos títulos comunitários de propriedade industrial. Na verdade, é previsível que as câmaras de recurso existentes no âmbito do Instituto de Harmonização do Mercado Interno (marcas, desenhos e modelos), sedeado em Alicante, possam evoluir para uma câmara jurisdicional, no sentido do artigo 225º - A do Tratado.[92] A este propósito, a conferência intergovernamental tomou nota de uma Declaração do Luxemburgo, em que este se compromete a não reivindicar que tal câmara jurisdicional seja instalada no seu território, permitindo a sua continuação no local do referido Instituto.

O terceiro parágrafo do artigo 225º- A do TCE dispõe que as decisões das câmaras jurisdicionais podem ser objecto de recurso para o Tribunal

---

[91] Decisão do Conselho que institui o Tribunal da Função Pública Europeia (2004/752/CE, Euratom), JO L 333/7, de 9.11.2004.

[92] J. Roldán Barbero, "La Reforma del Poder Judicial en la Comunidad Europea", *Revista de Derecho Comunitario Europeo 9* (2001), p. 101.

de Primeira Instância o qual, em princípio, será limitado às questões de direito. No entanto, o artigo 225°, n°2, prevê que tais decisões do Tribunal de Primeira Instância possam ser reapreciadas, a título excepcional, pelo Tribunal de Justiça, nos casos em que exista risco grave de lesão da unidade ou da coerência do direito comunitário.

Em sede de estrutura jurisdicional comunitária cabe mencionar, ainda, o modo como o Tratado refere o Tribunal de Primeira Instância. Com efeito, foi eliminada a expressão que definia o Tribunal de Primeira Instância como jurisdição associada ao Tribunal de Justiça. Por seu turno, o artigo 220° do TCE coloca o Tribunal de Primeira Instância no mesmo plano do Tribunal de Justiça, como garante do respeito do direito na interpretação e aplicação do Tratado. Deste modo, e tendo em conta o alargamento de competências jurisdicionais que lhe foram atribuídas, o Tribunal de Primeira Instância vê consagrado um estatuto institucional de primeira grandeza no exercício do controlo da legalidade comunitária, superando uma situação de certa menoridade derivada do período da sua criação.[93]

3. O Tratado de Nice veio também abrir novas perspectivas a nível da repartição de *competências jurisdicionais* entre o Tribunal de Justiça e o Tribunal de Primeira Instância. A redacção do n° 1 do artigo 225° do TCE dispõe que o Tribunal de Primeira Instância é competente para conhecer dos recursos de anulação e por omissão, das acções relativas à responsabilidade extracontratual da Comunidade e sobre a cláusula compromissória dos contratos concluídos pela Comunidade. Todavia, a parte final deste preceito declara que o Estatuto pode reservar certas categorias de recursos para o Tribunal de Justiça. Com efeito, o artigo 51° do Estatuto estipula que, em derrogação do n° 1 do artigo 225°, são da competência do Tribunal de Justiça as acções propostas e os recursos interpostos pelos Estados-membros, pelas instituições comunitárias e pelo Banco Central Europeu.

Nestes termos, a definição do âmbito de jurisdição do Tribunal de Primeira Instância nestas categorias de acções fica dependente das dis-

---

[93] A. Johnston, "Judicial Reform and the Treaty of Nice", *op. cit.*, p. 503.

posições do Estatuto. Nomeadamente, a eventualidade do Tribunal de Primeira Instância conhecer de todas as categorias de acções interpostas no quadro dos recursos de anulação e por omissão. Ainda que se mantenha o esquema de repartição de competências em matéria de recursos directos, cujo critério director reside na qualidade das partes, nada impede que através de alterações ao Estatuto o Tribunal de Primeira Instância venha a adquirir jurisdição plena sobre todas as categorias de acções referidas no artigo 225º nº 1. A este propósito, a Declaração nº 12, anexa à Acta Final da Conferência, convidava o Tribunal de Justiça e a Comissão a procederem ao exame conjunto da repartição de competências entre o Tribunal de Justiça e o Tribunal de Primeira Instância, em especial em matéria de recursos directos.

O único recurso directo que o Tratado de Nice entendeu dever permanecer estranho à jurisdição do Tribunal de Primeira Instância é a acção por incumprimento. Com efeito, os Estados-membros acharam por bem não alterar a competência jurisdicional do Tribunal de Justiça nesta matéria, mesmo nos chamados casos de incumprimento ostensivo das suas obrigações, como sucede nas acções relativas à falta de transposição de directivas comunitárias, onde não existem questões controversas do ponto de vista jurídico, susceptíveis de requerer apreciação pela suprema instância jurisdicional.

A maior novidade introduzida pelo Tratado de Nice em matéria de competência jurisdicional situa-se no âmbito dos recursos indirectos, ou seja, dos chamados reenvios prejudiciais. É sabido como os recursos prejudiciais constituem um dos elementos marcantes do ordenamento comunitário, permitindo importante via de diálogo entre o Tribunal de Justiça e os tribunais nacionais. Através deste sistema de interpretação centralizado do ordenamento jurídico da Comunidade, o Tribunal de Justiça conseguiu assegurar a uniformidade na aplicação do direito comunitário, tarefa que recai sobre os órgãos jurisdicionais nacionais. Em virtude da importância deste tipo de recurso no sistema jurídico comunitário, os reenvios prejudiciais constituíam um mecanismo processual expressamente afastado da jurisdição do Tribunal de Primeira de Instância, pelo Tratado da Comunidade Europeia.

A importância dos recursos prejudiciais no quadro geral da interpretação e aplicação do direito comunitário, por um lado, e o número crescente de questões prejudiciais colocadas pelas jurisdições nacionais ao Tribunal de Justiça, com todas as consequências para a celeridade desses processos, por outro lado, terão estado na base da alteração do n° 3 do artigo 225° do Tratado. Nos termos deste preceito, o Tribunal de Primeira Instância é competente para conhecer das questões prejudiciais, no âmbito de matérias especificamente determinadas pelo Estatuto. Assim, o Tribunal de Primeira Instância poderá decidir sobre questões prejudiciais formuladas pelos tribunais nacionais. Apesar do Tratado de Nice não referir que tipo de questões poderão ser objecto de decisão prejudicial pelo Tribunal de Primeira Instância, é provável que nelas se incluam matérias de carácter técnico do ordenamento comunitário, como sejam as questões aduaneiras e as relativas à política agrícola, bem como nos domínios em que se realize a criação das aludidas câmaras jurisdicionais.[94]

A atribuição de competências ao Tribunal de Primeira Instância em sede de recursos prejudiciais foi, todavia, acompanhada de duas importantes salvaguardas em favor da jurisdição principal. Por um lado, o Tribunal de Primeira Instância pode remeter o processo à deliberação do Tribunal de Justiça, sempre que esteja em causa uma decisão de princípio, susceptível de afectar a unidade e coerência do direito comunitário. Por outro lado, o último parágrafo do artigo 225°, n°3, do TCE prevê que o Tribunal de Justiça possa reapreciar as decisões prejudiciais proferidas pelo Tribunal de Primeira Instância. A faculdade excepcional do Tribunal de Justiça reexaminar decisões do Tribunal de Primeira Instância dependerá do entendimento do primeiro advogado-geral, caso considere que exista risco grave de lesão da unidade ou da coerência do direito comunitário, nos termos do artigo 62° do Estatuto.

O futuro da União

O acordo celebrado em Nice não teve acolhimento apoteótico dos actores políticos envolvidos no processo de integração, nem da opinião

---

[94] J. Roldán Barbero, "La Reforma del Poder Judicial en la Comunidad Europea", *op. cit.* p. 105.

pública dos Estados. Todavia, conseguiu realizar a reforma institucional da União em vista do alargamento aos países do leste da Europa. Reforma essa que vinha dominando a agenda política europeia. Joschka Fischer, no discurso sobre a finalidade da integração, havia referido que as alterações institucionais em torno da composição da Comissão, ponderação de votos no Conselho e extensão das decisões por maioria qualificada assumiam prioridade absoluta para a concretização do alargamento a leste.[95]

Sobre o conteúdo do acordo institucional, parece fora de dúvida que Nice melhorou o peso relativo dos chamados Estados grandes na composição e funcionamento das instituições comunitárias. A dramatização que estes países criaram, sob pretexto da eficácia institucional de uma União alargada, conseguiu produzir, de facto, alteração do equilíbrio inicialmente estabelecido na representação política dos diversos tipos de Estados no seio das instituições. Muito embora os chamados Estados de pequena e média dimensão tenham sido capazes de limitar os danos face a uma ofensiva que visava, no entendimento de alguns, estabelecer uma espécie de "directório de facto" no funcionamento da União.[96] No caso português, a definição clara de uma estratégia negocial permitiu sair da cimeira de Nice com um resultado final que, de modo geral, alcançou os objectivos que se havia proposto realizar.[97]

Na esteira da chamada "teoria da bicicleta", ou seja, da perspectiva que considera que o processo de integração europeia realizado no último meio século se poderia comparar com um velocípede a pedais, onde qualquer interrupção no seu percurso determinaria a queda da própria construção europeia, o Tratado de Nice antecipou os passos de carácter constitucional que a União devia percorrer. Na verdade, os Estados aprovaram

---

[95] J. Fischer, "Da Confederação à Federação: Reflexão sobre a finalidade da integração europeia" (tradução portuguesa de S. Gomes da Silva), *Política Internacional 22* (2000), p. 53.

[96] P. Pescatore, "Guest Editorial: Nice – Aftermath", *Common Market Law Review 38* (2001), p. 270.

[97] F. Seixas da Costa, "Portugal e o Tratado de Nice. Notas sobre a estratégia negocial portuguesa", *Negócios Estrangeiros 1* (2001), pp. 66-68.

a Declaração respeitante ao futuro da União, anexa à Acta Final do Tratado de Nice, através da qual esboçaram a traços largos o cenário que seguia, no sentido do aprofundamento do processo de integração.

Nos termos da Declaração nº23, os Estados decidiram convocar uma conferência intergovernamental para abordar um conjunto de questões ali enunciadas. Todavia, os Estados tiveram presente os limites da metodologia de revisão dos Tratados, e os danos que as conferências intergovernamentais têm procurado à própria ideia de unificação europeia junto dos cidadãos e da opinião pública dos Estados, pelo que pretenderam lançar um vasto debate prévio em torno das questões fixadas na agenda de alteração aos Tratados.[98]

Assim, o ponto nº3 da Declaração apelava a que a realização da conferência intergovernamental fosse precedida por uma ampla discussão que envolvesse o Parlamento Europeu, membros dos parlamentos nacionais, e aberta aos representantes da sociedade civil, auscultando também a opinião pública dos Estados.

Uma última nota para referir que o episódio originado pela participação de um partido com tendências xenófobas no governo austríaco esteve na base das alterações introduzidas no artigo 7º do Tratado da União Europeia. De acordo com a versão resultante do Tratado de Nice, alterou-se a filosofia deste procedimento, que visava aplicar sanções aos Estados que violassem os princípios políticos fundamentais da União Europeia, enunciados no artigo 6º, nº1, do TUE. Na verdade, o desencadear da actuação da União deixará de estar limitado à constatação da existência de violação grave e persistente por um Estado-membro dos princípios da liberdade, democracia, direitos fundamentais e Estado de Direito, bastando que se verifique a ocorrência de risco manifesto de violação grave destes princípios. Ou seja, a União procurou deslocar a sua intervenção, nos casos em que exista um desvio da normalidade

---

[98] J. Wouters, "Institutional and constitutional challenges for the European Union – some reflections in the light of the Treaty of Nice", *European Law Review 26* (2001), p. 354.

democrática no seio de um dos seus membros, de uma perspectiva repressiva para uma actuação de natureza preventiva. Porém, não deixa de constituir uma ironia da história que o procedimento inicialmente previsto pelo Tratado de Amesterdão – através do qual as democracias consolidadas da Europa ocidental procuraram blindar a União contra perigos de eventuais derrapagens políticas nos países do leste - tenha visto o seu campo de aplicação potencial subitamente alargado.

CAPÍTULO III

O ALARGAMENTO A LESTE

Em Abril de 2003 a cidade de Atenas foi palco da assinatura do Tratado de Adesão à União Europeia de 10 novos Estados, provenientes maioritariamente da Europa central e de leste. O alargamento a leste foi o mais extraordinário na história da integração europeia. Não apenas pelo vasto número de países envolvidos no mesmo processo negocial, mas também pelas circunstâncias que rodearam a adesão destes Estados.[99]

Em termos quantitativos, o alargamento a leste constituiu enorme desafio para a União Europeia. Desde a fundação das Comunidades Europeias na década de 1950, por um grupo de 6 Estados, que o processo de integração conheceu sucessivas fases de alargamento a novos países. Em 1972 foi assinado o Tratado de Adesão que permitiu a integração do Reino Unido, Dinamarca e Irlanda. A década de 1980 assinalou o alargamento aos países do sul da Europa, com a adesão da Grécia em 1981 e de Portugal e Espanha, em 1986. Por fim, em 1995 registou-se a adesão da Áustria, Finlândia e Suécia.

Ao longo de três décadas a Comunidade Europeia e, em seguida, a União, receberam 9 Estados-membros, num processo que conheceu 4 alargamentos distintos, os quais foram realizados em 3 fases sucessivas:

---

[99] J. Zielonka, "How New Enlarged Borders will Reshape the European Union", *Journal of Common Market Studies 39* (2001), p.507.

países da EFTA, países meridionais e países do Espaço Económico Europeu. As fases anteriores de alargamento realizaram-se a um ritmo que consentiu a integração de 3 novos Estados por década, permitindo que a Comunidade Europeia passasse de um processo iniciado por 6 países para uma União composta por 15 Estados-membros. Com o alargamento a leste a União integrou 10 novos Estados, aumentado o seu número de membros para um total de 25 países. Ou seja, em termos quantitativos a União concretizou um processo de alargamento que, de uma só vez, determinou um aumento do número de Estados superior ao conjunto de todos os alargamentos anteriormente realizados, os quais foram efectuados ao longo de um período de tempo bastante dilatado.

Por outro lado, o alargamento a leste também se diferenciou das anteriores fases de adesão de novos Estados à Comunidade Europeia pelas circunstâncias que envolveram os respectivos processos de integração. O denominador comum a todos eles residiu na mudança de orientação estratégica desses países perante o fenómeno da integração europeia. Na verdade, o alargamento do Reino Unido e demais países da EFTA, na década de 1970, teve a ver com a alteração da estratégia desses Estados no confronto da Comunidade. Após um ensaio de integração económica concorrente com o projecto comunitário, os antigos membros da EFTA rapidamente concluíram que o grande desafio da integração económica era protagonizado pelo mercado comum europeu e que, se pretendessem acompanhar os níveis de desenvolvimento económico e social registados pelos países comunitários, teriam que ser partes integrantes desse projecto.

Os países do sul da Europa, que integraram a Comunidade ao longo da década de 1980, demandaram a adesão no termo de um ciclo político que os afastara do regime democrático, que caracterizava os sistemas políticos dos demais parceiros europeus. O denominador comum ao alargamento dos países meridionais foi a queda das ditaduras em Portugal, Grécia e Espanha e a determinação destes Estados de instaurar sistemas políticos democráticos, orientados pelos mesmos valores e princípios dos Estados que compunham a Comunidade Europeia.[100] No complexo pro-

---

[100] A. Costa Pinto, N. Severiano Teixeira (eds.), *Southern Europe and the Making of the European Union, 1945-1980's*, SSM, Boulder, Nova Iorque, 2002, p.38.

cesso de transição para a democracia que os países ibéricos viveram, a adesão à Comunidade Europeia era vista como modo de consolidação das instituições democráticas, bem como forma de afastar pulsões que visavam ensaiar outros modos de organização política.[101]

Também o alargamento realizado na década de 1990 pretendeu alterar a orientação estratégica dos países candidatos no confronto da União Europeia. Na sequência do Tratado do Porto, que criou o Espaço Económico Europeu entre os Estados que compunham o mercado único europeu e os países da EFTA, certos Estados pertencentes a esta última entidade compreenderam a assimetria de poder que se verificava entre as duas organizações na determinação do regime jurídico do novo acordo, em virtude da diferente natureza dos instrumentos de integração utilizados, pelo que consideraram que o melhor modo de poder influenciar a formação das decisões seria integrar o seu lado mais forte, ou seja, a Comunidade Europeia. Por outro lado, o estabelecimento da União Europeia representava um salto qualitativo no processo político de integração europeia, do qual esses Estados pretendiam não se excluir, no contexto internacional marcado pelo termo da Guerra-Fria.

Diferentemente se apresentam as motivações que caracterizaram a adesão dos países provenientes do leste Europeu. A adesão dos novos Estados não se fez apenas por uma simples alteração de estratégia destes países. Os motivos que estiveram na base da decisão de integrar a União não tiveram que ver com uma análise de custos e benefícios das vantagens do grande mercado interno, ou com a vontade de aproximação do modelo político de governo dos países da Europa ocidental ou, ainda, com a pretensão de aumentar a capacidade de influenciar o processo de decisão comunitário. Não obstante a força combinada do conjunto de motivações que presidiram aos anteriores alargamentos da Comunidade e da União, o alargamento a leste resultou de alterações ocorridas no território europeu que provocaram a transformação radical da sua geografia política: a queda do Muro de Berlim e o termo da divisão existente entre as chamadas "duas Europas"; a recomposição das fronteiras políticas no leste Europeu.

---

[101] Em sentido diferente, H. Wallace, "Enlarging the European Union: reflections on the challenge of analysis", *Journal of European Public Policy 9* (2002), p.663.

Desde logo, a adesão dos chamados países da Europa de leste foi colocada como um "dever moral" da Europa ocidental, em virtude da resignação com que aceitou que a outra metade do continente ficasse sob domínio político da antiga União Soviética. A aceitação da divisão forçada da Europa, por parte dos países ocidentais, em resultado dos equilíbrios políticos gerados com a emergência da Guerra-Fria, pesou sempre na consciência como preço pago em troca da preservação da própria liberdade política. Por outro lado, a força da ideia europeia no pós-guerra foi aumentada pelo contexto político da fase inicial da Guerra-Fria. Com efeito, a ameaça soviética que na altura se abatia sobre o continente facilitou o surgimento dos primeiros acordos económicos, militares e políticos que favoreceram a afirmação posterior do processo de integração europeia. Deste modo, a dívida que os países ocidentais sentiam perante os Estados da Europa central e de leste só poderia ser plenamente saldada através da incorporação destes últimos no processo de integração europeia. Expoente máximo do sentimento de culpa dos países ocidentais no confronto da Europa de leste terá sido, porventura, a divisão política da Alemanha. Pelo que não surpreende que o reencontro dos Estados europeus no quadro da União se tenha iniciado, justamente, com o processo de reunificação dos dois Estados alemães. A adesão dos países do centro e leste europeu completou a fase de reunificação de uma Europa dividida em duas metades, iniciada com a queda simbólica do Muro de Berlim.

A existência de um dever de solidariedade da União Europeia, como aquele que se verificou no confronto da Europa central e de leste, e que foi a tónica essencial do discurso comunitário justificativo deste alargamento, é algo nunca mencionado relativamente ao pedido de adesão da Turquia. A entrada da Turquia para a União tem sido entendida como vantajosa, quando considerada numa perspectiva geo-estratégica, pelo acréscimo de segurança que representa para o espaço europeu. O contraste verificado no tratamento do pedido de adesão Turquia, relativamente aos países do leste europeu, passa, sobretudo, pelos elementos de natureza identitária que atravessam o discurso da União. Enquanto os países do leste europeu são considerados como "a metade de lá" do continente, apartados do lado ocidental durante a Guerra-Fria por força da chamada cortina de ferro, a Turquia tende a ser vista como relevando de uma "outra

Europa".[102] Um pouco à semelhança, também, do que sucede com a Rússia. A motivação do alargamento a leste teve uma clara dimensão axiológica, assente na projecção de certa identidade cultural e política da Europa.

O alcance extraordinário do alargamento a leste não se limitou ao termo da divisão europeia resultante da Guerra-Fria. Decorreu, ainda, de um processo profundo de recomposição das fronteiras políticas no seio da Europa. Com efeito, de entre os oito Estados provenientes da antiga Europa de leste, seis deles foram constituídos apenas na década de 1990: Estónia, Letónia, Lituânia, República Checa, Eslováquia e Eslovénia. Estes países formaram-se a partir da extinção dos antigos Estados federais onde antes se incorporavam. Assim, a União Europeia integra agora um conjunto de novos Estados provenientes do desmembramento da União Soviética e da Jugoslávia, bem como da extinção da Checoslováquia. O desaparecimento das grandes federações do centro e leste europeu, que emergiram na sequência do primeiro conflito mundial, foi seguida da integração de alguns dos seus membros na União Europeia. Em todo o caso, há pouco tempo atrás seria inconcebível imaginar que a Comunidade Europeia poderia incorporar territórios pertencentes à antiga União Soviética.

Critérios de adesão

Face ao enorme desafio que a perspectiva de adesão dos países da Europa central e de leste representava para a União, natural seria que esta pretendesse regular o processo de integração destes Estados de modo a que não fossem afectados os elementos básicos do seu funcionamento. Na verdade, sendo a União Europeia uma entidade que procura conseguir uma união cada vez mais estreita entre Estados e povos europeus, é natural que afirme a sua identidade política, económica e cultural, suportada

---

[102] H. Sjursen, "Why Expand? The Question of Legitimacy and Justification in the EU's Enlargement Policy", *Journal of Common Market Studies 40* (2002), p.507

por um vigoroso sistema jurídico, cujo respeito os Estados candidatos deverão assegurar. Semelhante preocupação já se havia verificado nos anteriores processos de adesão, tendo-se colocado de forma acrescida na integração dos países de leste em virtude não apenas da quantidade de candidatos existentes, mas, e sobretudo, da diversidade de valores políticos, económicos e jurídicos com que haviam sido governados nas quatro décadas precedentes.

Por estes motivos, as instituições europeias entenderam ser necessário explicitar um conjunto de requisitos que os Estados candidatos deveriam preencher para poderem aderir à União. Tais requisitos foram aprovados pelo Conselho Europeu de Copenhaga, em Junho de 1993, e respeitam ao cumprimento de 3 tipos de critérios: de ordem política; de natureza económica; e exigências de tipo jurídico-administrativo. Se bem que os chamados *critérios de Copenhaga* tivessem sido adoptados com a preocupação específica de lidar com os pedidos de adesão dos países da Europa central e de leste, eles foram sucessivamente afirmados pelas instituições comunitárias, nomeadamente a Comissão, como constituindo verdadeiros padrões de admissibilidade para todos os países candidatos. Vejamos, sucessivamente, as exigências que os Estados candidatos deverão satisfazer para aderir à União.

O primeiro dos critérios de Copenhaga tem natureza política. Os países candidatos deverão possuir instituições políticas estáveis que garantam o funcionamento da democracia, respeito pelo Estado de Direito, tutela dos direitos fundamentais dos cidadãos e assegurem adequada protecção das minorias.[103] Estes princípios políticos, comuns a todos os Estados-membros, seriam posteriormente objecto de consagração no texto do nº1 do artigo 6º e do artigo 49º do Tratado da União Europeia, por ocasião das alterações introduzidas pelo Tratado de Amesterdão, em 1997. Cumpre recordar que a integração europeia sempre assentou no respeito integral destes princípios políticos. Com efeito, o alargamento

---

[103] J.W. de Zwaan, "Summing-up and Conclusions", in A.E. Kellerman e outros (eds.), *EU Enlargement. The Constitutional Impact at EU and National Level*, TMC Asser Press, *The Hague*, 2001, p.481.

aos países do sul da Europa realizou-se, apenas, após a queda dos regimes ditatoriais existentes e a respectiva transição para sistemas baseados no funcionamento da democracia pluralista. Do mesmo modo, o Acordo de Associação que a Comunidade Económica Europeia havia celebrado com a Grécia, em 1961, foi suspenso em virtude do golpe militar ocorrido em 1967, que derrubou o governo democrático existente.[104]

Nos termos deste critério, os países candidatos devem assegurar a existência de instituições políticas estáveis que permitam o funcionamento efectivo da democracia, ou seja, o pluralismo de forças políticas, realização de eleições livres e justas, separação de poderes entre os diferentes órgãos do Estado, independência do poder judicial e liberdades de expressão e de culto religioso. Por outro lado, os países candidatos deverão garantir o respeito dos direitos fundamentais, nomeadamente, através da adesão ao sistema da Convenção Europeia dos Direitos do Homem, e respectivos protocolos adicionais. De crucial importância nos países candidatos é a questão do respeito pelas minorias. Como se sabe, as recorrentes alterações das fronteiras políticas na Europa central e de leste determinaram que vários Estados integrassem no seu território diferentes minorias nacionais, linguísticas e étnicas, cuja salvaguarda dos respectivos direitos importa assegurar, protegendo-as contra todas as formas de discriminação.[105] Recorde-se que as minorias nacionais atingem cifras próximas dos 40% na Letónia e na Estónia, e cerca de 20% na Eslová-quia.[106]

O segundo dos chamados critérios de Copenhaga é um requisito de natureza económica: obriga que os países candidatos disponham de uma economia de mercado, com capacidade para fazer face à pressão da concorrência e ao mercado interno comunitário. Recorde-se que os países da

---

[104] D.W. Urwin, *The Community of Europe. A History of European Integration since 1945,* Longman, Londres, 2ª ed., 1995, p.206.

[105] G. Jolly, "Le Processus d'Élargissement de l'Union Européenne, *Revue du Marché commun et de l'Union européenne 457* (2002), p.241.

[106] G. Pridham, "EU Enlargement and Consolidating Democracy in Post-Communist States – Formality and Reality", *Journal of Common Market Studies 40* (2002), p.953.

Europa central e de leste se regiam por princípios diametralmente opostos da economia de mercado, ou seja, eram países que visavam a construção de uma sociedade socialista, assente numa economia de direcção centralizada, em que a iniciativa privada era meramente residual, não existindo livre concorrência entre empresas.

Sendo a construção europeia um processo que se baseou na integração das economias dos Estados-membros, com o objectivo da criação de um grande mercado comum, o qual se pretende que funcione em termos idênticos aos mercados nacionais, importava estabelecer que os países candidatos teriam de abandonar os seus mecanismos de planeamento centralizado em benefício de um sistema de economia de mercado. Tratava-se, assim, da transição para um sistema económico inspirado por princípios antagónicos aos que guiavam as chamadas economias socialistas.

Com este critério pretende-se que os países candidatos garantam a existência de uma economia baseada no livre jogo das forças de mercado, com liberdade de formação dos preços e a garantia da remoção de todo o tipo de obstáculos ao comércio de produtos e serviços, bem como ao direito de estabelecimento dos profissionais liberais e das empresas, assegurando a transparência do funcionamento do mercado. Uma economia de mercado que disponha, também, de um sistema financeiro capaz de responder às necessidades colocadas pelos diferentes operadores económicos. Por outro lado, as empresas provenientes dos países candidatos deverão ter capacidade para suportar a concorrência das empresas comunitárias, numa atmosfera económica caracterizada pela neutralidade da actuação dos poderes públicos.

Por fim, o terceiro critério de adesão aponta para um conjunto de requisitos de natureza técnico-jurídica, cuja satisfação se exige aos países candidatos. Como se sabe, a integração europeia é um processo iniciado na década de 1950, tendo sido objecto de constantes desenvolvimentos. As transformações que caracterizam a construção europeia, desde a sua fundação até à actualidade, encontram expressão num acervo imenso de actos jurídicos corporizado pelo direito comunitário. A adesão dos Estados à Comunidade Europeia, e posteriormente à União, exigiu sempre que os novos países assegurassem o cumprimento da globalidade dos instrumentos jurídicos comunitários, não apenas os aprovados a partir do momento da integração dos novos membros, mas também de todos aqueles que haviam sido adoptados desde a fundação, e que se mantivessem em vigor.[107] O conjunto desses actos jurídicos é designado no jargão por *acquis communautaire*, ou seja, acervo comunitário.

Sendo a integração europeia um processo que assenta em instituições fortes, capazes de impor o cumprimento das obrigações assumidas pelos diferentes actores políticos, no estrito cumprimento da legalidade comunitária, fazendo da União Europeia uma verdadeira União de Direito, é fulcral assegurar que todos os Estados possam respeitar o património jurídico constituído pelo direito comunitário. Essa exigência é tanto mais acrescida quanto o processo legislativo comunitário privilegia o recurso a determinado tipo de actos jurídicos, as directivas, que impõem aos Estados-membros o dever de transposição para os respectivos ordenamentos jurídicos nacionais. Sucede que o crescimento exponencial do acervo comunitário se traduz na obrigação dos países candidatos transporem para os direitos nacionais dezenas de milhar de páginas de actos legislativos comunitários.[108]

Atenta a dimensão e complexidade do acervo comunitário, este critério exige que os Estados candidatos disponham não apenas de um poder legislativo eficiente, mas também de estruturas judiciais e administrativas capazes de garantir a aplicação e cumprimento adequados dos actos jurídicos comunitários. Pelo que no âmbito de aplicação deste critério se realizam os chamados esforços de *institution building*, ou seja, de reforço da capacidade operativa dos diferentes órgãos de Estado envolvidos no processo de integração.

---

[107] Sobre o caso português, ver R.M. Moura Ramos, "The Adaptation of the Portuguese Constitutional Order to Community Law", in A.E. Kellerman e outros (eds.), *EU Enlargement. The Constitutional Impact at EU and National Level*, TMC Asser Press, The Hague, 2001, p.131.

[108] Sobre a aplicação do acervo comunitário nos países da Europa central e de leste, ver J. Czuczai, "Pratical Implementation by the Acceeding Candidate Countries of the Constitutional Acquis of the EU. Problems and Challenges", in A.E. Kellerman e outros (eds.), *EU Enlargement. The Constitutional Impact at EU and National Level*, TMC Asser Press, The Hague, 2001, p.411.

De referir, também, que a obrigação de respeitar o acervo comunitário abrange, ainda, os objectivos relativos à união económica e monetária, nomeadamente, as obrigações que decorrem para os Estados-membros durante a chamada segunda fase, que consistem na garantia da independência dos bancos centrais nacionais, coordenação das políticas económicas, sustentabilidade das finanças públicas e respeito dos princípios que integram o pacto de estabilidade e crescimento.[109]

Acordos de associação

A integração plena dos países de leste foi preparada de forma gradual, processo que se iniciou com a celebração de acordos de associação entre cada Estado e a Comunidade Europeia. A figura dos acordos de associação consta do artigo 310º do Tratado da Comunidade Europeia, que prevê a celebração de acordos que criem uma associação caracterizada por direitos e obrigações recíprocos, acções comuns e procedimentos especiais.

Atendendo ao conceito de acordo de associação definido no Tratado, eles são considerados os acordos mais fortes que a Comunidade celebra com outros Estados ou organizações internacionais. Por norma, os acordos de associação tendem a ser entendidos como figura intermédia entre os simples acordos comerciais celebrados pela Comunidade com terceiros Estados ou organizações internacionais, os quais se limitam à criação de direitos e obrigações recíprocos, e os acordos de adesão, que conferem aos Estados beneficiários o estatuto de membros de pleno direito da União.

Na prática, os acordos de associação têm sido utilizados pela Comunidade para preparar as condições necessárias para a adesão sucessiva dos países associados à Comunidade e à União. O primeiro acordo de associação celebrado pela Comunidade foi realizado com a Grécia, em 1961. A supressão das liberdades democráticas, em resultado do golpe militar, determinou a suspensão do acordo por parte da Comunidade, o

---

[109] G. Jolly, "Le Processus d'Élargissement de l'Union Européenne, *op. cit.*, p.242

qual seria apenas retomado com a restauração da democracia, em 1974, tendo vigorado até à plena adesão da Grécia.[110] Do mesmo modo, foram concluídos acordos de associação com a Turquia, em 1963, com Malta, em 1970, e com Chipre, em 1972.

Os acordos de associação celebrados com os países mediterrânicos visavam a criação, de forma progressiva, de uniões aduaneiras entre estes Estados e a Comunidade. Os acordos de associação, para além criarem um conjunto de direitos e deveres recíprocos entre as partes, são acompanhados do estabelecimento de procedimentos comuns, os quais se traduzem pela existência de um quadro institucional próprio, com o objectivo de acompanhar a aplicação do acordo. Comportam, por regra, um Conselho de Associação, composto por representantes da Comunidade e do Estado associado, com poder de decisão no âmbito de aplicação do acordo. Existem, ainda, comités de associação, que desempenham funções específicas relacionadas com a esfera do acordo, e uma Conferência Parlamentar de Associação, que integra representantes do Parlamento Europeu e deputados do Estado associado.

Sintomaticamente, ulteriores acordos celebrados pela Comunidade com terceiros Estados, materialmente enquadráveis na figura dos acordos de associação, e realizados com a mesma base jurídica, não foram formalmente designados como sendo de associação. É o caso dos acordos celebrados com os países do norte de África e do próximo oriente, concluídos durante a segunda metade da década de 1970, e que abrangeram Marrocos, Argélia, Tunísia, Israel, Egipto, Jordânia, Síria e Líbano. O facto de a Comunidade ter preferido não denominar formalmente estes acordos como de associação, reforça a ideia que os acordos de associação se destinam a preparar a adesão dos países associados.[111]

---

[110] S. Verney, "The Greek Association with the European Community: a Strategy of State", in A. Costa Pinto, N. Severiano Teixeira (eds.), *Southern Europe and the Making of the European Union, 1945-1980's*, SSM, Boulder, Nova Iorque, 2002, p.109.

[111] F. Pocar, *diritto dell'unione e delle comunità europee*, giuffrè editore, Milão, 5ª ed.1997, p.69.

A realização de acordos de associação com os países da Europa central e de leste inseriu-se no objectivo de preparar gradualmente a integração destes Estados, constituindo tais acordos um primeiro passo da estratégia de pré-adesão definida pela União.[112] Assim, foram assinados acordos de associação com a Hungria e a Polónia, em 1991, com a Roménia, Bulgária, República Checa e Eslováquia, em 1993, com a Estónia, Letónia e Lituânia, em 1995, e com a Eslovénia, em 1996.

Os acordos de associação celebrados com os 10 países do centro e leste da Europa, também designados por acordos europeus, visaram a criação de uma zona de comércio livre com a União, a estabelecer até 2002. Estes acordos previam a liberalização progressiva do comércio de produtos industriais, fundada no princípio da reciprocidade de obrigações entre as partes, ainda que aplicado de forma assimétrica, permitindo a mais rápida supressão dos obstáculos comerciais para os produtos da União do que para os bens provenientes dos Estados associados.[113] Os acordos europeus pretendiam, ainda, criar um quadro de cooperação económica nas questões relacionadas com o acervo comunitário, permitindo aos países candidatos iniciar a transposição das normas comunitárias para o ordenamento interno.

A estratégia de pré-adesão dos países da Europa central e de leste, encetada com os acordos de associação, foi acompanhada de importantes apoios financeiros concedidos pela União. Ou seja, pretendia-se que os Estados candidatos, à medida que fossem incorporando as normas comunitárias no seu ordenamento jurídico interno e abrindo os mercados às trocas comerciais com a Comunidade, fossem sendo apoiados financeiramente por verbas comunitárias. Assim, o programa *Phare* disponibilizou um montante global de 11 mil milhões de euros, no período compreendido entre 1989 e 1999, destinados a apoiar projectos relativos à modernização da agricultura, reestruturação industrial, ambiente, energia e formação profissional.

---

[112] E. Landaburu, "L'élargissement de l'Union Européenne: l'état de la question », *Europa – Novas Fronteiras* (2002), p.14.

[113] G. Jolly, "Le Processus d'Élargissement de l'Union Européenne, *op. cit.*, p.243.

Nos termos do artigo 310º do Tratado da Comunidade Europeia (TCE), os acordos de associação são celebrados entre a Comunidade e os Estados associados. Teriam, assim, natureza de acordos jurídicos bilaterais. Todavia, a complexidade dos domínios envolvidos no âmbito destes acordos fazia com que os mesmos pudessem, por vezes, ultrapassar as competências normativas atribuídas à Comunidade. Para obviar à realização das alterações ao Tratado que tal situação exigiria, de acordo com o nº 5 do artigo 300º TCE, e tendo em conta a morosidade que tal procedimento acarretaria, recorreu-se a um expediente para colmatar as dificuldades jurídicas colocadas pela inexistência de competência comunitária. Essa solução consistiu em fazer também participar os Estados-membros como partes contratantes dos acordos de associação, suprimindo as insuficiências da Comunidade nesses domínios, em razão da plenitude das competências nacionais. Deste modo, os acordos de associação foram formalmente celebrados como acordos mistos, envolvendo os Estados associados, a Comunidade e os Estados-membros. Em termos materiais, o conteúdo dos acordos de associação é tipicamente bilateral, com os direitos e obrigações a serem inteiramente assumidos pela Comunidade e pelos Estados associados.[114]

Procedimento de adesão

A adesão de novos Estados à União é regulada pelo artigo 49º do Tratado da União Europeia. Qualquer Estado europeu que respeite os princípios da liberdade, democracia, garanta os direitos fundamentais e assegure o regular funcionamento do Estado de Direito pode pedir para se tornar membro da União. O pedido de adesão é dirigido ao Conselho, que se pronuncia por unanimidade, após ter consultado a Comissão e obtido parecer favorável do Parlamento Europeu. Na medida em que o poder político da União repousa no triângulo formado por Conselho, Parlamento

---

[114] F. Pocar, *diritto dell'unione e delle comunità europee*, op. cit., p. 72.

Europeu e Comissão, as três instituições encontram-se associadas à aceitação do pedido de adesão.

Todavia, a integração europeia assenta numa União de Estados, pelo que a adesão terá de ser realizada através de Tratado a celebrar entre os Estados-membros e os Estados peticionários. Posteriormente, o acordo alcançado deverá ser submetido à ratificação de todos os Estados contratantes – Estados-membros e países candidatos – de acordo com as respectivas normas constitucionais internas. Revestindo o acordo de adesão natureza de um Tratado entre Estados, a realização desse acordo obedece ao cumprimento das diferentes fases requeridas na elaboração dos Tratados. Ou seja, a tramitação dos Tratados internacionais exige a observância de um conjunto de momentos, cujo respeito é condição indispensável para a sua celebração e sucessiva entrada em vigor. Em termos jurídicos, a elaboração dos Tratados internacionais terá de obedecer às seguintes fases: negociação; conclusão; assinatura; ratificação.

Portanto, o efeito conjugado da disposição prevista pelo artigo 49º do Tratado da União Europeia e do faseamento da celebração dos Tratados, torna a adesão de novos Estados à União num procedimento complexo e, necessariamente, prolongado no tempo. Na verdade, o tempo de realização de um acordo que se inicia com o depósito do pedido de adesão do Estado candidato, pedido este que deverá ser analisado pela Comissão e obter parecer favorável do Parlamento Europeu, para poder ser aceite pelo Conselho, por unanimidade. Uma vez aprovada a aceitação do pedido de adesão de um novo Estado, decide-se o momento da abertura das negociações, as quais constituem uma fase demorada, em virtude da dimensão dos domínios de actuação da União e da complexidade do seu sistema jurídico. No final das negociações, as partes contratantes procedem à conclusão do acordo de adesão. Todavia, a assinatura do Tratado de adesão pelos Estados-membros e pelos Estados candidatos é precedida, ainda, de parecer favorável do Parlamento Europeu sobre os termos do acordo. Por fim, todos os Estados contratantes deverão proceder à ratificação do Tratado de adesão, de acordo com as respectivas normas constitucionais internas.

Pedidos de adesão

Os pedidos de adesão dos países da Europa central e de leste foram apresentados no decurso da década de 1990. Assim, Hungria e Polónia formularam o pedido de adesão à União em 1994; Roménia, Eslováquia, Letónia, Estónia, Lituânia e Bulgária depositaram o instrumento de adesão em 1995; República Checa e Eslovénia solicitaram a adesão em 1996. Todavia, a União Europeia devia ter conta, por essa altura, os pedidos de adesão de outros Estados, que haviam sido apresentados em momento anterior aos países de leste. Na verdade, a Turquia havia depositado o pedido de adesão à Comunidade em 1987; Chipre e Malta entregaram o respectivo pedido de adesão em 1990. Portanto, a União Europeia contava com um total de 13 Estados que haviam apresentado formalmente a sua candidatura a membros de pleno direito do processo de integração.

O tratamento conferido aos pedidos de adesão do conjunto dos 13 Estados foi naturalmente diferenciado. Recorde-se, no entanto, que a União Europeia considerou que os chamados critérios de Copenhaga, que fixavam os requisitos de adesão para os países da Europa central e de leste, se deveriam aplicar à generalidade dos países candidatos.

Elemento central para a abertura das negociações de adesão dos países candidatos seria o grau de cumprimento dos critérios de Copenhaga, situação que seria objecto de avaliação pela Comissão, no parecer que deveria emitir, nos termos do artigo 49º do TUE.

Em Julho de 1997, a Comissão publicou um documento, intitulado "Agenda 2000", que abordava um conjunto de questões sobre o futuro da integração, como sejam, o futuro das principais políticas comunitárias, as perspectivas financeiras da União para o período 2000-2006 e o alargamento da União Europeia. Relativamente à última questão, a Comissão emitiu parecer sobre os países candidatos que considerava reunirem condições, na base dos critérios de Copenhaga, para iniciarem negociações de adesão. No entender da Comissão, a União deveria começar uma primeira fase de negociações com os países que demonstrassem nível avançado de cumprimento dos requisitos de adesão. Os países que a Comissão recomendava devessem integrar essa primeira fase negocial eram a Estónia, Hungria, Polónia, República Checa e Eslovénia.

O parecer da Comissão considerava que a Eslováquia não respeitava o critério político por os princípios da democracia e do Estado de Direito não se encontrarem solidamente implantados e existir insuficiente protecção dos direitos fundamentais das minorias. Roménia e Bulgária eram referidos como países que não deveriam estar em condições de, no médio prazo, aplicar as obrigações decorrentes do acervo comunitário; ao passo que Letónia e Lituânia deveriam, ainda, realizar esforços consideráveis para adoptar o essencial do acervo comunitário.

O Conselho Europeu do Luxemburgo, realizado em Dezembro de 1997, decidiu iniciar negociações de adesão com uma primeira vaga de candidatos, nos termos da recomendação formulada pela Comissão. Os 5 Estados recomendados pela Comissão, no documento Agenda 2000, aos quais se acrescentaria Chipre[115], encetaram negociações de adesão em Março de 1998. Este conjunto de 6 países seria, doravante, referido como "grupo do Luxemburgo".

Todavia, e com base em ulteriores relatórios de avaliação elaborados pela Comissão, o Conselho Europeu de Helsínquia, realizado em Dezembro de 1999, decidiu aprovar o início das negociações de adesão da Roménia, Eslováquia, Letónia, Lituânia, Bulgária e Malta. Este conjunto de 6 países, designado como "grupo de Helsínquia", iniciaria uma segunda vaga de negociações em Fevereiro de 2000.

Portanto, do conjunto de 13 Estados que haviam depositado pedido de adesão à União, apenas a Turquia não foi objecto de parecer positivo, por parte das instituições comunitárias, que lhe permitisse iniciar negociações. Curiosamente, a Turquia foi o primeiro dos 13 países candidatos a apresentar o pedido de adesão, em 1987. Por outro lado, no âmbito do acordo de associação que celebrou com a Comunidade, em 1963, foi esta-

---

[115] A Comissão havia recomendado que as negociações com Chipre se iniciassem 6 meses após o termo da conferência intergovernamental que aprovou, em Junho de 1997, o Tratado de Amesterdão.

Por seu turno, o Conselho Europeu de Helsínquia, de 1999, considerou que a resolução política da questão cipriota poderia facilitar a adesão deste país, mas que tal não representava condição prévia para a decisão final.

belecido o objectivo de realizar uma união aduaneira entre o território deste Estado e o espaço comunitário, a qual entrou em vigor em 1995.

O relatório da Comissão, de 1997, referia a existência de dificuldades no diálogo político com a Turquia e na prossecução da cooperação financeira. Por sua vez, no relatório de avaliação apresentado em 1998, a Comissão referia que se verificavam anomalias no funcionamento do sistema político, designadamente em matéria de funcionamento dos poderes públicos, e na protecção dos direitos humanos e respeito pelas minorias.

Em Novembro de 2000, o Parlamento Europeu aprovou uma resolução onde afirmava não ser possível iniciar negociações com a Turquia em virtude deste país continuar a não satisfazer os critérios políticos de adesão. O Parlamento referia a necessidade de realizar reformas no sistema penal, assegurar a independência da magistratura judicial, garantir a liberdade de expressão e os direitos das minorias. Neste particular, o Parlamento recordou a importância do reconhecimento dos direitos elementares das minorias étnicas, culturais, linguísticas e religiosas que compõem o mosaico turco, solicitando, ainda, que fosse encontrada uma solução específica para o povo curdo, no respeito da integridade territorial da Turquia.

O Conselho Europeu de Copenhaga, realizado em Dezembro de 2002, reafirmou a decisão do Conselho Europeu de Helsínquia, que concedeu à Turquia o estatuto de Estado candidato à adesão. Reconhecendo os progressos políticos realizados pela Turquia, visando o cumprimento dos critérios de adesão, o Conselho Europeu comprometeu-se a iniciar negociações de adesão em Dezembro de 2004, desde que o relatório de avaliação que lhe seria apresentado pela Comissão reconhecesse o cumprimento dos critérios políticos de Copenhaga.[116]

Em Dezembro de 2004, o Conselho Europeu declarou finalmente que a Turquia respeitava os critérios políticos de Copenhaga, decisão tomada com base na adopção de um conjunto de instrumentos legislativos

---

[116] Sobre a adesão da Turquia ver, D. Vignes, "Un Marathon Danois pour le Cinquième Élargissement", *Revue du Marché commun et de l'Union européenne 464* (2003), p.9.

que visavam superar obstáculos identificados nos relatórios de avaliação da Comissão. Todavia, o Conselho Europeu afirmou que a abertura de negociações em vista da adesão ficaria condicionada à efectiva implementação de determinados actos legislativos. Para o efeito, solicitou que a Comissão apresentasse ao Conselho uma proposta sobre o quadro de negociações de adesão com a Turquia, com o objectivo de iniciar o processo negocial em 3 de Outubro de 2005. Nesta data o Conselho aprovou o quadro submetido pela Comissão, dando início às negociações de adesão.

Curiosamente, a decisão de abertura de negociações com a Turquia foi tomada em contemporâneo com a abertura de negociações com a Croácia. Contudo, a Croácia apenas apresentou pedido de adesão em Fevereiro de 2003. O Conselho Europeu, em Junho de 2004, concedeu à Croácia estatuto de Estado candidato. Em Dezembro desse ano, o Conselho Europeu declarou que a abertura de negociações de adesão teria lugar em Março de 2005, desde que a Croácia cooperasse plenamente com os pedidos de colaboração apresentados pelo Tribunal Penal Internacional para a antiga Jugoslávia.

Contudo, em Março de 2005, o Conselho decidiu adiar a abertura de negociações de adesão com a Croácia, em virtude da falta de cooperação das autoridades nacionais com o Tribunal Penal Internacional. Por coincidência feliz, ou talvez não, a Procuradora do Tribunal Penal Internacional para a antiga Jugoslávia declarou, a 3 de Outubro de 2005, que a Croácia havia passado a cooperar plenamente com o órgão encarregue do julgamento dos crimes de guerra no território da antiga Jugoslávia. Assim, o Conselho decidiu nesse mesmo dia que a Croácia preenchia as condições necessárias para encetar negociações de adesão, as quais se iniciaram de imediato.

Negociações de adesão

As negociações efectuaram-se em conferências intergovernamentais bilaterais, realizadas entre os Estados-membros e cada um dos países candidatos. A Comissão apresentava aos Estados-membros propostas de posições comuns sectoriais, as quais, uma vez aprovadas por unanimidade, constituíam base de negociação com os países candidatos. A condução das negociações foi assegurada pela presidência do Conselho, decorrendo normalmente a nível de altos funcionários.[117] Semestralmente, realizaram-se reuniões de carácter ministerial. Refira-se, ainda, a constituição da chamada "Conferência Europeia", em 1998, instância multilateral de acompanhamento das negociações de adesão, e com funções de consulta política nos domínios da política externa e de segurança comum, bem como da justiça e assuntos internos, a qual reunia anualmente os Chefes de Estado e de Governo dos Estados-membros e dos países candidatos.

O elemento de conexão entre as negociações de adesão dos países candidatos foi o princípio da diferenciação, ou seja, o princípio de cada Estado deveria progredir nas negociações ao próprio ritmo, em função do progresso individual realizado. O que permitiu aos países que iniciaram as negociações na segunda vaga, ou seja, 2 anos mais tarde que o chamado grupo do Luxemburgo, recuperar o tempo perdido relativamente ao primeiro grupo negocial. O progresso das negociações era avaliado com base nos avanços que cada Estado realizava na aplicação efectiva do acervo comunitário no seu ordenamento interno. A Comissão apresentava relatórios anuais sobre os progressos realizados pelos países candidatos.[118]

A metodologia seguida nas negociações de adesão passou por dividir o acervo comunitário em capítulos e conduzir negociações distintas com os diferentes Estados candidatos sobre cada capítulo. O acervo comunitário foi objecto de separação em 31 capítulos, nos seguintes termos: liberdades de circulação de mercadorias; pessoas; serviços; capitais; direito das sociedades, política de concorrência; agricultura; pescas; transportes; fiscalidade, união económica e monetária; estatística; política social e de emprego; energia; política industrial; pequenas e médias empresas; ciência e investigação; educação e formação profissional; telecomunicações e tecnologias de informação; cultura e política audiovisual;

---

[117] G. Jolly, "Le Processus d'Élargissement de l'Union Européenne, *op. cit.*, p.244.

[118] E. Landaburu, "L'élargissement de l'Union Européenne: l'état de la question », *op. cit.*, p.15.

política regional; ambiente; saúde e defesa dos consumidores; justiça e assuntos internos; união aduaneira; comércio externo; política externa e de segurança comum; controlo financeiro; finanças e orçamento; instituições; diversos.

A monitorização das posições negociais realizou-se com base na avaliação pormenorizada da situação de cada país, efectuada pelos serviços da Comissão. Os progressos realizados pelos países candidatos na aplicação do acervo comunitário permitiram encerrar gradualmente os diferentes capítulos de negociação. As áreas que suscitaram dificuldades maiores, porque a natureza política dos problemas colocados se sobrepõe às questões de carácter técnico, foram a livre circulação de pessoas, política regional, orçamento e agricultura. Os aspectos mais delicados do acervo comunitário foram objecto de cláusulas derrogatórias especiais para facilitar a conclusão das negociações, que se traduziram na aplicação de medidas transitórias no período pós-adesão.

Em termos financeiros, os países candidatos foram objecto de novo conjunto de incentivos, inseridos na estratégia de pré-adesão preparada pela União. Assim, foi aprovado o programa *Phare II*, com um montante global de 10,5 mil milhões de euros, para o período 2000-2006. Os objectivos prioritários das verbas incluídas neste programa consistiram no apoio aos esforços de *institution building*, relacionados com o reforço da capacidade administrativa e jurisdicional, na perspectiva da aplicação do acervo comunitário, os quais absorveram cerca de 30% do programa; e na modernização das infra-estruturas internas e do tecido empresarial. Paralelamente, foram adoptados os programas *Sapard*, em 1999, que disponibilizou anualmente 520 milhões de euros para projectos relativos à agricultura e ao desenvolvimento rural, bem como o programa *Ipsa*, que financiou projectos na área da coesão económica e social, com orçamento anual superior a mil milhões de euros.

Conclusão das negociações

O Conselho Europeu de Dezembro de 2000, no qual foi aprovado o Tratado de Nice que introduziu alterações ao funcionamento institucional da União em vista do alargamento, afirmou que a União acolheria os países candidatos que se encontrassem preparados para aderir no final de 2002, viabilizando, deste modo, a respectiva participação nas eleições europeias de 2004.

A meta das eleições europeias de 2004, que contariam com a participação dos países do alargamento, foi reafirmada no Conselho Europeu de Laeken, em Dezembro de 2001. Com base nos relatórios apresentados pela Comissão sobre os progressos realizados por cada um dos países candidatos, o Conselho Europeu considerou que, mantendo-se o ritmo de negociações e reformas realizadas pelos países em causa, se poderia respeitar o calendário de alargamento fixado em Nice. Todavia, o Conselho Europeu afastou Roménia e Bulgária do grupo de países que poderiam reunir condições para encerrar as negociações no final de 2002. Assim, o alargamento a 10 novos Estados começava a prefigurar-se como um objectivo realizável durante o primeiro semestre de 2004.[119]

É interessante notar, todavia, como o impacto financeiro para a União Europeia do alargamento a um total de 10 novos Estados, abrangendo quatro países da segunda vaga negocial (Eslováquia, Letónia, Lituânia e Malta), que iniciaram negociações de adesão dois anos mais tarde, ficava algo relativizado pelo facto dos países da segunda fase negocial representarem um aumento populacional de apenas 11 milhões de habitantes, em comparação com os cerca 63 milhões de pessoas provenientes dos seis países que integraram a primeira vaga de negociações.[120]

Honrando as expectativas criadas aos 10 Estados com negociações de adesão à União, o Conselho Europeu de Copenhaga, realizado em Dezembro de 2002, foi palco da conclusão das negociações. A União Europeia confirmou, assim, o objectivo dos 10 novos países poderem participar nas eleições europeias de Junho de 2004, agendando um apertado calendário, em que Comissão e Parlamento Europeu teriam, ainda, de

---

[119] Para uma perspectiva crítica do alargamento simultâneo a um número elevado de países, ver J.H.H. Weiler, "A Constitution for Europe? Some Hard Choices", *Journal of Common Market Studies 40* (2002), p.564

[120] G. Verheugen, "Questions sur l'élargissement », *Revue du Marché commun et de l'Union européenne 455* (2002), p.78.

90   *A União Europeia*

emitir parecer sobre o conteúdo do Acordo de Adesão, antes da respectiva assinatura pelos Estados contratantes.

Roménia e Bulgária, considerados pela Cimeira de Laeken países incapazes de cumprir os critérios de adesão até final de 2002 - em virtude, sobretudo, da incapacidade da administração pública e dos órgãos jurisdicionais para a aplicação acervo comunitário - viram, contudo, o Conselho Europeu de Copenhaga apontar o ano de 2007 como data presumível para a adesão à União Europeia.

Acrescente-se que o Tratado de Adesão da Roménia e Bulgária à União Europeia foi assinado em 25 de Abril de 2005. Na ocasião, foi sublinhado que a integração destes dois Estados faz parte do processo de alargamento da União aos países do leste, representando a fase conclusiva do quinto alargamento. A União recordou que Roménia e Bulgária deverão respeitar plenamente os compromissos assumidos durante as negociações, condição indispensável para alcançarem o estatuto de membros de pleno direito a partir de Janeiro de 2007, no pressuposto que na altura se encontre concluído o processo de ratificação do Tratado de Adesão.[121]

Assinatura

Após a conclusão das negociações com os 10 países candidatos em Copenhaga, foi elaborada a versão final do Tratado de Adesão. Nos termos do artigo 49º do TUE, a adesão de novos Estados requer a adopção de parecer favorável do Parlamento Europeu, sobre os termos do respectivo Tratado, o qual se pronuncia por maioria absoluta de membros. O parecer favorável do Parlamento Europeu é obtido em momento anterior à assinatura formal do Tratado de Adesão. Assim, em 9 de Abril de 2003, o Parlamento Europeu aprovou por esmagadora maioria a adesão dos novos Estados à União, salientando que este evento representava a reconciliação histórica do continente.

A assinatura formal do Tratado de Adesão dos novos Estados à União ocorreu a 16 de Abril de 2003, na cidade de Atenas, por ocasião da presidência grega do Conselho. A cerimónia, que decorreu simbolica-

---

[121] PRES/05/100, de 25 de Abril de 2005.

mente sob as colunas reconstruídas da antiga Agora ateniense, contou com a presença dos Chefes de Estado e de Governo dos países do alargamento, bem como dos Estados-membros. Os máximos representantes dos 25 Estados, reunidos em Conferência Europeia, reafirmaram o propósito de desenvolver os procedimentos de ratificação do Tratado, a tempo de permitir a sua entrada em vigor no dia 1 de Maio de 2004, como de facto aconteceu.

Será interessante assinalar a duração do processo de adesão dos países de leste. Como se sabe, a adesão é um processo demorado, que impõe um vasto conjunto de requisitos aos Estados demandantes. Porém, ao longo do processo de adesão ocorreram, por vezes, manifestações de impaciência e insatisfação de alguns dirigentes dos países candidatos, sobretudo da Europa central e de leste, pela morosidade da respectiva integração europeia. Todavia, se considerarmos que os primeiros Estados candidatos da Europa de leste apresentaram o pedido de adesão em 1994, tendo os restantes países depositado o instrumento de adesão em 1995 e 1996, verificamos que decorreu um período de tempo inferior a dez anos até à assinatura do Tratado de Adesão. Se compararmos o período de tempo decorrido com aquele verificado em anteriores alargamentos da Comunidade Europeia, constatamos que a duração deste alargamento não se afasta dos tempos médios praticados na adesão de outros Estados. Assim, o Reino Unido, e os países que o acompanharam no primeiro alargamento, apresentaram o pedido de adesão em 1961, tendo assinado o Tratado de Adesão apenas em 1972. Do mesmo modo, Portugal e Espanha depositaram o respectivo pedido em 1977, sendo o Tratado de Adesão assinado em 1985. Pelo que se poderá dizer que o alargamento a leste, apesar da complexidade dos problemas que colocava à União, se desenrolou dentro da média dos tempos de adesão verificada em anteriores processos.

Ratificação

O Tratado de Adesão dos 10 países candidatos foi objecto de ratificação, em vista da sua entrada em vigor. A ratificação é um processo que decorre nos termos das disposições constitucionais de cada Estado. A entrada em vigor do Tratado de Adesão requereu a ratificação de todos os signatários, quer dos 15 Estados-membros da União, quer de cada um dos países candidatos. Todavia, a falta de ratificação de um dos Estados-membros da União seria impeditiva da adesão dos novos Estados; ao passo que a falta de ratificação do Tratado por um dos países candidatos determinaria que apenas esse Estado não integraria a União.

Sendo a ratificação uma figura regida pelas disposições constitucionais internas de cada Estado, verificou-se natural diversidade nos termos da sua concretização. De salientar, no entanto, que à excepção de Chipre todos os países candidatos submeteram a decisão de aderir à União a consulta popular. Em alguns casos, o referendo foi obrigatório, como sucedeu na Eslovénia, Hungria e República Checa; noutras situações, o referendo para ser vinculativo requeria uma taxa de participação mínima do eleitorado, normalmente de 50%, como se verificou na Lituânia, Eslováquia e Letónia; noutros casos, ainda, a realização do referendo não resultou de uma obrigação constitucional, como sucedeu em Malta e na Estónia. Relativamente aos Estados-membros da União, os procedimentos de ratificação do Tratado de Adesão decorreram sem realização de consulta popular. O que não permitiu que a opinião pública e os cidadãos dos Estados-membros tivessem oportunidade de efectuar adequada reflexão sobre a importância e consequências do alargamento a leste, situação que terá contribuído, em parte, para o mal-estar evidenciado por ocasião dos referendos ao Tratado Constitucional.

Alargamento e reforma institucional

Sendo o alargamento aos países da Europa central e de leste o mais vasto alargamento de toda a história da integração europeia, naturalmente que tende a provocar efeitos significativos no funcionamento da União. De entre as previsíveis consequências causadas por este alargamento, a questão do funcionamento institucional suscita particular atenção. Como se sabe, a União apoia-se numa estrutura institucional que provém dos tempos da sua criação, por apenas 6 países. Pelo que um aumento de 10 novos Estados, mais do que quadruplicando o número de países fundadores, coloca em discussão a capacidade das estruturas institucionais comunitárias manterem um nível de actuação eficiente.

Note-se que a questão da reforma institucional da União na perspectiva do alargamento aos países da Europa central e de leste esteve no centro de duas conferências intergovernamentais que antecederam a conclusão das negociações de adesão. Na verdade, a reforma das instituições comunitárias constituiu o fulcro da conferência intergovernamental que aprovou o Tratado de Amesterdão, ainda que este acordo não tenha sido capaz de adoptar tal reforma. O insucesso verificado em Amesterdão determinou a realização de nova conferência intergovernamental, com o objectivo de preparar as instituições para o alargamento. Tal conferência, de que resultou o Tratado de Nice, introduziu um conjunto de pequenas alterações no sistema institucional comunitário.

A essência das alterações de carácter institucional introduzidas pelo Tratado de Nice assentou no acordo que os diferentes tipos de Estados-membros realizaram, nos termos do qual os chamados grandes Estados aceitaram deixar de ter um segundo membro da Comissão com a sua nacionalidade, em troca de uma reponderação de votos no Conselho que lhes permitisse aumentar o seu peso específico na formação da vontade desta instituição, comparativamente ao peso detido pelos pequenos e médios países.

Pelo que, em abono da verdade, a reforma institucional produzida pelo Tratado de Nice em vista do alargamento foi, sobretudo, uma reforma dos mecanismos de representação nacional dos Estados-membros no seio das instituições comunitárias. Com efeito, alguns Estados, a pretexto do impacto do alargamento, impuseram a questão da reforma institucional como pré-condição da respectiva realização. Todavia, mais do que uma reforma que pretendesse dotar a União de normas e procedimentos de decisão mais adequados ao aumento do número de países, tais Estados transformaram a reforma das instituições numa oportunidade para melhorar a sua posição relativa no funcionamento das instituições comunitárias.[122]

---

[122] B. Steunenberg, "Enlargement and Institutional Reform in the European Union: Separate or Connected Issues", *Constitutional Political Economy 12* (2001), p.351.

Refira-se que dos alargamentos anteriormente realizados, apenas a adesão de Portugal e Espanha foi acompanhada de uma reforma institucional com o objectivo de permitir à Comunidade alcançar um modo de funcionamento mais eficiente. Com efeito, o Acto Único Europeu, adoptado em 1986, teve como pano de fundo não apenas facilitar a tomada das decisões necessárias à realização do mercado interno, mas também superar dificuldades existentes no processo político comunitário, que se haviam agravado com as anteriores entradas de novos Estados-membros. O ponto nevrálgico das alterações introduzidas pelo Acto Único, em termos institucionais, foi o incremento do âmbito de aplicação do voto por maioria qualificada no seio do Conselho.

Em todo o caso, a fase constituinte em que a União tem vivido, com a realização vários processos de revisão dos Tratados, permitiu a introdução de diversas alterações ao funcionamento do sistema institucional. Assim, o voto por maioria qualificada no Conselho foi sendo lentamente aplicado a novas matérias, se bem que subsistam perto de uma quarentena de disposições nos Tratados que requerem, ainda, deliberação por unanimidade. Contudo, não será difícil questionar como uma União composta por 25 Estados poderá conseguir um funcionamento eficiente nas áreas cuja decisão requer o consenso de todos os membros. Pelo que esta se afigura como uma transformação necessária do sistema político da União, sob pena de se verificarem graves bloqueamentos no processo de decisão.

O Tratado de Nice - que se ocupou das alterações institucionais na perspectiva do alargamento, e definiu a posição comum dos Estados-membros para a representação nacional dos países candidatos nas instituições comunitárias - continha uma declaração anexa à Acta Final, a Declaração respeitante ao futuro da União, que reabriu de imediato o debate constituinte. Na verdade, o objectivo de um novo momento constituinte previsto pela referida Declaração foi, por seu turno, alvo de desenvolvimentos no Conselho Europeu de Laeken, realizado em 2001. Como se referiu, o Conselho Europeu de Laeken aprovou os relatórios apresentados pela Comissão sobre as negociações de adesão, que afirmavam o princípio da conclusão das negociações no final de 2002. Portanto, a Cimeira de Laeken estabeleceu um laço indissociável entre a questão do alargamento e a urgência da reforma institucional da União.

A União encontra-se numa fase delicada, a qual em boa parte resulta da dificuldade do seu processo político responder aos desafios do alargamento. Por um lado, a falta de sentido europeu dos governos nacionais não permitiu realizar a necessária reforma das instituições antes do alargamento. Por outro lado, um misto de insensatez e precipitação das instituições comunitárias, particularmente da Comissão, e a cedência à pressão dos países candidatos, fez com que a União decidisse concluir em simultâneo as negociações de adesão com número assaz elevado de Estados.[123]

Todavia, o debate público promovido pela Convenção Europeia sobre o futuro da União, que os Estados-membros decidiram lançar na Cimeira de Laeken, e da qual resultou o projecto de Tratado que estabelece uma Constituição para a Europa, abriu perspectivas interessantes para responder às dificuldades políticas e institucionais que o alargamento a leste colocou no funcionamento da União. Embora não seja este o local para proceder à análise dos resultados da Convenção, resulta claro que as soluções adoptadas pelo Tratado Constitucional permitem melhorar o processo político da União. Questão que será retomada no capítulo V, consagrado ao Tratado Constitucional.

---

[123] F. Dehousse, "La Déclaration de Laeken : mode d'emploi », *Revue du Marché commun et de l'Union européenne 455* (2002), p.82.

CAPÍTULO IV

FEDERALISMO E UNIÃO EUROPEIA

A questão federal tem ocupado lugar de destaque no debate sobre a União Europeia. O interesse pelo tema foi renovado pela iniciativa de Joschka Fischer, de questionar a finalidade da integração europeia, na qual colocou o objectivo de uma federação europeia no centro da reflexão sobre o futuro da União.[124] Tendo em conta a opacidade do debate sobre a reforma constitucional da União, a iniciativa de discutir a finalidade da integração europeia bastaria para reconhecer mérito à intervenção do antigo ministro dos negócios estrangeiros alemão.

Este capítulo apresenta uma breve reflexão sobre a temática do federalismo na perspectiva da construção europeia, abordando três aspectos que lhe andam normalmente associados. A primeira questão analisada incide sobre a relevância do chamado método federal na construção europeia. A discussão sobre o método de integração provocou forte clivagem entre os defensores de uma abordagem de tipo federal e os partidários de uma metodologia mais pragmática, adoptada por Jean Monnet. Na medida em que Fischer considerou esgotado este último tipo de abordagem, convirá recordar os aspectos fundamentais da querela metodológica.

---

[124] Discurso proferido na Universidade de Humboldt, em Maio de 2000, ver J. Fischer, "Da Confederação à Federação: Reflexão sobre a finalidade da integração europeia" (tradução portuguesa de S. Gomes da Silva), *Política Internacional 22* (2000), p. 53.

Outro aspecto incontornável na intervenção de Fischer é o problema da passagem da fase confederal da União Europeia à federação. Os conceitos de confederação e de federação referem-se a duas modalidades de associações de Estados cujas respectivas fronteiras conceptuais se encontram, todavia, longe de poderem ser consideradas claras. Importa, por isso, fazer um esforço de aproximação ao conteúdo desses conceitos para tentar perceber em que consistiria a passagem à federação e, ainda, relacionar esta figura com a noção de Estado federal.

Por fim, a última questão analisada resulta do facto do federalismo não ser uma realidade estanque. Enquanto sistema complexo de composição de interesses entre unidades políticas que pretendem preservar a sua esfera de autoridade pública, ao mesmo tempo que aceitam decidir com os seus parceiros aspectos que relevam da jurisdição comum, o federalismo apresenta tipos diferentes quanto ao alcance da divisão das esferas de actuação. Assim, importa reflectir sobre os principais modelos de divisão de competências existentes no seio dos sistemas federais.

Método de integração

O problema do método de integração europeia é uma velha questão no debate político, e académico, sobre a construção europeia. Em termos gerais, poderá afirmar-se que a questão do método de integração europeia estabeleceu uma linha divisória entre os que defendiam, desde a primeira hora, a construção de uma Europa política e os defensores de uma estratégia diversa na condução europeia, a qual assentaria na progressiva integração das economias dos Estados europeus. Temos, assim, uma divisão entre os partidários de uma abordagem de tipo federal e os defensores do chamado método funcional.[125]

Os partidários de uma abordagem federal para o processo de construção europeia sustentavam que a integração da Europa era um processo de carácter político pelo que este deveria assentar numa metodologia

---

[125] M. O'Neill, *The Politics of European Integration*, Routledge, London, 1996, p.22.

Capítulo IV - Federalismo e União Europeia 99

claramente política. A experiência histórica demonstrava que o futuro político da Europa não poderia fundar-se no perpetuar da ideia de soberania plena dos Estados europeus. Pelo contrário, os Estados europeus deveriam assumir o objectivo político da construção de uma federação europeia. O modo de alcançar o objectivo final preconizado pelos partidários de uma Europa federal assentava numa abordagem de natureza política: a elaboração de uma Constituição europeia.[126] Donde, a clareza de objectivos, e dos meios necessários para a sua prossecução, por parte dos defensores do método federal-constitucional.

Por seu turno, os defensores do método funcional apresentavam uma estratégia radicalmente diversa da integração europeia. Consideravam que a construção europeia não poderia resultar de uma visão de carácter global da ideia de integração política da Europa, nem poderia assentar numa metodologia abertamente política. Pelo contrário, sustentavam que a integração europeia deveria seguir uma política de pequenos passos que permitisse a criação gradual de solidariedades de facto entre os diferentes Estados europeus. A criação de solidariedades de facto deveria incidir sobre distintos sectores, ou funções, da actividade económica. Pelo que privilegiavam o primado das relações económicas sobre as relações políticas na estratégia de abordagem da integração europeia.[127]

No período que se seguiu ao termo do segundo conflito mundial verificou-se um aceso contraste entre os defensores das correntes federal e funcional do ideário europeu. Os primeiros passos dados no sentido da construção europeia pareciam evidenciar certa afirmação dos defensores do método federal, nomeadamente através das tentativas de convocação de uma Assembleia Constituinte europeia que definisse as bases jurídico-políticas da Federação. Nesta linha se inscrevem os esforços do Congresso da Haia de 1948, bem como a criação do Conselho da Europa

---

[126] A. Spinelli, *La Rivoluzione Federalista – Scritti 1944-1947,* Il Mulino, Bologna, 1996, p. 233-242.

[127] C. Pentland, "Political Theories of European Integration: Between Science and Ideology", in D.Lasok, P.Soldatos, *Les Communautés en Fonctionnement,* Bruylant, Bruxelles, 1981, p. 345.

em 1949. E, sobretudo, o movimento "Pacto Federal", em 1949, lançado pela União Europeia dos Federalistas, que obteve o apoio do Parlamento alemão.

No entanto, a resistência do Reino Unido e dos países nórdicos ao princípio federal, de par com a inoperância do Conselho da Europa, levou à criação da Comunidade Europeia do Carvão e do Aço, em 1951, sob a inspiração de Jean Monnet, principal arquitecto da abordagem funcional da integração europeia.[128] A formação das Comunidades Económicas Europeias durante a década de 1950 e a sua progressiva consolidação nas décadas sucessivas, através do aprofundamento e alargamento, pareciam afirmar o triunfo do pragmatismo funcionalista sobre o idealismo federalista. Na verdade, é irrefutável que o arranque do processo de integração europeia com base nas Comunidades Europeias alcançou enorme sucesso.

Refira-se, todavia, que a integração europeia promovida pelas Comunidades Europeias não deixou de ser objecto de crítica severa por parte das correntes federalistas. Para além das acusações lançadas por políticos como Altiero Spinelli, que atribuía a Monnet o grande mérito de ter lançado a construção europeia, mas também a enorme responsabilidade de o haver feito de modo errado,[129] no plano académico encontramos igualmente o mesmo cepticismo perante o método funcional. Assim, Léontin-Jean Constantinesco considerava o método funcional como grande responsável pelo marasmo em que tinha caído a integração europeia na década de 1970.[130]

Numa crítica violenta ao funcionalismo - que acusava de ter dissimulado a finalidade política do processo de integração europeia e ser responsável pelos equívocos políticos gerados em torno deste processo -

---

[128] F. Duchene, "Jean Monnet's Methods" in D. Brinkley, C. Hackett (edited by), *Jean Monnet: The Path to European Unity,* Macmillan, London, 1991, p.187.

[129] M. Burgess, "Federalism and European Union: Political Change and Continuity in the European Community" in C.L. Brown-John, *Federal-Type Solutions and European Integration*, University Press of America, Lanham, 1995, p.60.

[130] L.J. Constantinesco, "Fédéralisme – Constitutionalisme ou Fonctionalisme? (Réflexions sur la méthode de l'intégration européenne)" in *Mélanges Fernand Dehousse*, vol.2, Éditions Labor, Bruxelles, 1979, p.19.

Constantinesco referia que os funcionalistas acreditavam, ingenuamente, que a unificação política europeia poderia resultar da extensão progressiva e desordenada da cooperação supranacional nos mais diversos domínios de actividade. Em seu entender, o método funcional apesar de ter permitido certo progresso na integração europeia, desviou a atenção da opinião pública sobre o objectivo final deste processo, transformando-o numa realidade confusa e ambígua.[131] Só uma abordagem de tipo federal-constitucional permitiria realizar o objectivo da federação europeia e definir as fases necessárias da sua consecução.

Como é sabido, os anos 1980 pareciam ter concedido novo fôlego à abordagem funcionalista da construção europeia. A estratégia de pequenos passos ensaiada por Delors no início do seu consulado na Comissão, com o programa do Mercado Interno e a adopção do Acto Único Europeu, é reportável à metodologia preconizada por Monnet. De novo, se encontrava idêntica vontade de relançar a dinâmica comunitária de integração, com o aumento sucessivo das áreas de intervenção da Comunidade, primeiro no domínio do Mercado Interno, em seguida, e por arrastamento, no campo monetário. Porém, verificava-se também a ausência de qualquer dimensão política que enquadrasse esses renovados esforços do processo de integração.[132]

A reacção negativa ao Tratado de Maastricht pode ser analisada, também, à luz da querela metodológica da integração europeia. Tendo a construção europeia sido sempre conduzida em circuito fechado por uma elite político-burocrática, os cidadãos foram confrontados de repente com a ratificação de um Tratado que previa a criação da moeda única, instituía a cidadania europeia, falava de política externa e de defesa comum, bem como de actuação nas áreas da justiça e assuntos internos. Ou seja, tendo o debate europeu sido até ali conduzido numa dimensão essencialmente económica e tecnocrática, as opiniões públicas descobriram bruscamente

---

[131] Idem, p.26.

[132] R.O. Keohane, S. Hoffmann, "Conclusions: Community politics and institutional change" in W. Wallace (ed.), *The Dynamics of European Integration*, Pinter Publishers Ltd, London, 1990, p.293.

que a integração europeia estava a entrar em aspectos essenciais da soberania dos Estados nacionais.

Neste contexto se entende a referência feita por Joschka Fischer às limitações derivadas do recurso ao chamado "método Monnet". Na verdade, a estratégia de pequenos passos, desligada de uma visão de conjunto e sem definição do objectivo final do processo de construção europeia, poderá estar comprometida. Ou seja, o método funcional não é susceptível de produzir resultados sérios na presente fase da construção europeia. Donde, a cxasperação do método funcional. Sobretudo, face aos delicados problemas de legitimação e de democraticidade que afectam a União Europeia.

Ainda que pudesse ter sido difícil despoletar a construção europeia de um modo diverso daquele lançado por Robert Schuman e Jean Monnet, a metodologia de integração europeia por estes proposta revela-se incompatível com os problemas com que se defronta a União Europeia.[133] A finalidade política da construção europeia é uma questão que se afigura incontornável no debate sobre o futuro da União.

Confederação e federação

As raízes ideológicas do federalismo moderno reportam ao pensamento de Johannes Althusius.[134] Na sua obra clássica *Politica*,[135] publicada no início do século XVII, o autor apresentou uma teoria de organização da sociedade política que se fundava na associação entre entidades estaduais, as quais seriam estabelecidas pelos cidadãos através das suas estruturas

---

[133] Para um entendimento oposto, R. Dehousse, Rediscovering Functionalism, *Harvard Jean Monnet Working Paper*, nº7/00 (Symposium).

[134] D.J. Elazar, "Federal-Type Solutions and European Integration", in C.L. Brown-John, *Federal-Type Solutions and European Integration*, op.cit., p.447.

[135] J. Althusius, *Politica Methodice Digesta* (Reprinted from the Third Edition of 1614), com Introdução de Carl J. Friedrich, Harvard University Press, Cambridge, 1932. Versão inglesa, *Politica* (An Abridged Translation), Liberty Fund, Indianapolis, 1995.

primárias e assentando no consenso destes. O pensamento de Althusius reflectia, numa Europa marcada pela Reforma Protestante e pelo desaparecimento do modelo político do Sacro Império Romano, uma perspectiva de organização da sociedade política diferente daquela que se fundava no modelo de autoridade absoluta do poder monárquico. No fundo, um tipo de organização política que poderia ser considerado alternativo ao pensamento de Bodin, o qual havia estabelecido a matriz ideológica em que assentou a construção dos modernos Estados nacionais europeus.

Diferentemente de Bodin, Althusius não atribuía a soberania ao supremo magistrado, ou ao príncipe, mas sim à comunidade organizada, ou seja, ao povo.[136] Embora reconhecesse o príncipe como governador dos direitos de soberania, entendia que o detentor da soberania seria o povo, associado no órgão composto por várias organizações políticas de menor dimensão. Caberia a estes decidirem sobre se deveriam associar-se, ou confederar-se, com outras entidades, fossem elas cidades ou províncias. O objectivo de tal associação seria tornar as comunidades confederadas mais fortes e seguras.[137]

Althusius distinguia, ainda, o grau de associação entre povos que a decisão de se confederar implicava: uma confederação total ou, apenas, uma confederação parcial. Em seu entender, verificava-se uma confederação total quando uma entidade política estrangeira, juntamente com os seus habitantes, fosse integralmente admitida no seio de outra comunidade, participando das suas leis fundamentais e dos seus direitos de soberania. Nos casos de confederação parcial, diversas entidades políticas obrigar-se-iam mutuamente através de um tratado, e por período limitado de tempo, a manter relações amistosas e organizar a defesa comum contra inimigos externos conservando, todavia, cada uma das entidades políticas envolvidas os seus próprios direitos de soberania.[138]

---

[136] J. Althusius, *Politica* (An Abridged Translation), *Liberty Fund, Indianapolis*, 1995, pp. 69-74. Carl Friedrich considerava que Althusius eliminou o conceito de soberania, tal como formulado por Bodin, e o substituiu pelo conceito de constituição, ou seja, pelo poder constituinte, cfr. sua "Introdução", op.cit., p.xci

[137] *Idem*, p.89.

[138] *Idem*, p.90.

A diferença que o precursor do moderno federalismo estabelece entre confederação total e confederação parcial reflecte, de certo modo, a distinção contemporânea entre federação e confederação, respectivamente. Na medida em que Fischer preconizou a passagem da fase confederal, em que se encontra a União Europeia, ao estádio da federação, convém que nos detenhamos sobre cada um destes conceitos e procuremos focar o cerne da respectiva distinção. Diga-se, no entanto, que é difícil delimitar com rigor os conceitos de federação e confederação. As definições que se procurem fornecer sobre cada um destes conceitos são noções aproximativas. Com efeito, os contornos destes conceitos surgem de modo mais evidente através da contraposição dos elementos marcantes destas duas figuras.

Aspecto fundamental da distinção entre confederação e federação é o problema do grau de intensidade das relações existentes entre as entidades envolvidas no respectivo pacto político fundador: as federações pressupõem, por norma, relações mais intensas entre as várias unidades componentes do que as confederações. Assim, no que respeita às competências, as confederações possuem normalmente competências mais limitadas do que as competências que são atribuídas às federações; no tocante ao sistema institucional, as confederações tendem a reger-se por mecanismos de carácter intergovernamental, ao passo que as federações detêm, em regra, um aparelho institucional autónomo das suas unidades componentes, e com poder de decisão próprio; no que respeita à revisão do pacto político fundador, nas confederações exige-se normalmente a unanimidade de todos os Estados participantes para a sua revisão enquanto que, nas federações, as alterações ao pacto constitutivo podem ser realizadas sem o acordo necessário de todos os Estados membros; um outro ponto de tendencial contraste entre estas duas figuras respeita à questão da secessão, sendo que nas confederações os Estados são normalmente livres de abandonar estas entidades, enquanto que nas federações é mais discutível a admissibilidade do direito de secessão.[139]

---

[139] N. Schmitt, "Confédération et Fédération" in D. De Rougemont, F. Saint-Ouen (ed.), *Dictionnaire International du Fédéralisme*, Bruylant, Bruxelles, 1994, pp. 39-42.

Poder-se-iam ainda referir outros dois aspectos clássicos da distinção entre confederação e federação, como sejam, o direito aplicável ao relacionamento entre as unidades constituintes e o centro do sistema, bem como a autoridade exercida pelos órgãos da União sobre os cidadãos dos Estados. Assim, quanto à primeira questão, nas confederações as relações entre os Estados componentes e os órgãos confederais são normalmente regidas pelo direito internacional, ao passo que nas federações as normas aplicáveis a esse relacionamento relevam do direito constitucional da federação.[140] Quanto à segunda questão, que coloca o problema do alcance das normas adoptadas pela associação de Estados, nas confederações essas normas têm como destinatários apenas os Estados-membros e não podem, em regra, ser invocadas pelos cidadãos desses Estados na resolução de conflitos inter-pessoais, diferentemente das federações onde as normas jurídicas federais são directamente aplicáveis a todos os cidadãos.[141]

Esta última diferença entre confederação e federação deriva do facto de nas federações se criar um novo vínculo jurídico de cidadania, o qual confere um conjunto de direitos e deveres aplicáveis a todas as pessoas pertencentes ao território federal. A imediatividade das normas federais sobre todos os cidadãos decorre justamente da existência deste laço jurídico de cidadania federal.

Donde, as confederações serem definidas como associações de Estados soberanos.[142] As confederações são normalmente constituídas por um tratado que estabelece uma união internacional de Estados e regula as questões centrais do seu funcionamento, como sejam, a enumeração das suas competências de actuação, definição do respectivo aparelho institucional, relações entre os Estados-membros e o relacionamento da entidade confederal com os Estados.

---

[140] Idem, p.40.

[141] J. Kincaid, "Confederal Federalism and Citizen Representation in the European Union" in J.B. Brzinsky e outros, *Compounded Representation in Western European Federations*, Frank Cass, London, 1999, p. 38.

[142] H. Kelsen, *General Theory of Law and State*, Russell &Russell, New York, 1945, p.321.

Diferentemente, as federações são entendidas como uniões de Estados que se propõem colocar em comum aspectos essenciais da dimensão externa do conceito de soberania como, por exemplo, as relações políticas internacionais, manutenção da paz, organização da defesa e controlo das forças armadas. O instrumento jurídico fundador das federações é, em geral, um pacto constitucional que enuncia os direitos fundamentais dos cidadãos do território federal, regula a separação de poderes entre os diferentes órgãos políticos federais, estabelece os critérios delimitadores entre as competências da federação e as competências dos Estados membros e procede à definição dos princípios que enformam o ordenamento jurídico-constitucional.

O problema que se coloca será, então, traçar a diferença entre federação e Estado federal. Na literatura jurídica, os conceitos de federação e de Estado federal tendem a sobrepor-se. Com efeito, se uma federação de Estados dispõe de atribuições exclusivas, ou quase, no plano das relações internacionais, do controlo das forças armadas e da organização da defesa, então os seus Estados componentes não poderão ser considerados como membros de pleno direito da sociedade internacional.[143] Assim, deixariam de ser vistos como autênticos sujeitos de direito internacional e, nessa medida, como verdadeiros e próprios Estados soberanos na concepção do direito internacional.[144] Caberia à federação assumir o conjunto dos direitos e deveres internacionais que incumbiam aos Estados componentes, o que equivaleria, por sua vez, ao seu reconhecimento externo como sujeito de direito internacional e, portanto, como Estado federal.

Na verdade, como refere Leben, no plano dos conceitos desenvolvidos quer pela teoria geral do Estado, quer pelo direito internacional não existem, por enquanto, alternativas à clássica dicotomia confederação/federação, entendida esta última como equivalente de Estado federal. Pelo que a passagem de uma entidade de natureza confederal a uma fase de ulterior aprofundamento federal das relações político-institucionais entre

---

[143] C. Leben, *Fédération d'Etats-nations ou Etat fédéral?*, Harvard Jean Monnet Working Paper, n°7/00 (Symposium), p.8

[144] H. Kelsen, *General Theory of Law and State*, op.cit., p.323.

os seus Estados-membros determinaria a formação de um novo Estado federal. Seja no plano das relações internacionais, caso se verifique a substituição da federação aos Estados-membros como sujeito de direito internacional; seja no plano das relações puramente internas, onde a fronteira determinante entre estes dois conceitos parece situar-se na possibilidade de se operarem alterações ao pacto fundador através de um procedimento interno de tipo constitucional, ou seja, cujos requisitos de aprovação não impliquem o acordo de todos os Estados, mas apenas uma particular modalidade de decisão maioritária.[145] E, ainda, no reconhecimento da possibilidade dos Estados-membros virem a abandonar a entidade federal.

Sem dúvida que este dilema atravessa o discurso de Fischer sobre a finalidade da integração europeia. Por um lado, reconhece a necessidade de um salto qualitativo no processo de integração, com o abandono da fórmula confederal e a passagem a uma nova fase de natureza claramente política que ele próprio refere como federação. Por outro lado, afasta expressamente a formação de um novo Estado federal europeu que substitua os velhos Estados-nação. O problema é que ao propor uma federação distinta do conceito que lhe anda intimamente associado – Estado federal – não acrescenta quaisquer elementos novos que possam diferenciar o objectivo proposto do seu entendimento tradicional.

Contudo, terá que se reconhecer que o conceito de Estado soberano subjacente a esta dicotomia tem sido objecto de acentuada contestação.[146] Contestação no plano político, em virtude da continuada erosão da dimensão externa do conceito de soberania provocada pela crescente densidade da sociedade internacional, que gradualmente inibe os Estados do exercício de prerrogativas típicas da noção tradicional de soberania.[147] Assim se

---

[145] C. Leben, *Fédération d'Etats-nations ou Etat fédéral?*, op.cit., p.10.

[146] B. De Witte, "Sovereignty and European Integration: the Weight of Legal Tradition", in A.M. Slaughter e outros (ed.), *The European Courts and National Courts – Doctrine and Jurisprudence*, Hart Publishing, Oxford, 1998, pp.301-305.

[147] I. Ward, "Identity and Difference: The European Union and Postmodernism", in J. Shaw, G. More, *New Legal Dynamics of European Union*, Clarendon Press, Oxford, 1995, p.27.

entendem as restrições que resultam para os Estados em domínios tão vastos como as relações políticas internacionais, defesa, direitos humanos, política monetária e comércio externo por integrarem entidades como as Nações Unidas, NATO, Conselho da Europa, União Europeia e Organização Mundial do Comércio, respectivamente, as quais obrigam a sensíveis reduções da sua capacidade de actuação autónoma na esfera internacional. Do mesmo modo, se verifica crescente contestação no plano teórico da ideia de soberania entendida como qualidade inerente do conceito de Estado.[148]

No caso europeu, a situação de crescente interdependência dos Estados – representados pelos seus governos, mas também pelas suas entidades regionais – com a União Europeia e outras organizações internacionais, a que se juntam empresas multinacionais, parceiros sociais e organizações não-governamentais tem levado à afirmação do termo *multilevel*, ou seja, a vários níveis, para caracterizar a nova realidade política emergente no contexto da União.[149] *Multilevel governance* é expressão crescentemente utilizada em ciência política para referir a complexa teia de relações que se estabelece entre os diferentes actores envolvidos na elaboração das políticas europeias e na sua implementação nos Estados nacionais.[150] O interesse do conceito de *multilevel governance* reside, sobretudo, no facto de se referir a um sistema de negociação política não hierarquizado que se afirmou para além do entendimento clássico do Estado soberano como último patamar de decisão política e da resolução de conflitos.[151] Embora não afastando o papel do Estado como actor políti-

---

[148] C.W. Morris, *An Essay on the Modern State*, Cambridge University Press, Cambridge, 1998, p.223.

[149] I. Camisão, L. Lobo-Fernandes, *Construir a Europa. O processo de integração entre a teoria e a história*, Principia, Cascais, 2005, p.48.

[150] T.A. Borzel, T. Rhisse, *Who Is Afraid of a European Federation? How to Constitutionalize a Multi-Level Governance System*, Harvard Jean Working Paper, nº 7/00, Symposium, p. 6.

[151] T. Christiansen, "Reconstructing European Space: From Territorial Politics to Multilevel Governance", in K.E. Jorgensen (ed.), *Reflective Approaches to European Governance*, Macmillan Press Ltd, London, 1997, p.65.

co fundamental, a ideia subjacente a este conceito consiste no reconhecimento de redes de criação de políticas públicas europeias alternativas às tradicionais estruturas político-administrativas nacionais, que assinalam uma ruptura com o autismo decisório que estas últimas representavam.[152]

Em todo o caso, e para além dos aspectos inovadores que o processo de integração europeia inegavelmente comporta, quer no plano das relações políticas europeias, quer no plano conceptual, parece fora de dúvida que o salto qualitativo que a União Europeia pudesse fazer no sentido da federação implicaria uma vontade política fundadora diferente daquela que tem caracterizado os progressos alcançados pela construção europeia. A qual teria de romper com a perspectiva funcionalista que assenta na transferência do exercício da actividade governativa nacional para um grupo de tecnocratas globais. A federação representaria uma nova fase do relacionamento da União com os cidadãos e com os Estados. A natureza estadual de uma tal entidade dependeria sobretudo do tipo de autoridade que lhe fosse atribuída no pacto constitutivo relativamente às questões que se afiguram delimitadoras da distinção entre confederação e federação.

A este título, valerá a pena acrescentar referência à decisão proferida pelo Conselho Constitucional francês sobre o Tratado que estabelece uma Constituição para a Europa, assinado em 2004. Começando por recordar o princípio constante da Declaração dos Direitos do Homem de 1789, que a soberania reside essencialmente na nação, o Conselho Constitucional francês afirmou que o Tratado Constitucional europeu, nomeadamente, as disposições relativas à entrada em vigor, ao processo de revisão, bem como à possibilidade de os Estados denunciarem os compromissos assumidos em virtude da assinatura deste acordo, contém elementos claros no tocante à determinação da natureza do acto.[153] Ou seja,

---

[152] L. Aggestam, "The European Union at the Crossroads: Sovereignty and Integration" in A. Landau, R. Whitman (ed.), *Rethinking the European Union. Institutions, Interests and Identities*, Macmillan Press, London, 1997, p.91.

[153] Décision nº 2004 – 505 DC, du 19 novembre 2004, considerando nº9. Disponível em http://www.conseil-constitutionnel.fr/decision/2004/2004505/index.htm.

para o Conselho Constitucional francês a chamada Constituição europeia, em virtude das referidas cláusulas, mantém natureza jurídica de um Tratado internacional assinado pelos Estados-membros da União. Pelo que a decisão do Conselho Constitucional francês sobre o Tratado Constitucional europeu parece corroborar os pressupostos jurídicos que sustentam a distinção existente entre os conceitos de confederação e federação.

Tipos de federalismo

Na teoria política do federalismo existe razoável consenso sobre o facto de a essência dos sistemas federais consistir na capacidade de fazer conciliar dois níveis diferentes de autoridade, cada qual dotado de poder de decisão próprio e, por conseguinte, dois centros distintos de emanação normativa.[154] Assim, temos que os sistemas federais se caracterizam pela convivência de um poder central, dotado de capacidade legislativa autónoma, com as unidades componentes deste mesmo sistema federal, as quais mantêm as suas próprias prerrogativas normativas. Nisto se traduz a clássica definição de federalismo como sendo o resultado da combinação dos princípios de *self-rule* e de *shared rule*.[155] No fundo, a combinação de uma esfera de auto-governo com uma outra esfera de actuação conjunta, ou partilhada, com os demais componentes do sistema federal. Donde, a questão da determinação das competências de actuação, para cada um dos níveis de intervenção, i.e., a chamada repartição vertical de competências, se revelar uma questão nuclear nos sistemas de moldura federal.

---

[154] C. Saunders, "The Constitutional Arrangements of Federal Systems. A Sceptical View from the Outside" in J.J. Hesse, V. Wright, *Federalizing Europe? The Costs, Benefits, and Preconditions of Federal Political Systems*, Oxford University Press, Oxford, 1996, p.46; C. Tuschhoff, "The Compounding Effect: The Impact of Federalism on the Concept of Representation" in J.B. Brzinsky e outros, *Compounded Representation in Western European Federations*, op.cit, p.15.

[155] D.J. Elazar (ed.), *Constitutional Design and Power-Sharing in the Post-Modern Epoch*, Lanham, New York, 1991, p.xii.

Capítulo IV - Federalismo e União Europeia

Consciente da importância desta questão, Joschka Fischer refere que o tratado constitutivo de uma federação europeia deveria estabelecer clara repartição de competências entre esta última e os Estados. Sugere, assim, que o tratado constitutivo enumere um núcleo de matérias que devessem necessariamente relevar da esfera de soberania da federação europeia, deixando todas as demais questões no âmbito da jurisdição plena dos Estados nacionais. A adopção de um catálogo de competências da federação teria a vantagem, em seu entender, de superar as ambiguidades causadas quer pelo desordenado alastrar das competências comunitárias em virtude do aludido método funcional, quer pelo pouco perceptível princípio da subsidiariedade, critério delimitador do exercício das atribuições da União.

Em termos de concepção federal de repartição de competências, Fischer parece privilegiar uma federação europeia fundada no chamado *dual federalism*.[156] Esta teoria afirmou-se no pensamento federal norte-americano no período subsequente à guerra civil. O seu entendimento do problema da divisão de competências assentava nos seguintes pressupostos: existiriam dois tipos de entidades soberanas no quadro do sistema federal, o governo nacional e os Estados; o governo nacional detinha apenas as competências que lhe foram atribuídas pela Constituição; todas as demais áreas de actuação dos poderes públicos seriam de considerar como sendo da competência reservada dos Estados; quaisquer alterações ao sistema de divisão vertical de competências teriam de ser realizadas através do processo de revisão constitucional.[157] O chamado *dual federalism* era uma concepção preocupada com a garantia da soberania dos Estados, mas que conduziu a um relacionamento algo tenso, e de reduzida cooperação, entre os principais actores do sistema federal.[158]

---

[156] Idêntica posição havia sido defendida por F.W.Scharpf, "Can there be a Stable Federal Balance in Europe" in J.J. Hesse, V. Wright, *Federalizing Europe? The Costs, Benefits, and Preconditions of Federal Political Systems*, op.cit., p.370.

[157] D.B. Walker, *Toward a Functioning Federalism*, Winthrop Publishers, Cambridge-Massachusetts, 1981, p.46.

[158] P.N. Glendening, M.M. Reeves, *Pragmatic Federalism. An Intergovernmental View of American Government*, Palisades Publishers, California, 1984, p. 58.

Esta perspectiva formal da divisão de competências foi sendo gradualmente abandonada nos Estados Unidos, em virtude dos acontecimentos que marcaram a política norte-americana no século XX e da transformação do papel do Estado. Com o advento da grande depressão, assistiu-se a forte intervencionismo do governo nacional em áreas que excediam as suas competências tradicionais, como sejam, agricultura, obras públicas ou segurança social. O poder federal lançou grandes programas de incentivo financeiro nestes domínios os quais eram geridos, porém, pelas estruturas administrativas dos Estados.[159] Emergiu, assim, uma visão diferente do sistema de divisão de competências, a qual privilegiava um relacionamento mais intenso entre estes actores políticos e maior partilha de responsabilidades na actuação dos poderes públicos. A transformação operada na divisão de competências foi considerada como o resultado da entrada em nova fase do sistema político definida por *cooperative federalism*. Verificou-se um reforço inequívoco do papel desempenhado pelo poder central, o qual não terá sido realizado em detrimento absoluto das competências dos Estados.[160]

Idêntica evolução aconteceu na República Federal da Alemanha, ainda que processada num contexto político-institucional diverso. Com efeito, o sistema constitucional alemão estabelecia uma divisão de competências entre os *Lander* (Estados) e o governo federal que se aproximava do modelo de federalismo dual, com o reconhecimento de vastas competências exclusivas a cada um dos principais níveis de poder político.[161] No entanto, cedo se verificou certo grau de centralização da actividade normativa ditado pelo imperativo constitucional da homogeneização das condições de vida em todo o território alemão. Refira-se, todavia, o papel fulcral que o *Bundesrat* (Conselho Federal, órgão que representa os go-

---

[159] A.G. Soares, *Repartição de Competências e Preempção no Direito Comunitário*, Edições Cosmos, Lisboa, 1996, p.44.

[160] D.J. Elazar, *American Federalism. A View From the States*, Harper&Row Publishers, New York, 1984, p. 53.

[161] C. Jeffery, "Party Politics and Territorial Representation in the Federal Republic of Germany" in J.B. Brzinsky e outros, *Compounded Representation in Western European Federations*, op.cit., p.132.

Capítulo IV - Federalismo e União Europeia

vernos dos Estados) assume no processo normativo, através do direito de veto na aprovação da legislação federal, e a função constitucionalmente garantida aos *Lander* na implementação das políticas federais. Pelo que o processo de centralização da actividade normativa não excluiu a participação activa dos *Lander* na formação da vontade federal, nem a sua crescente importância na aplicação dessas políticas.[162] O especial contexto político-institucional favoreceu a crescente interdependência do poder federal com os *Lander*, através do incremento da partilha de competências entre estes dois níveis de poder, e permitiu a evolução da Alemanha para um sistema de federalismo cooperativo.[163]

A experiência destes sistemas federais em matéria de repartição de competências pode ser de grande interesse para a reflexão sobre esta problemática no quadro da União Europeia. As divisões formais de competências entre o poder federal e os Estados nos sistemas norte-americano e alemão deram lugar, no decurso do tempo, a modalidades de exercício partilhado de competências. Na verdade, nos sistemas federais existe, por definição, tendência para a centralização do exercício de competências, ou seja, para a transferência gradual de certas atribuições dos Estados para a esfera de actuação do poder central.[164] Essa tendência deriva de um conjunto de factores que vão desde a propensão uniformizadora que emerge nas entidades federais, ao lançamento de programas de redistribuição financeira que implicam a adopção pelos Estados de modelos impostos pelo poder central, à impossibilidade de manter absoluta separação entre os níveis de actuação federal e estadual, até à pressão empresarial para a superação das diferenças regulatórias nos ordenamentos federados.

---

[162] G. Lehmbruch, "German Federalism and the Challenge of Unification" in J.J. Hesse, V. Wright, *Federalizing Europe? The Costs, Benefits, and Preconditions of Federal Political Systems*, op. cit., p.173.

[163] T.A. Borzel, T. Rhisse, *Who Is Afraid of a European Federation? How to Constitutionalize a Multi-Level Governance System,* Harvard Jean Working Paper, nº 7/00 (Symposium), p.10.

[164] D.J. Elazar, *Exploring Federalism* (tradução italiana, "Idee e Forme del Federalismo"), Mondadori, Milano, 1998, p.162.

Face à propensão centralizadora evidenciada pelos sistemas federais, os Estados-membros da União Europeia devem, sobretudo, salvaguardar-se no plano institucional com as garantias necessárias que lhes permitam compensar eventuais transferências de competências em favor do poder central. Por isso, a arquitectura institucional de uma hipotética federação europeia deverá contemplar mecanismos de representação territorial que assegurem aos governos dos Estados o controlo sobre a adopção de actos legislativos em áreas que sejam tradicionalmente objecto de regulação pelas autoridades nacionais.[165] Na verdade, a experiência europeia demonstra como a redução de controlo dos Estados sobre o processo decisão comunitário acarretou diminuição do grau de legitimidade da União Europeia. Pelo que o modelo institucional de uma suposta entidade federal não poderá deixar de considerar o papel central que os governos nacionais têm desempenhado no processo de integração.

---

[165] T.A. Borzel, T. Rhisse, *Who Is Afraid of a European Federation? How to Constitutionalize a Multi-Level Governance System*, op.cit.,p.12.

CAPÍTULO V

O TRATADO CONSTITUCIONAL DA UNIÃO EUROPEIA

Em Outubro de 2004, os Estados-membros da União assinaram o Tratado que estabelece uma Constituição para a Europa. A entrada em vigor da Constituição europeia dependerá, todavia, da sua ratificação por todos os signatários.

O processo de ratificação sofreu um revés importante na sequência dos referendos à Constituição realizados em França, e na Holanda, em 2005. A perspectiva da ratificação do Tratado Constitucional por todos os Estados-membros ficou comprometida pela sua recusa por dois países fundadores da Comunidade Europeia.

Curiosamente, no debate público que precedeu o referendo francês, as questões mais controversas para a opinião pública não incidiam sobre o núcleo duro da Constituição europeia – simplificação dos Tratados, direitos fundamentais, parlamentos nacionais, delimitação de competências, reforma das instituições – mas antes sobre aspectos conexos com a integração europeia, os quais parecem ensombrar o futuro da União.

De entre esses aspectos, salienta-se a difícil metabolização do alargamento da União a dez novos Estados - e os consequentes receios associados à deslocalização de empresas - o projecto de liberalização dos serviços, e o problema da adesão da Turquia. Estes mesmos temas, aos quais se poderá acrescentar a questão da imigração, dominaram também a campanha referendária nos Países Baixos.

Poder-se-ia dizer que os temas que marcaram os referendos francês e holandês sobre o Tratado Constitucional incidiram fundamentalmente sobre a competitividade da economia desses Estados no quadro da globalização, a manutenção dos direitos sociais garantidos pelo Estado-Providência, e a questão da segurança da interna face aos desafios da abertura de fronteiras e da pressão dos novos fluxos migratórios. No fundo, os cidadãos parecem mais preocupados com as ameaças que pairam sobre o chamado modelo social europeu, sustentáculo de um *European way of life*, do que com os arranjos constitucionais resultantes da última conferência intergovernamental.

O presente capítulo pretende fazer uma introdução ao Tratado Constitucional, bem como analisar os objectivos que presidiram à sua elaboração. Assim, começa por definir o contexto político que determinou a realização da Convenção, resultante do debate sobre o futuro da União e da dificuldade das conferências intergovernamentais produzirem um acordo capaz de responder aos desafios que se colocavam na construção europeia. Com base nos aspectos fulcrais do debate europeu, o texto analisa o mandato conferido à Convenção e a metodologia de trabalho desta instância. Em seguida, enuncia os elementos essenciais do Tratado Constitucional, baseado no projecto apresentado pela Convenção e concluído pela conferência intergovernamental.

As conferências intergovernamentais

A integração europeia realizou assinaláveis progressos ao longo da década de 1990. O estabelecimento da União Europeia e a realização da união económica e monetária, em resultado do Tratado de Maastricht, bem como as alterações introduzidas pelos Tratados de Amesterdão e Nice, foram os elementos marcantes da evolução constituinte desencadeada pelos Estados-membros.

Todavia, e apesar da vontade política manifestada nos referidos momentos constituintes, emergiu um traço dominante no modo como foram aprovados os novos Tratados europeus: a falta de racionalidade política que caracterizou a negociação havida no quadro das diferentes conferências intergovernamentais.

Recorde-se que a construção europeia é resultado da vontade dos Estados que criaram as Comunidades Europeias, através dos respectivos

Capítulo V - O Tratado Constitucional da União Europeia 117

Tratados constitutivos. As Comunidades Europeias foram estabelecidas por Tratados celebrados pelos Estados fundadores. O alargamento sucessivo a novos Estados foi realizado através da celebração de Tratados de Adesão. Em todo o processo, e apesar da complexidade e autonomia do sistema político da União, os Estados-membros permaneceram *Masters of the Treaties*, *i.e.*, "donos dos Tratados".

Assim, no quadro da União Europeia, o exercício da função constituinte pertence aos Estados-membros, apenas. Ou seja, o poder de introduzir alterações aos textos dos Tratados constitutivos das Comunidades e da União. Esse poder constituinte tem sido exercido pelas chamadas conferências intergovernamentais.

As conferências intergovernamentais consistem na realização de negociações entre representantes dos governos de diferentes Estados, em vista da celebração de um Tratado. O traço dominante das conferências intergovernamentais é a diplomacia entre Estados independentes. O método diplomático permitiu progressos notáveis no relacionamento entre Estados. Mantém-se, contudo, nos limites do universo diplomático, um processo em que se procura alcançar vantagens no confronto dos demais parceiros. Elemento ausente no processo diplomático, que caracteriza a realização das conferências intergovernamentais, é a dinâmica de um projecto político comum.

Tais considerações servem para contextualizar a afirmação de falta de racionalidade política das conferências intergovernamentais europeias, realizadas na década de 1990. Desde logo, da conferência que aprovou o Tratado de Maastricht. Nascida na sequência da queda do Muro de Berlim, e da consequente reunificação alemã, havia sido convocada com o propósito de estabelecer uma união política europeia. Todavia, as divergências de fundo entre os diferentes Estados não permitiram instituir uma verdadeira união política. Por outro lado, a falta de sensibilidade política dos representantes nacionais à conferência conduziu à adopção de um acordo final cujos aspectos formais se revelaram desastrosos.

Em todo o caso, a percepção das limitações que caracterizavam a União nascente levou os Estados a agendar nova conferência intergovernamental, nas disposições do Tratado de Maastricht. A conferência intergovernamental que aprovou o Tratado de Amesterdão terá sido a mais consistente no tocante às transformações introduzidas nos textos dos

Tratados. Nessa perspectiva, o Tratado de Amesterdão permitiu diluir a imagem negativa que a opinião pública europeia havia colhido da precedente conferência intergovernamental. Recorde-se, contudo, que a conferência de Amesterdão ficou marcada pela incapacidade de conseguir um acordo político sobre o tema principal da sua agenda, a reforma das instituições comunitárias em vista do alargamento. Por este motivo, seguiu a técnica de remeter os assuntos pendentes para próxima conferência intergovernamental.

A conferência intergovernamental que aprovou o Tratado de Nice evidenciou os limites do método diplomático. Na verdade, e apesar da limitada agenda política, o método seguido não evitou o espectáculo deplorável ocorrido na cimeira final. Por um lado, o arrastamento inédito da reunião conclusiva; por outro lado, a lógica de mercearia que presidiu aos arranjos finais sobre a chamada reforma das instituições. Os cidadãos e a opinião pública dos Estados tiveram oportunidade de constatar a falta de sentido europeu dos representantes nacionais na sessão conclusiva da conferência intergovernamental, mais preocupados em conseguir pequenas vantagens sobre aspectos específicos da representação nacional de cada país no sistema político da União, do que acertar reformas políticas de fundo que preparassem a União para o desafio do alargamento. O acordo realizado sobre a reforma da ponderação de votos no seio do Conselho terá sido exemplo claro da reduzida racionalidade política que atravessou o espírito da conferência.

A experiência de Nice afigurou-se ainda mais insustentável dada a circunstância de, em contemporâneo com a conferência intergovernamental, ter decorrido a chamada *convenção* que aprovou a Carta dos Direitos Fundamentais da União Europeia. A convenção elaborou um catálogo de direitos fundamentais que impressiona pela abrangência dos direitos inscritos no documento, pela novidade da sistematização, pela qualidade técnica das disposições da Carta e pela coerência do seu conteúdo face aos demais instrumentos de protecção dos direitos humanos.

O sucesso da convenção que adoptou a Carta dos Direitos Fundamentais terá influenciado a Declaração respeitante ao futuro da Europa, que os Estados-membros anexaram ao Tratado de Nice. Nesta Declaração, os Estados-membros afirmavam a necessidade de promover um amplo debate sobre o futuro da União Europeia, que associasse todas

Capítulo V - O Tratado Constitucional da União Europeia 119

as partes envolvidas: Parlamentos nacionais, Parlamento Europeu, Comissão, opinião pública, círculos políticos, económicos e universitários. O debate deveria abordar um conjunto de temas enunciados pela Declaração, que incluíam o estabelecimento de uma delimitação precisa de competências entre a União e os Estados-membros, definição do estatuto jurídico da Carta dos Direitos Fundamentais, simplificação dos Tratados e o papel dos Parlamentos nacionais na arquitectura europeia, bem como a melhoria da legitimidade democrática e transparência da União, de forma a aproximá-la dos cidadãos. Os resultados deste debate deveriam servir de trabalho preparatório para a conferência intergovernamental, em 2004, com o intuito de introduzir alterações nos Tratados sobre os temas enumerados.

Perspectivas sobre o futuro da União

O debate europeu tinha conhecido um inesperado salto qualitativo na sequência do discurso proferido por Joschka Fischer, em Maio de 2000. O discurso de Fischer, que propunha a criação de uma federação como finalidade do processo de integração europeia, provocou vasto debate sobre o futuro da União, com os Chefes de Governo a apresentarem a sua perspectiva. Das contribuições dos governos nacionais foi possível identificar três tipos de posições sobre o futuro da União.[166]

Para além da perspectiva federalista, que abrangia o grupo de países que aceitaram o essencial da posição alemã, enunciada por Fischer, surgiram duas outras correntes no debate europeu. Uma perspectiva intergovernamental de desenvolvimento da União Europeia, cujo expoente maior foi o Primeiro-Ministro britânico, Blair. E uma perspectiva diferente das outras duas, apresentada pelo Presidente francês Chirac, fundada na singularidade da construção europeia, e que poderá ser reconduzível à ideia de federação de Estados-nação, defendida por Delors.[167] Tema central das comunicações dos Chefes de Governo foi a posição sobre a reforma das instituições.

---

[166] Contribuições disponíveis em http://europa.eu.int/futurum

[167] B. Crum, "Legislative-Executive Relations in the EU", *Journal of Common Market Studies 41* (2003), p.382.

A visão federalista defendida por Fischer, e apoiada pelos países do Benelux e pela Grécia, privilegiava o reforço da dimensão parlamentar da União. O Parlamento Europeu deveria alcançar a plenitude dos poderes legislativo e orçamental, alargando a sua intervenção a matérias objecto de abordagem estritamente intergovernamental, como sejam, as questões da política externa, segurança e defesa. A Comissão deveria reforçar os poderes executivos, que seriam exercidos sob o controlo político do Parlamento Europeu. Fischer defendia a necessidade de estabelecer uma clara repartição de competências entre a União e os Estados num futuro Tratado constitucional. A criação da Federação europeia seria empreendida por uma vanguarda de Estados empenhados no aprofundamento da União, os quais se constituiriam como centro de gravidade do processo de integração.

A perspectiva intergovernamental defendida por Blair, e apoiada pelos países que tradicionalmente alinham com a política europeia do Reino Unido, como sejam Dinamarca, Suécia e Irlanda, mas também pela Áustria, salientava a importância da União reforçar a eficiência do processo político de decisão. Considerando que a principal fonte de legitimidade política da União reside nos Estados-membros, defendia que o Conselho deveria continuar como principal instituição do sistema político. As recomendações para a melhoria da eficiência do processo político consistiam no reforço da posição do Conselho Europeu, no papel do Conselho de Assuntos Gerais como instância coordenadora da actividade da União e na criação de um Conselho dos Negócios Estrangeiros. Condenava, também, o mecanismo das Presidências rotativas do Conselho e defendia a existência de uma Presidência separada do Conselho Europeu, dotada de mandato alargado. Em sede de divisão de competências, referia a necessidade de reforçar a aplicação do princípio da subsidiariedade.

O terceiro tipo de posição no debate sobre o futuro da Europa é difícil de classificar. Diferentemente das duas correntes antagónicas, federalistas e intergovernamentalistas, não existe uma raiz ideológica imediata nos defensores da União Europeia como federação de Estados-nação.[168]

---

[168] V. Constantinesco, "Europe fédérale ou fédération d'États-nations?", in Renaud Dehousse (ed.) *Une Constitution pour l'Europe?,* Presses de Sciences Po, Paris, 2002, p.115.

Apesar de se inspirar em Jacques Delors, último executor do método funcional de integração. Como se sabe, o funcionalismo correspondia à perspectiva de construção europeia delineada por Jean Monnet. Ainda que o funcionalismo tenha evidenciado todas as suas limitações como metodologia de integração a partir do Tratado de Maastricht, a ambiguidade que o caracterizava, quanto à finalidade e natureza da própria construção europeia, permitiu-lhe manter o seu espaço político dentro da União.[169]

Assim, não admira que Chirac tivesse salientado a singularidade do quadro institucional comunitário e a necessidade da sua preservação. Em termos gerais, defendia a atribuição de maior protagonismo ao Conselho Europeu, o reforço do papel da Comissão, maior atenção à vontade manifestada pelos cidadãos nas eleições europeias, a ligação entre o Parlamento Europeu e os Parlamentos nacionais. Não sendo propriamente um misto das posições anteriormente referidas, nesta corrente podiam situar-se países com perspectivas intermédias sobre o futuro da União, tais como Portugal, Finlândia, ou a Espanha de Aznar.

A Declaração de Laeken

No aproveitamento da janela de oportunidade entreaberta pela Declaração respeitante ao futuro da União, anexa ao Tratado de Nice, foi determinante a estratégia adoptada pela Presidência belga do Conselho Europeu. Na verdade, o Primeiro-ministro Verhofstadt confiou a um "grupo de sábios" a missão de elaborar um documento,[170] apresentado aos seus homólogos na ronda pelas capitais nacionais. Esse documento seria aprovado pelo Conselho Europeu de Laeken, em Dezembro de 2001.[171]

---

[169] J. Ziller, *La nuova Costituzione europea*, il Mulino, Bolonha, 2003, p.97.

[170] Grupo composto por Giuliano Amato, Jean-Luc Dehaene, Jacques Delors, Borislaw Geremek e David Milliband.

[171] F. Dehousse, "La Déclaration de Laeken: mode d'emploi", *Revue du Marché commun et de l'Union européenne 455* (2002), p.79.

A Declaração de Laeken convocou a realização de uma Convenção para debater de forma ampla e transparente os temas enunciados para a conferência intergovernamental, agendada pelo Tratado de Nice. Ou seja, ainda que o princípio da Convenção não tivesse sido claramente fixado em Nice, a Presidência belga conseguiu o consenso do Conselho Europeu para a sua realização, estabelecendo uma linha de continuidade entre as duas declarações.

Todavia, a Declaração de Laeken não se limitou a convocar a realização da Convenção, e definir os aspectos principais relativos à sua composição, presidência, duração dos trabalhos, metodologias adoptadas e o sentido do documento final a apresentar ao Conselho Europeu. Na verdade, o mandato de Laeken alargou consideravelmente o leque de questões enumeradas na Declaração anexa ao Tratado de Nice.

Assim, além de retomar os quatro temas que constavam da Declaração aprovada em Nice, introduzindo desenvolvimentos sobre a abordagem que seria desejável seguir na discussão sobre esses assuntos, a Declaração de Laeken referiu a necessidade da Convenção debater questões relativas à reforma das instituições. Em particular, a Declaração de Laeken questionava sobre como reforçar a autoridade e eficácia da Comissão Europeia, incluindo a forma de designação do seu Presidente, e perguntava se deveriam ser incrementados os poderes do Parlamento Europeu. No tocante ao Conselho, os tópicos para discussão abrangiam a rotação semestral das Presidências, a estrutura das suas diferentes formações e a relação entre o Alto Representante para a política externa e o Comissário responsável pelas relações exteriores. Aludia, também, ao papel do Conselho Europeu no sistema da União.

Mais ambígua se revelava a referência à simplificação dos Tratados. Depois de questionar se deveria ser revista a distinção entre a União e as Comunidades, bem como a chamada divisão em três pilares, a Declaração indagava se tal reestruturação não poderia conduzir, a prazo, à aprovação de um texto constitucional. A este propósito, e de forma bastante dúbia, a Declaração perguntava apenas quais deveriam ser "os elementos de base dessa Constituição".

A amplitude dos temas referidos no mandato deixava grande liberdade para o debate a empreender pela Convenção. A Declaração de Laeken abrangia, com efeito, a generalidade das temáticas essenciais ao

Capítulo V - O Tratado Constitucional da União Europeia

funcionamento do sistema constitucional da União. Oportunidade que a Convenção dificilmente deixaria escapar.

A Convenção Europeia

O modo hábil como o Primeiro-Ministro Verhofstadt estabeleceu a ponte entre a Declaração anexa ao Tratado de Nice e a convocação da Convenção, fez com que os membros do Conselho Europeu centrassem a sua atenção na personalidade que deveria presidir à nova instância, em detrimento dos aspectos substanciais do respectivo mandato. A escolha incidiu sobre o antigo Presidente da República francesa Valéry Giscard d'Estaing, sendo Giuliano Amato e Jean-Luc Dehaene vice-presidentes.

À semelhança da convenção que elaborou a Carta dos Direitos Fundamentais, a Declaração de Laeken estabeleceu que a segunda Convenção integrasse representantes das diferentes legitimidades presentes no processo de integração: Governos nacionais; Parlamentos nacionais; Parlamento Europeu; e Comissão. Os países candidatos à adesão (os dez que aderiram em 2004, bem como Roménia, Bulgária e Turquia) foram admitidos a participar plenamente nos debates, enviando representações idênticas às dos Estados-membros. A Convenção foi composta por um total de 105 efectivos, dos quais 56 representantes dos Parlamentos nacionais, 16 membros do Parlamento Europeu, 28 representantes dos Governos dos Estados, e 2 membros da Comissão.

A orientação dos trabalhos da Convenção foi confiada ao *Praesidium*, composto por Presidente e vice-presidentes, membros do Conselho que exerciam a Presidência no decurso dos seus trabalhos (Espanha, Dinamarca e Grécia), dois membros do Parlamento Europeu, dois representantes da Comissão Europeia e dois representantes dos Parlamentos nacionais.

Os trabalhos da Convenção tiveram início em Março de 2002, tendo sido previsto o prazo de um ano para o exercício do mandato. A Declaração de Laeken estabelecia que a Convenção deveria apresentar resultados ao Conselho Europeu sucessivo ao termo do mandato, em Junho de 2003.

A Convenção não funcionou como órgão permanente. Reunia em sessões bimensais, apenas. Todavia, para além das sessões plenárias, o

Praesidium criou grupos de trabalho, que se ocuparam de assuntos específicos. Foram constituídos onze grupos para debater os seguintes temas: subsidiariedade; Carta dos Direitos Fundamentais; personalidade jurídica; Parlamentos nacionais; competências complementares; governação económica; relações externas; defesa; simplificação; liberdade, segurança e justiça; Europa social. O mandato dos grupos de trabalho foi fixado pelo *Praesidium*, que designou de entre os seus membros os relatores de cada grupo, com base na respectiva competência técnica ou na experiência sobre os temas em discussão.[172]

Os debates mais interessantes foram realizados nos grupos de trabalho, tendo as mais importantes decisões da Convenção tido origem, também, nos relatórios finais submetidos por estes grupos. Curiosamente, não foi estabelecido nenhum grupo de trabalho que se ocupasse da reforma das instituições, o assunto mais delicado que a Convenção deveria abordar pela relação intrínseca com a finalidade da integração e a dimensão ideológica subjacente. Na verdade, o *Praesidium* preferiu avocar este tema, com o Presidente da Convenção particularmente envolvido na sua discussão.[173]

Os trabalhos da Convenção foram caracterizados pela abertura e transparência, visando captar a atenção da opinião pública dos Estados, bem como atrair contributos da sociedade civil. Em consonância, todos os documentos apresentados nas sessões plenárias, bem como nas reuniões dos grupos de trabalho, foram colocados no sítio oficial da Convenção, nas diferentes línguas de trabalho da União.[174] No entanto, os documentos do *Praesidium* não foram disponibilizados ao público, para que este órgão pudesse dispor de maior liberdade negocial.

Uma crítica pertinente ao modo de funcionamento da Convenção seria que, enquanto as sessões plenárias e os grupos de trabalho permiti-

---

[172] J. Ziller, *La nuova Costituzione europea*, il Mulino, Bolonha, 2003, p.126.

[173] J. Kokkot, A. Ruth, "The European Convention and its Draft Treaty establishing a Constitution for Europe: appropriate answers to the Laeken questions?", *Common Market Law Review 40* (2003), p.1330.

[174] http://european-convention.eu.int/bienvenue.asp?lang=PT

Capítulo V - O Tratado Constitucional da União Europeia 125

ram uma discussão pública de todos os temas, o mesmo não terá ocorrido no seio do *Praesidium*. Na verdade, este órgão terá ficado refém do espírito dominante nas conferências intergovernamentais, caracterizado pelo secretismo diplomático. Com a agravante do *Praesidium* ter absorvido a discussão sobre o tema fulcral, a reforma das instituições. Por certo, terão sido considerações de realismo político que justificaram esta opção, pretendendo o *Praesidium* preservar um espaço negocial que favorecesse a produção de um resultado final susceptível de reunir o consenso posterior dos Estados. Em todo o caso, afigura-se claro o contraste entre a abordagem seguida neste assunto e aquela que foi desenvolvida para a generalidade dos temas debatidos.

Outro aspecto que merece referência no âmbito dos trabalhos da Convenção respeita ao modo de decisão. Nas sessões da Convenção não se procedeu à votação de nenhuma das disposições adoptadas, assim como o projecto final também não foi submetido a votação na generalidade. Na verdade, a Presidência preferiu seguir uma metodologia diferente, recorrendo à chamada técnica do consenso. Por este motivo, a Convenção recebeu críticas quanto à falta de democraticidade dos seus trabalhos, em particular por parte de sectores oriundos da tradição parlamentar. Alguns autores consideraram mesmo que a metodologia seguida pela Convenção teria acentuado o défice democrático da própria União.[175]

A opção pelo consenso como método de decisão teve diferentes justificações. Desde logo, a procura do consenso entre as partes exige um esforço adicional de diálogo e argumentação, para convencer os interlocutores. Situação distinta do que acontece nas conferências intergovernamentais onde os Estados, refugiando-se no argumento da vontade soberana, tendem a apresentar certas posições como irredutíveis. Pelo que o consenso pode favorecer um aumento da qualidade do debate, embora exija aos responsáveis pela sua condução um esforço superior.

Todavia, existiam outras circunstâncias que recomendavam a adopção da metodologia utilizada. A Declaração de Laeken indicava que

---

[175] P. Pitta e Cunha, *A Constituição Europeia. Um olhar crítico sobre o projecto*, Almedina, Coimbra, 2004, p.35.

a Convenção "elaborará um documento final que poderá compreender quer diferentes opções, indicando o apoio que as mesmas obtiveram, quer recomendações, em caso de consenso". Ora, caso a Convenção tivesse escolhido a via da apresentação de diferentes opções ao Conselho Europeu, com indicação do respectivo apoio, seria mais fácil à conferência intergovernamental afastar-se de soluções que não colhessem aprovação unânime. Acresce, ainda, que o recurso sistemático à votação teria facilitado a propensão dos representantes dos governos nacionais para se barricarem na tradicional rigidez de posições.

Por outro lado, a técnica do consenso evitou uma situação discriminatória no confronto dos países candidatos à adesão, que resultava dos termos da Declaração de Laeken. Esta afirmava que os países candidatos estariam representados nas mesmas condições dos Estados-membros, no entanto não poderiam bloquear qualquer consenso que se formasse entre estes últimos. Ou seja, caso se recorresse à votação os países candidatos teriam estatuto de membros de segunda ordem na Convenção. Assim, através do consenso conseguiu-se representatividade plena de todos participantes.[176]

Por fim, será interessante notar que a Convenção permitiu alargar o espectro do debate ideológico sobre a União Europeia, quando comparada com as conferências intergovernamentais. Na verdade, as conferências diplomáticas entre os Estados-membros agregam, de modo geral, as três correntes reveladas na sequência do discurso de Fischer, sobre a finalidade da integração europeia. Ou seja, das posições federalistas às teses intergovernamentais, passando pelas perspectivas intermédias. No entanto, existe um outro tipo de alinhamento sobre o fenómeno da integração que permanece fora do debate constitucional, apesar de ter expressão parlamentar e, sobretudo, conseguir acolhimento por parte da opinião pública. Trata-se da corrente nacionalista, a qual contraria os próprios fundamentos da integração política europeia, manifestando hostilidade aos desenvolvimentos verificados desde o Tratado de Maastricht. A Convenção permitiu a expressão desta tendência, o que fez aumentar a sua

---

[176] J. Ziller, *La nuova Costituzione europea*, il Mulino, Bolonha, 2003, p.121.

própria representatividade e, de algum modo, evidenciou as clivagens existentes entre nacionalistas e as demais correntes dominantes nas conferências intergovernamentais.

O Tratado Constitucional

A Convenção apresentou o projecto de Tratado que estabelece uma Constituição para a Europa ao Conselho Europeu de Salónica, em Junho de 2003. O Conselho Europeu considerou o projecto de Constituição como uma boa base de trabalho para a conferência intergovernamental vindoura.

Importa analisar o novo Tratado Constitucional - tendo em conta o projecto apresentado pela Convenção, com as alterações introduzidas pela conferência intergovernamental - à luz dos objectivos delineados pelo mandato de Laeken, ou seja, a simplificação dos Tratados, o estabelecimento de uma delimitação de competências mais rigorosa entre a União e os Estados, o estatuto da Carta dos Direitos Fundamentais, o papel dos Parlamentos nacionais na arquitectura europeia, bem como a melhoria da legitimidade democrática da União, e das suas instituições, com o intuito de a aproximar dos cidadãos. Todavia, será interessante referir como a própria ideia de elaborar uma Constituição europeia emergiu no decurso dos trabalhos da Convenção.

A ideia de Constituição

A Declaração de Laeken não conferia mandato expresso para a Convenção elaborar um projecto de Constituição europeia. Como se referiu, o texto de Laeken continha uma fórmula hábil em que, com base na questão da simplificação e reestruturação dos Tratados, perguntava se este processo não poderia conduzir, a prazo, à aprovação de um texto constitucional da União. De seguida, indagava sobre quais deveriam ser os valores de base dessa Constituição.

A Convenção decidiu apresentar um documento único ao Conselho Europeu. Documento que reuniria o consenso dos seus membros. Esta opção fundava-se na experiência do grupo de reflexão que preparou a conferência intergovernamental do Tratado de Amesterdão. Neste caso, o grupo de reflexão apresentou um relatório final onde destacava, a propósito de cada questão, as soluções maioritárias, bem como as posições defendidas pela minoria. Durante as negociações da conferência intergovernamental, considerou-se que a definição prévia de perspectivas divergentes contribuiu para maior rigidez das posições defendidas por cada Estado-membro. Na verdade, o Tratado de Amesterdão não conseguiu aprovar a reforma das instituições comunitárias em vista do alargamento.

Por tais motivos, a Convenção seguiu a estratégia de apresentar um documento de consenso. O que em si mesmo não implicaria que revestisse a forma de um projecto de Constituição europeia. Claramente, não decorria dos termos da Declaração de Laeken a existência de um mandato explícito de elaboração de um projecto de índole constitucional. Ainda que existissem elementos no conteúdo da Declaração que apontavam, embora a prazo, para a elaboração de um texto de natureza constitucional. Pelo que a decisão de apresentar um projecto de Constituição poderia ser, em certo modo, questionável.[177]

Todavia, as questões que resultavam do mandato de Laeken tinham conteúdo eminentemente constitucional. Na verdade, solicitava que a Convenção encontrasse forma de melhorar a repartição de competências entre a União e os Estados, que reflectisse sobre o estatuto jurídico da Carta dos Direitos Fundamentais, que simplificasse os Tratados constitutivos das Comunidades e da União, que debatesse sobre os poderes das instituições comunitárias. Ora, a essência do constitucionalismo reside no enunciado dos direitos fundamentais dos cidadãos e nas regras relativas à organização do poder político. Pelo que a missão que se atribuía à Convenção versava, substancialmente, em torno de uma reflexão de natureza constitucional: apresentar recomendações sobre o modo de conferir força jurídica às disposições da Carta dos Direitos Fundamentais; sobre a divisão vertical de competências entre a União e os Estados-mem-

---

[177] P. Pitta e Cunha, *A Constituição Europeia. Um olhar crítico sobre o projecto*, Almedina, Coimbra, 2004, p.80.

Capítulo V - O Tratado Constitucional da União Europeia 129

bros; sobre a separação horizontal de poderes entre as instituições da União. Do ponto de vista formal, devia também ponderar sobre o tipo de documento que condensaria as disposições fundamentais da União Europeia.

Na fase inicial de discussão, em Junho de 2002, a Convenção deliberou que submeteria um projecto de Constituição ao Conselho Europeu. Ou seja, as conclusões do seu trabalho seriam apresentadas sob forma de um projecto de Constituição europeia. Causa próxima de tal decisão terá sido o debate sobre o carácter vinculativo da Carta dos Direitos Fundamentais.[178] Ao decidir pela inclusão da Carta dos Direitos Fundamentais no corpo das disposições da União, e não como Protocolo anexo a esse documento, a Convenção reconhecia implicitamente a natureza constitucional do seu exercício, na medida em que as declarações de direitos são elemento indispensável de qualquer texto constitucional.

Em todo o caso, resulta claro que à Convenção não havia sido conferido poder constituinte. O poder constituinte em sede de integração europeia pertence aos Estados-membros, apenas. Foram eles que fundaram as Comunidades e a União, e que decidiram sobre as sucessivas alterações. A eles compete decidir sobre a aprovação de um texto de natureza constitucional, em substituição dos respectivos Tratados.

Assim, a Convenção não estava mandatada para proceder ao exercício do poder constituinte, tendo-lhe sido apenas solicitado que reflectisse sobre a reelaboração dos textos fundamentais da União, nos seus aspectos formais e de substância. Por estes motivos, a Convenção poderá ser entendida como expressão da vontade constituinte dos Estados-membros, na medida em que lhe foi pedido que discutisse, e apresentasse recomendações, sobre questões de natureza eminentemente constitucional.[179]

---

[178] G. d'Oliveira Martins, *Que Constituição para a União Europeia? Análise do Projecto da Convenção*, Gradiva/Fundação Mário Soares, Lisboa, 2003, p.8.

[179] J. Kokkot, A. Ruth, "The European Convention and its Draft Treaty establishing a Constitution for Europe: appropriate answers to the Laeken questions?", *Common Market Law Review 40* (2003), p.1320.

Recorde-se que a doutrina há muito assinalava a existência de um conjunto de elementos que haviam operado a chamada constitucionalização do Direito Comunitário. Essa ideia foi reforçada pelo entendimento do Tribunal de Justiça de que os Tratados desempenhariam função de carta constitucional no ordenamento da Comunidade. Todavia, a perspectiva da existência de uma dimensão materialmente constitucional no sistema comunitário não ultrapassou os limites do universo jurídico, pelo que os actores políticos principais no processo de integração europeia, nomeadamente, o Conselho Europeu, prefeririam sublinhar a origem internacionalista dos actos fundadores das Comunidades e da União – os Tratados – e o controlo exclusivo que sobre eles exercem os Estados.

Natureza jurídica

Nos sistemas políticos modernos, as Constituições exercem dois tipos de funções elementares: submissão do poder político ao conjunto de regras jurídicas enunciadas, ou seja, o princípio do Estado de Direito; e legitimação popular do poder político, com base na ideia de que a Constituição resulta do princípio da soberania popular, e não da vontade dos governantes. A transformação operada no sistema jurídico da União Europeia permitiu que se alcançasse a primeira função do constitucionalismo, na medida em que o exercício do seu poder político se encontra claramente subordinado ao conjunto de normas provenientes dos Tratados, obedecendo a um complexo sistema de freios e contrapesos. Nessa medida, considera-se que o sistema da União preenche as características fundamentais do Estado de Direito, sendo a esse título justamente designada como uma União de Direito.

Mais problemático se afigura o preenchimento do segundo requisito do constitucionalismo. Na verdade, os Tratados que estabeleceram as Comunidades e a União Europeia não representavam a emanação da ideia de soberania popular, sendo antes directamente reportáveis à vontade dos Estados-membros. Assim, o problema que se coloca com os actos constitutivos da União é a subalternidade, ou inexistência, de um elemento de legitimação política própria. Ou seja, suscitam a questão da legitimidade democrática da União, enquanto espaço político diferenciado dos Estados constitutivos.[180]

A função de legitimação do poder político, atribuível à ideia de Constituição, mantém o sentido da distinção entre este tipo de acto normativo e aquele que resulta dos Tratados, num plano que se afirma para além de meras considerações de semântica jurídica. As Constituições são tidas como emanações de um poder político próprio, cuja legitimidade advém directamente dos cidadãos. Os Tratados tendem a ser entendidos como resultado da vontade política dos Estados signatários.

Neste sentido, é de notar como a Convenção europeia atenuou a carga política, e jurídica, decorrente da ideia de Constituição, no momento da apresentação do texto final ao Conselho Europeu de Salónica. Com efeito, o documento intitulou-se "Projecto de Tratado que estabelece uma Constituição para a Europa".

Para além do significado formal da terminologia utilizada pode-se considerar que, em termos substanciais, o conceito de Tratado encontra fundamento na chamada Constituição europeia, quanto aos elementos essenciais da distinção entre os dois tipos de instrumentos jurídicos: aprovação, revisão e retirada.[181] Com efeito, a entrada em vigor da Constituição pressupõe a ratificação por todos os Estados-membros (artigo IV-447º). Exige, também, que o processo de revisão das disposições do Tratado Constitucional obtenha a anuência de todos os Estados-membros (artigo IV-443º). Consagra, ainda, o direito de qualquer Estado poder solicitar a saída unilateral da União (artigo I-60º).

Por estes motivos, se falará com mais propriedade de Tratado Constitucional, do que numa Constituição em sentido formal. Na verdade, os fundamentos profundos da autonomia política e jurídica dos Estados, na sua relação com a União, não são afectados pelo Tratado Consti-

---

[180] D. Grimm, "Le moment est-il venu d'élaborer une Constitution européenne?", in Renaud Dehousse (ed.) *Une Constitution pour l'Europe?*, Presses de Sciences Po, Paris, 2002, p.72.

[181] L. M. Díez-Picazo, *Constitucionalismo de la Unión Europea*, Cuadernos Civitas, Madrid, 2002, p.87.

tucional. Ou seja, as decisões de aprovar, rever e abandonar a União, permanecem na esfera de decisão exclusiva de cada Estado. Neste sentido se pronunciou, também, o Conselho Constitucional francês na decisão que proferiu sobre o Tratado Constitucional da União Europeia.[182]

Pelo que no tocante ao Tratado que estabelece uma Constituição para a Europa dificilmente se poderá argumentar que constituiria uma ruptura com o sistema vigente de representação da vontade dos Estados, originando o estabelecimento de uma nova modalidade de legitimação do poder político da União, directamente reportável aos seus cidadãos.

Simplificação dos Tratados

De entre as dificuldades que o fenómeno da integração europeia coloca aos cidadãos destacam-se a multiplicidade de instrumentos jurídicos básicos, a coexistência de duas entidades distintas - as Comunidades e a União - e a arquitectura em pilares em que esta última assenta. A vontade de aproximar a União dos cidadãos obriga à simplificação da sua infra-estrutura jurídica.

O Tratado Constitucional realiza progressos assinaláveis nesta matéria. Assim, prevê a cessação da existência da Comunidade Europeia, enquanto entidade distinta da União. A Comunidade será plenamente absorvida pela União. O que representará o termo da fase de integração económica, como núcleo duro do processo de construção europeia.

Em consequência, o Tratado Constitucional pretende acabar com o sistema de pilares em que assenta a arquitectura da União Europeia.[183]

---

[182] *"Considérant, en premier lieu, qu'il résulte des stipulations du traité soumis au Conseil constitutionnel, intitulé «Traité établissant une Constitution pour l'Europe», et notamment de celles relatives à son entrée en vigueur, à sa révision et à la possibilité de le dénoncer, qu'il conserve le caractère d'un traité international souscrit para le Etats signataires du traité instituant la Communauté européenne et du traité sur l'Union européenne», Décision n° 2004 – 505 DC, du 19 novembre 2004, n°9.* Disponível em http://www.conseil-constitutionnel.fr/decision/2004/2004505/index.htm.

[183] M. Dougan, "The Convention's Draft Constitutional Treaty: bringing Europe closer to its lawyers?", *European Law Review 28* (2003), p.764.

Na verdade, desaparecem os três pilares da União. Pode-se afirmar que no caso do chamado terceiro pilar, correspondente à cooperação policial e judiciária em matéria penal, ocorre uma integração plena das suas disposições no sistema geral da União. Terminam, com efeito, as especificidades que justificam a existência de tratamento separado, em sede de instrumentos jurídicos e controlo da legalidade. Verifica-se, pois, a incorporação formal e material das disposições do terceiro pilar no sistema geral da União.

Algo distinta se apresenta a situação no chamado segundo pilar. Com efeito, apesar da sua incorporação formal no texto do Tratado Constitucional, a política externa e de segurança comum mantém um tratamento diferente face às demais áreas de intervenção da União. Assim, em questões como a participação do Parlamento Europeu e da Comissão no processo de decisão, deliberação por voto maioritário, ou aceitação da jurisdição do Tribunal de Justiça, a política externa e de segurança comum continua a reger-se por princípios divergentes das restantes áreas de actuação da União. O que significa que se verifica uma fusão formal das disposições do chamado segundo pilar, mas não se procede à sua incorporação material no sistema da União.[184] Portanto, a política externa e de segurança comum permanecerá um domínio com natureza claramente intergovernamental.

Em estreita relação com as alterações ao nível de simplificação dos Tratados, decorre a questão da personalidade jurídica. Nos termos do Tratado de Roma, a Comunidade Europeia tem personalidade jurídica. Ou seja, a Comunidade Europeia beneficia da susceptibilidade de ser titular de direitos e obrigações, tendo capacidade para assumir compromissos jurídicos nas relações com terceiros Estados ou organizações internacionais. O Tratado de Maastricht, que estabeleceu a União Europeia, não atribuiu personalidade jurídica à União. Todavia, o Tratado de Amesterdão afirmou que a União podia celebrar acordos com Estados ou organi-

---

[184] J. Kokkot, A. Ruth, "The European Convention and its Draft Treaty establishing a Constitution for Europe: appropriate answers to the Laeken questions?", *Common Market Law Review 40* (2003), p.1326.

zações internacionais. Na prática, isso implicaria uma forma de reconhecimento implícito da personalidade jurídica da União, na medida em que se previa que ela poderia assumir direitos e obrigações em virtude da realização desses acordos. Em todo o caso, não havia reconhecimento explícito da personalidade jurídica da União.

As alterações introduzidas pelo Tratado Constitucional, com a absorção da Comunidade pela União, e a consequente "despilarização" do Tratado, acentuaram a necessidade de esclarecer a questão da personalidade jurídica. Assim, o Tratado Constitucional dispõe que a União tem personalidade jurídica, artigo I-7º. O que se afigura como consequência lógica da incorporação da Comunidade na União. Com efeito, a Comunidade dispunha de personalidade jurídica, enquanto a União podia apenas ser titular de direitos e obrigações nas relações com terceiros. Logo, a Constituição não poderia deixar de atribuir explicitamente personalidade jurídica à União, sob pena de condicionar fortemente a sua actuação nos domínios das relações comerciais internacionais e da política externa e de segurança comum.

Relativamente à estrutura, o Tratado Constitucional encontra-se dividido em quatro partes, comportando um total de 448 artigos. A Parte I, que contém 60 artigos, foi elaborada pela Convenção. Pretende fornecer aos cidadãos uma ideia precisa sobre o conjunto de objectivos, valores e competências da União, bem como enunciar os princípios gerais do seu sistema institucional, do funcionamento democrático, do regime financeiro e da qualidade de membro da União. É o cerne do Tratado Constitucional.

A Parte II incorpora os 54 artigos da Carta dos Direitos Fundamentais, elaborada pela primeira convenção, no texto do Tratado Constitucional. A Convenção europeia entendeu que a Carta havia sido preparada por uma instância dotada de nível de conhecimento superior sobre direitos fundamentais, razão por que decidiu receber em bloco o respectivo texto. Foram apenas introduzidas alterações nas disposições que regem a interpretação e aplicação da Carta, bem como se procedeu a actualização das chamadas anotações ao texto da Carta.

A Parte III, com 322 artigos, é consagrada às políticas e funcionamento da União. Tem uma lógica complementar da Parte I, numa relação que se poderia considerar de carácter técnico. Ou seja, as disposições base do Tratado Constitucional encontram-se na Parte I, no entanto, a sua aplicação deverá ser realizada nos termos da Parte III. Nessa medida, a Parte III poderá ser considerada como revestindo natureza para-constitucional. A elaboração desta Parte foi realizada com base no relatório apresentado por um grupo constituído por membros dos serviços jurídicos do Conselho, Comissão e Parlamento Europeu, a pedido do *Praesidium* da Convenção. A Parte III consagra uma reestruturação geral das disposições dos Tratados da União e das Comunidades Europeias, com o intuito de promover a sua simplificação e racionalização.[185] As disposições da Parte III foram adoptadas pela Convenção, em sessões extraordinárias realizadas em momento posterior ao Conselho Europeu de Salónica, o qual havia recebido apenas as Partes I e II do projecto de Tratado Constitucional.

A Parte IV, com apenas 12 artigos, é dedicada às chamadas disposições gerais e finais. Neste particular, obedece à prática comum na sistematização de Constituições e Tratados. A Parte IV revoga os actuais Tratados, regula a entrada em vigor do Tratado Constitucional, o seu processo de revisão e estabelece o regime linguístico da União.

Divisão de competências

A divisão vertical de competências entre a Comunidade e os Estados-membros foi objecto de escasso interesse nas primeiras décadas de integração europeia. Em parte, porque o Tratado previa um complexo sistema de atribuição funcional de competências à Comunidade Europeia, que não facilitava o entendimento da repartição de competências entre os Estados e a Comunidade; noutra parte, porque os Estados se sentiam protegidos pelo controlo absoluto que exerciam sobre o processo de decisão.

A partir do Acto Único Europeu, em 1986, emergiram preocupações com as tendências centrípetas verificadas no mecanismo de repartição de

---

[185] J. Ziller, *La nuova Costituzione europea*, il Mulino, Bolonha, 2003, p.74.

competências. Na verdade, os Estados começaram a recear o fenómeno da centralização de competências em favor da Comunidade. Em consequência, o Tratado de Maastricht procurou introduzir um conjunto de princípios relativos à divisão de competências entre a União e os Estados, de entre os quais o princípio da subsidiariedade.

Apesar do Tratado de Maastricht ter conseguido interromper os motivos que conduziram à centralização de competências – recurso intensivo à cláusula de flexibilidade prevista no Tratado da Comunidade Europcia para adopção de actos jurídicos em domínios que careciam de atribuição específica pelos Estados (artigo 308º); bem como a interpretação que o Tribunal de Justiça fazia das disposições do Tratado – certo é que permaneceram as acusações contra a excessiva intromissão da Comunidade e da União em áreas de actuação dos Estados-membros.

Na verdade, ainda que o Tratado de Maastricht tenha conseguido estancar os fundamentos da centralização de competências, não conseguiu tornar o sistema de repartição de competências numa realidade compreensível para a generalidade dos actores políticos. As dificuldades de entendimento do mecanismo de divisão de competências levaram os poderes infra nacionais de certos Estados, sobretudo os que assentam numa organização de tipo federal, a reclamar por uma delimitação mais rigorosa de competências entre os Estados-membros e a União. Pretensão acolhida pela Declaração anexa ao Tratado de Nice e pela Declaração de Laeken.

A Parte I do Tratado Constitucional consagra o Título III às Competências da União. Este Título começa por afirmar as regras que sustentam a delimitação e o exercício das competências da União, os princípios da atribuição e da subsidiariedade, respectivamente (artigo I-11º). De seguida, enuncia as categorias de competências atribuídas à União: competências exclusivas da União; competências partilhadas com os Estados-membros; medidas de apoio que a União pode desenvolver para coordenar ou complementar a acção dos Estados (artigo I-12º).

As competências exclusivas da União são os domínios em que apenas a União pode legislar, como sucede com a política monetária ou a união aduaneira. As competências partilhadas são áreas em que a União e os Estados podem legislar, como acontece com o mercado interno ou a política agrícola. O exercício dessas competências pela União determina, em princípio, a preclusão da respectiva competência dos Estados. As medidas de apoio são domínios que permanecem na competência dos Estados-membros, sendo que estes consentem que a União possa adoptar medidas complementares da sua actuação, como se verifica nas áreas da educação ou da cultura. Não se verifica, portanto, uma atribuição de competências à União no âmbito das chamadas medidas de apoio, diferentemente do que sucede com as competências exclusivas e partilhadas.

O Tratado Constitucional enumera os domínios de competência exclusiva da União (artigo I-13°), de competência partilhada com os Estados-membros (artigo I-14°), bem como as áreas em que a União pode desenvolver medidas de apoio em complemento da actuação dos Estados-membros (artigo I-17°).

O sistema de divisão de competências entre a União e os Estados definido no Tratado Constitucional resulta mais compreensível e transparente de quanto pudesse aparecer nos Tratados da Comunidade e da União. Neste sentido, o Tratado Constitucional realiza plenamente os objectivos fixados pela Declaração anexa ao Tratado de Nice e pelo mandato de Laeken. Sem prejuízo das objecções que possam ser formuladas quanto às soluções de natureza técnica adoptadas nesta matéria.[186]

Parlamentos nacionais

Os Parlamentos nacionais são considerados os órgãos mais afectados pelo processo de integração europeia. Na verdade, a instituição democrática por excelência em todos os Estados-membros tem visto a sua actividade política prejudicada em virtude da construção europeia. Quer no plano da actividade legislativa, quer no quadro do controlo político da actividade do governo, os Parlamentos nacionais sofreram limitações de monta no exercício dos seus poderes. No âmbito da actividade legislativa, os Parlamentos nacionais viram parte dos seus poderes serem exercidos

---

[186] A. Goucha Soares, "The Division of Competences in the European Constitution", *European Public Law 11* (2005), p.620.

no plano comunitário, por efeito da atribuição de competências normativas à Comunidade. No quadro do controlo político sobre os governos, os Parlamentos nacionais deparam-se crescentemente com situações onde os órgãos executivos iludem os mecanismos de responsabilidade política, com a escusa do cumprimento de obrigações comunitárias.

Por tais motivos, os Parlamentos nacionais reclamavam maior protagonismo no processo de integração europeia, de modo a compensar o impacto negativo causado pelo fenómeno da construção europeia na sua esfera tradicional de poderes. Sendo certo que se considerava, também, que a participação dos Parlamentos nacionais no sistema político da União seria susceptível de contribuir para o aumento da legitimidade democrática da integração e, por este modo, melhorar a sua aceitação por parte dos cidadãos.

Durante a Convenção, o Presidente Giscard d'Estaing defendeu que a solução para melhorar o papel dos Parlamentos nacionais na construção europeia consistiria na criação de uma nova entidade, um Congresso Europeu, composto por membros dos Parlamentos nacionais e do Parlamento Europeu. Independentemente dos poderes que deveriam ser conferidos ao Congresso Europeu, seria certo que se trataria de outro órgão para acrescentar ao complexo sistema institucional da União.

O Parlamento Europeu combateu a ideia da criação do Congresso, temendo que pudesse comportar ameaça à sua participação crescente no processo político da União. Não aceitava que o aumento da participação dos Parlamentos nacionais pudesse ser feito à custa da sua posição no sistema político da União. A eficácia da estratégia do Parlamento Europeu, no decurso dos trabalhos da Convenção, levou ao abandono da ideia de criação de um Congresso Europeu no final dos trabalhos, quando o Presidente careceu do apoio dos deputados europeus para fazer face às investidas de sectores intergovernamentalistas contra o projecto de Tratado.[187]

---

[187] J. Ziller, *La nuova Costituzione europea*, il Mulino, Bolonha, 2003, p.105.

O Tratado Constitucional consagra uma solução bastante equilibrada no tocante à participação dos Parlamentos nacionais no sistema político da União. Os Parlamentos nacionais foram associados ao processo legislativo da União, através da criação de um controlo político prévio sobre a aplicação do princípio da subsidiariedade. Trata-se do mecanismo de alerta rápido sobre a aplicação da subsidiariedade, que visa completar o controlo *a posteriori* sobre a observância deste princípio, realizado pelo Tribunal de Justiça.

Nos termos do Protocolo Relativo à Aplicação dos Princípios da Subsidiariedade e da Proporcionalidade, anexo ao Tratado Constitucional, os Parlamentos nacionais recebem da Comissão todas as propostas legislativas apresentadas na União, em simultâneo com o seu envio às instituições dotadas do poder de decisão. Os Parlamentos nacionais poderão formular um parecer fundamentado sobre o cumprimento do princípio da subsidiariedade pelo projecto legislativo em causa. Caso receba pareceres sobre a inobservância do princípio da subsidiariedade, em número superior a um terço do total dos votos representados pelos diferentes Parlamentos nacionais, a Comissão deverá reanalisar a sua proposta legislativa.

Esta solução tem a virtude de associar os Parlamentos nacionais ao processo legislativo da União, facto inédito na integração europeia, bem como suprir uma insuficiência existente na aplicação do princípio da subsidiariedade. O mecanismo previsto permite, ainda, evitar a criação de um novo órgão, que aumentaria a complexidade institucional da União.

Carta dos Direitos Fundamentais

Os propósitos de integração económica que presidiram ao estabelecimento das Comunidades Europeias não permitiram que estas fossem dotadas de preceitos sobre direitos fundamentais. Contudo, a dinâmica de integração económica cedo demonstrou que a actuação das Comunidades poderia violar direitos fundamentais dos cidadãos. Para colmatar tal lacuna, o Tribunal de Justiça desenvolveu um método jurisdicional de protecção dos direitos humanos no âmbito da aplicação do ordenamento comunitário.

O reforço da protecção dos direitos fundamentais dos cidadãos na União exigia, no entanto, uma abordagem política do tema. O modo como tal abordagem foi perspectivada permitia que a União enveredasse por dois caminhos distintos: a adesão à Convenção Europeia dos Direitos do Homem; ou a adopção de um catálogo próprio de direitos fundamentais. Dificuldades de natureza jurídica, declaradas na década de 1990, impediram a primeira opção. Por esse facto, a União decidiu adoptar uma Carta dos Direitos Fundamentais.

A Carta dos Direitos Fundamentais da União Europeia, elaborada pela primeira convenção, em 2000, não produziu, todavia, efeitos jurídicos imediatos. A reflexão sobre a natureza jurídica da Carta foi remetida para o mandato da Convenção europeia.

De entre as várias soluções equacionadas, sobre o modo de conferir força vinculativa às disposições da Carta, a Convenção decidiu pela incorporação da Carta dos Direitos Fundamentais no Tratado Constitucional.

A incorporação da Carta dos Direitos Fundamentais como Parte II do Tratado Constitucional obrigou à alteração dos preceitos finais da Carta, relativos às disposições que regem o seu modo de interpretação e aplicação, bem como proceder a actualização das anotações à Carta, no intuito de afastar ambiguidades quanto ao sentido e alcance das suas normas.[188] Assim, o Tratado Constitucional confere à União um catálogo de direitos fundamentais plenamente vinculativo.

Todavia, a importância do Tratado Constitucional em sede de direitos fundamentais não se queda pela solução relativa à natureza jurídica das disposições da Carta. Na verdade, o Tratado Constitucional prevê, também, a adesão da União à Convenção Europeia dos Direitos do Homem (artigo I-9º). Sendo este o mais notável instrumento de protecção dos direitos fundamentais no espaço europeu, é de aplaudir que o Tratado Constitucional remova os obstáculos que impediram a adesão da União.

---

[188] F. Turpin, "L'intégration de la Charte des droits fondamentaux dans la Constitution européenne", *Revue Trimestrielle de Droit Européen 39* (2003), p.632.

Capítulo V - O Tratado Constitucional da União Europeia

Deste modo, a União beneficiará de protecção alargada dos direitos fundamentais. Com efeito, para além de uma Carta de Direitos vinculativa - que combina um vasto elenco de direitos de natureza civil, política, económica e social - permitirá também a fiscalização externa dos direitos previstos na Convenção Europeia dos Direitos do Homem, por parte do Tribunal Europeu dos Direitos do Homem. Termos em que a União poderá reivindicar um sistema de protecção de direitos fundamentais com alcance idêntico aos Estados-membros.

Vida Democrática da União

A questão da legitimidade democrática da União tem sido tema recorrente na agenda política europeia. A Declaração anexa ao Tratado de Nice referia a necessidade de melhorar a legitimidade democrática da União, de forma a aproximá-la dos cidadãos dos Estados-membros. Por seu turno, a Declaração de Laeken perguntava, a este respeito, quais as iniciativas que poderiam ser tomadas para desenvolver um espaço público europeu.

De entre as novidades do Tratado Constitucional encontra-se um Título consagrado à vida democrática da União, na Parte I. O Título VI introduz princípios inovadores no texto do Tratado, como sejam a igualdade democrática, democracia representativa e democracia participativa, bem como agrega disposições que se encontravam dispersas nos Tratados, tais como o papel dos parceiros sociais, Provedor de Justiça Europeu, princípios da transparência e abertura dos trabalhos das instituições, protecção de dados pessoais e estatuto das igrejas e organizações não confessionais.

No tocante à igualdade democrática, o Tratado Constitucional afirma que a União respeitará, em todas as suas actividades, o princípio da igualdade dos seus cidadãos, que beneficiam de idêntica atenção por parte das instituições (artigo I-45º). Curiosamente, o projecto apresentado pela Convenção não continha referência ao princípio da igualdade dos Estados-membros. Com efeito, a Convenção incluiu apenas a ideia de igualdade dos cidadãos, considerando que o princípio da igualdade dos Estados-membros transportava preocupações organizativas de natureza federal.[189] Todavia, sendo a União Europeia uma associação de Estados, o princípio da igualdade deveria mencionar também os Estados-membros. Situação consagrada na versão final do Tratado Constitucional (artigo I-5°).

O Tratado Constitucional afirma que o funcionamento da União se baseia no princípio da democracia representativa, referindo que o Parlamento Europeu representa os cidadãos da União. Por seu turno, os Estados-membros encontram-se representados no Conselho Europeu e no Conselho, por intermédio dos respectivos governos, os quais são eles próprios responsáveis perante os Parlamentos nacionais, eleitos pelos cidadãos (artigo I-46°). Este preceito pretende fixar a dupla legitimidade política subjacente à União, complementando o sentido das disposições relativas à arquitectura do sistema institucional.

A disposição mais inovadora em sede da vida democrática da União é o princípio da democracia participativa. Este preceito tem o mérito de constitucionalizar a ideia de democracia deliberativa no processo político da União, reconhecendo aos cidadãos, e às associações representativas, o direito de expressarem os seus pontos de vista, estabelecendo um diálogo transparente e regular com as instituições, que deverá acompanhar a preparação de todas iniciativas da União (artigo I-47°). Com o objectivo de facilitar o acesso público ao processo de decisão, visando aumentar a legitimidade da função legislativa a nível europeu.

A este título, o Tratado Constitucional prevê, também, a existência de um direito de iniciativa legislativa popular. Assim, uma petição subscrita por mais de um milhão de cidadãos, oriundos de diferentes Estados-membros, poderá convidar a Comissão para que apresente propostas legislativas consideradas necessárias à aplicação da Constituição. O novo direito reconhecido aos cidadãos, cuja implementação requer regulamentação através de lei europeia, parece particularmente adequado à promoção de um debate transnacional sobre questões europeias e, por essa

---

[189] A. Peters, "European Democracy after the 2003 Convention", *Common Market Law Review 41* (2004), p.43.

Capítulo V - O Tratado Constitucional da União Europeia

via, contribuir para o desenvolvimento de um espaço público comum a toda a União. Esta solução tem o mérito de atenuar a natureza exclusivamente representativa do processo político da União, sem afrontar o monopólio da iniciativa legislativa da Comissão.[190]

Reforma das instituições

A reforma das instituições constituía o ponto mais delicado do mandato da Convenção. A relação entre este tema e a questão da finalidade da integração permitia antever que dificilmente se encontrariam soluções que alterassem o equilíbrio de poderes vigente. Situação confirmada pelo Tratado Constitucional. No entanto, e apesar da manutenção da relação existente entre a dimensão supranacional e a vertente intergovernamental da União, a Constituição conseguiu introduzir alterações no sistema institucional que importa mencionar.

Desde logo, no tocante ao Parlamento Europeu. O Tratado Constitucional retoma a tradição, interrompida em Nice, de fazer do Parlamento Europeu a instituição mais beneficiada pelas alterações introduzidas. Na verdade, o Parlamento Europeu conhece um aumento considerável da sua participação no exercício da função legislativa. O Tratado Constitucional prevê que a adopção dos actos legislativos da União se realize pelo Parlamento Europeu e pelo Conselho, em conjunto, nos termos do processo legislativo ordinário (artigo I-34º). Esta situação permitirá um incremento significativo da posição do Parlamento Europeu no exercício do poder legislativo, na medida em que o actual processo de co-decisão é aplicável apenas a um quarto dos actos legislativos adoptados pela União[191]. O Parlamento beneficia, ainda, de notável incremento de poderes em sede orçamental, passando a aprovar a lei europeia que fixa o Orçamento anual da União, em conjunto com o Conselho.

---

[190] Idem, p. 45.
[191] Idem, p. 48.

À guisa de compensação, o Tratado Constitucional reforçou o papel do Conselho Europeu no processo político da União. Assim, o Conselho Europeu vê finalmente consagrado o estatuto de instituição da União, sendo colocado no mesmo plano das demais instituições existentes desde o início do processo de integração, e não mais como uma formação distinta do Conselho (artigo I-19°). A centralidade do papel do Conselho Europeu é acrescida pela existência da figura do Presidente do Conselho Europeu, cargo exercido a tempo inteiro e desligado do mecanismo das presidências rotativas (artigo I-22°). Os desenvolvimentos verificados a nível do Conselho Europeu permitem acentuar a vertente intergovernamental da União, com destaque para o facto do Presidente do Conselho Europeu ofuscar o protagonismo do Presidente da Comissão, em particular, no plano da representação externa da União.

A nível do Conselho, registo para a criação da formação do Conselho dos Negócios Estrangeiros, presidido por um Ministro dos Negócios Estrangeiros da União, desligado do mecanismo das presidências rotativas, e responsável por todas as políticas externas da União (artigo I-28°). Medida que pretende reforçar a visibilidade exterior da União e assegurar a coerência da sua actuação.

O Tratado Constitucional altera profundamente o mecanismo de votação por maioria qualificada no seio do Conselho. Na verdade, a solução encontrada em Nice para as deliberações por maioria qualificada assentava em critérios pouco transparentes e dificilmente compreensíveis. A Convenção propôs uma solução radicalmente distinta, baseada numa dupla maioria, que reflectisse a natureza da União como entidade de Estados e cidadãos. Deste modo, as decisões por maioria qualificada obtêm-se pelo duplo requisito de uma maioria Estados, representando certa percentagem da população da União. A solução permite superar a *golden rule* existente desde a fundação, baseada no tratamento paritário entre França e Alemanha, a qual perturbou as negociações realizadas em Nice.[192] Não sendo a União uma entidade de carácter federal, afigura-se

---

[192] V. Giscard d'Estaing, G. Amato, J.L. Dehaene, "The varying size of the EU Member States and the double majority as an expression of the union of citizens and union of States, *Human Rights Law Journal 24* (2003), p.113.

Capítulo V - O Tratado Constitucional da União Europeia

aceitável que o voto por maioria no Conselho se deva basear na dupla legitimidade política subjacente à própria União.

No tocante à Comissão, as alterações introduzidas pela Constituição parecem debilitar o seu peso global no sistema político da União. Desde logo, a criação de um Presidente permanente do Conselho Europeu, que tenderá a rivalizar com o Presidente da Comissão. Mas também a própria figura do Ministro dos Negócios Estrangeiros, que acumulará funções de Vice-Presidente da Comissão. Quanto a esta figura, se ela consegue realizar o objectivo de unificar a representação externa da União, nos domínios político e económico, a solução de amarrar o seu titular às duas instituições parece criticável. Na verdade, o Ministro dos Negócios Estrangeiros terá que obedecer a uma dupla lealdade política, no confronto de entidades que assumem posições frequentemente conflituantes. Sobre este aspecto, alguns autores consideram o Ministro dos Negócios Estrangeiros como uma espécie de "submarino" do Conselho no seio da Comissão, ameaçando o princípio da separação de poderes e contribuindo para o enfraquecimento progressivo desta última no processo político da União.[193]

A Conferência Intergovernamental

A assinatura do Tratado relativo ao alargamento da União, em Abril de 2003, e o facto da presidência sucessiva do Conselho competir à Itália, que pretendia ver Roma como palco da assinatura do novo Tratado Constitucional, levaram à antecipação da data de abertura da conferência intergovernamental, fixada pelo Tratado de Nice. Assim, a conferência intergovernamental iniciou os seus trabalhos em Outubro de 2003, com o objectivo de proceder à conclusão das negociações por ocasião do Conselho Europeu de final do ano.

---

[193] J. M. Pérez de Nanclares, "El Proyecto de Constitución Europea: Reflexiones sobre los Trabajos de la Convencíon", *Revista de Derecho Comunitario Europeo 7* (2003), p.561.

A ambição da conferência intergovernamental manifestada, desde logo, na previsão de um prazo insolitamente breve para o decurso das negociações, revelou-se também no facto de os seus trabalhos serem liderados pelos Chefes de Estado e de Governo. Por outro lado, os países candidatos à adesão participaram nas sessões da conferência intergovernamental, nos mesmos termos que os Estados-membros.

Apesar do vasto consenso estabelecido nesta fase da conferência intergovernamental em torno do projecto de Constituição apresentado pela Convenção, não foi possível proceder à conclusão das negociações durante o Conselho Europeu de Dezembro de 2003.

Com efeito, a conferência intergovernamental não conseguiu obter acordo de todos os Estados sobre duas questões básicas ao funcionamento da União: composição da Comissão; e definição da votação por maioria qualificada no seio do Conselho. Relativamente ao primeiro ponto, a maioria dos Estados de pequena e média dimensão opôs-se à ideia de uma Comissão formada por um número reduzido de membros, defendendo antes o princípio de um Comissário por Estado. No tocante à segunda questão, Espanha e Polónia manifestaram a intransigência em aceitar o sistema de dupla maioria proposto pela Convenção, com o pretexto que o mesmo afectava gravemente o peso relativo destes Estados no seio do Conselho.

A inflexibilidade negocial dos Estados sobre as questões acima referidas, com particular relevo para as posições assumidas sobre a votação por maioria qualificada, não permitiu concluir as negociações da conferência intergovernamental no prazo previsto. Por outro lado, a inexistência de soluções alternativas que permitissem, a breve termo, vislumbrar a obtenção de um acordo global sobre o novo Tratado, levou os Estados a suspenderem os trabalhos da conferência intergovernamental.

Curiosamente, a conferência intergovernamental parecia afundar-se nos mesmos terrenos que haviam conduzido ao falhanço das negociações de Amesterdão sobre a reforma das instituições, e que caracterizaram as delicadas negociações que levaram à assinatura do Tratado de Nice: composição da Comissão e votação por maioria qualificada no Conselho.

Todavia, a realização de eleições legislativas em Espanha, em Março de 2004, das quais resultou um governo formado por partido diferente, que se mostrou receptivo para superar o impasse negocial criado, permitiu a reabertura dos trabalhos da conferência intergovernamental.

O novo clima existente no seio do Conselho Europeu, pela perspectiva de adopção do Tratado Constitucional, e o entusiasmo gerado pela concretização do alargamento da União, permitiram que a presidência irlandesa apresentasse soluções, relativas aos temas objecto de discórdia, susceptíveis de merecerem o beneplácito de todos os Estados-membros.

Assim, na reunião do Conselho Europeu realizada em Bruxelas, em Junho de 2004, os Chefes de Estado e de Governo dos países da União concluíram as negociações da conferência intergovernamental, com a adopção do Tratado que estabelece uma Constituição para a Europa.[194]

O acordo final baseia-se largamente no projecto de Tratado Constitucional apresentado pela Convenção europeia. De referir que a maioria das modificações introduzidas pela conferência intergovernamental apresenta natureza puramente formal, consistindo em alterações à redacção formulada pela Convenção, em alguns casos com evidente melhoria da técnica normativa.

A essência do trabalho da Convenção - que abrange um novo texto constitucional com o objectivo de promover a simplificação dos Tratados e melhorar a legibilidade dos documentos fundamentais da União, a divisão de competências entre a União e os Estados-membros, o papel dos Parlamentos nacionais no processo de integração europeia, o estatuto da Carta dos Direitos Fundamentais e a melhoria da vida democrática da União - foi inteiramente recebida pelo acordo obtido na conferência intergovernamental. Do mesmo modo, a maioria das alterações propostas pela Convenção quanto ao funcionamento das instituições da União foram seguidas no novo Tratado, nomeadamente, o incremento de poderes do Parlamento Europeu, a consagração do Conselho Europeu como instituição e a criação da figura do Ministro dos Negócios Estrangeiros.

---

[194] Documentos CIG 85/04 e CIG 86/04. A versão definitiva do Tratado Constitucional, assinada em Roma, consta do Documento CIG 87/2/04, Rev 2. Ver http://www.europa.eu.int/futurum/eu_constitution_pt.htm

Assim, os Estados-membros concluíram as negociações da conferência intergovernamental com um acordo que se inspira, no essencial, no projecto de Tratado elaborado pela Convenção. Deste modo, os Estados-membros, actuando na qualidade de poder constituinte da União, caucionaram o exercício constitucional realizado pela Convenção europeia, o que permite remover as objecções suscitadas sobre a legitimidade desta instância para elaborar um projecto de Constituição.

Quanto às duas questões que haviam impedido a conclusão da conferência intergovernamental em 2003, as soluções finais alcançadas não alteram significativamente o equilíbrio de funcionamento institucional da União.

No tocante à composição da Comissão, o texto final do Tratado Constitucional prevê que a instituição seja formada por um número de membros correspondente a dois terços dos Estados da União. Todavia, este princípio terá aplicação faseada, na medida em que a Comissão cujo mandato se iniciará em 2009 será ainda composta por um nacional de cada Estado-membro (artigo I-26º). Portanto, o Tratado Constitucional prossegue na linha do compromisso fixado em Nice, que previa que o número de membros da Comissão seria inferior ao número de Estados, quando a União se alargasse a mais de 27 países. Diferentemente da proposta formulada pela Convenção, a solução encontrada tem a vantagem de não prever a existência de Comissários sem direito de voto, como mecanismo compensatório para os Estados que não integrariam a formação de um Colégio. Motivo pelo qual se pode considerar a razoabilidade do compromisso alcançado.

A questão da definição da votação por maioria qualificada foi objecto de uma solução mais complexa. A Convenção havia proposto que as deliberações do Conselho por maioria qualificada fossem obtidas por uma dupla maioria, composta por uma maioria de Estados, que representasse 60% da população. A conferência intergovernamental aumentou os elementos que compõem a dupla maioria para 55% dos Estados e 65% da população. Todavia, acrescentou um terceiro requisito, de carácter negativo, o qual determina que a minoria de bloqueio deverá ser composta por, pelo menos, quatro Estados (artigo I-25º). Ou seja, quando uma votação do Conselho alcançar o apoio da maioria dos Estados, mas que não representem 65% da população da União, a proposta será aprovada caso existam apenas três Estados que se lhe oponham.

Sem dúvida que a solução obtida pela conferência intergovernamental se apresenta menos clara que a proposta apresentada pela Convenção, a qual gozava de esmagadora simplicidade. Todavia, a solução encontrada para acomodar as pretensões da Espanha e Polónia, cuja capacidade efectiva para a formação de minorias de bloqueio havia sido enfraquecida pelo projecto da Convenção, tem a virtude de dificultar coligações entre grandes Estados.

Em todo o caso, o mérito maior da conferência intergovernamental terá sido a capacidade de aprovar um Tratado Constitucional que, no essencial, não se afasta das grandes linhas orientadoras do projecto que lhe havia sido submetido pela Convenção europeia. Quanto a este aspecto, o Conselho Europeu soube honrar o modo como recebeu o projecto da Convenção, declarando que se tratava de uma boa base de trabalho para a conferência intergovernamental.

CAPÍTULO VI

AS INSTITUIÇÕES E O PROCESSO POLÍTICO

A União Europeia dispõe de um sistema institucional estabelecido nos alvores do processo de integração. As grandes transformações ocorridas na construção europeia, também se reflectiram no equilíbrio interinstitucional da União. Assim, a criação do Conselho Europeu, bem como a profunda mutação do papel do Parlamento Europeu no processo político da União. Na verdade, das quatro instituições que compunham o figurino inicial das Comunidades - Conselho de Ministros, Comissão, Parlamento Europeu e Tribunal de Justiça - terá sido sobre o Parlamento que incidiram as mais acentuadas alterações no sistema político da União.

Deverá notar-se que, devido à singular natureza da União Europeia, as suas instituições não reflectem o modelo tripartido de separação de poderes subjacente à generalidade dos sistemas estaduais. Em particular, é menos clara a fronteira entre os poderes legislativo e executivo. Nessa medida, resulta mais delicado o estudo do processo político de uma realidade que se afasta dos cânones tradicionais da divisão horizontal de poderes existente nos sistemas democráticos. Em todo o caso, a União Europeia possui um conjunto de instituições, representantes das várias legitimidades presentes na construção europeia, que ao interagirem no seu processo político de forma complexa, promovem um sistema de freios e contrapesos que, em substância, se enquadra no espírito da separação e interdependência de poderes, caracterizadora dos modelos constitucionais modernos.

Este capítulo versa sobre instituições políticas da União, incluindo o Conselho Europeu, e a forma como se processa a actuação destas entidades na formação da vontade política. Serão analisados os principais aspectos relativos à natureza, composição, funcionamento e poderes do Conselho Europeu, Conselho, Comissão e Parlamento Europeu. A terminar será fornecida uma breve perspectiva da articulação entre as várias instituições, através da referência ao processo de decisão.

Na medida em que o texto incide sobre o sistema político da União, não compete analisar o Tribunal de Justiça, cuja missão confiada pelos Tratados consiste na realização de um controlo de legalidade sobre a actuação dos Estados-membros e instituições, enquanto principais actores políticos da integração europeia.

Conselho Europeu

A existência do Conselho Europeu, instituição situada no vértice do sistema político da União, não foi prevista nos Tratados constitutivos da integração europeia. O seu aparecimento resultou das chamadas Cimeiras de Chefes de Estado e de Governo, dos Estados-membros das Comunidades Europeias.

As Cimeiras de Chefes de Estado e de Governo tiveram início em 1961, tendo-se reunido esporadicamente ao longo da década. A partir de 1969 a realização das Cimeiras adquiriu maior regularidade, pelo que importava definir os contornos desta entidade no âmbito do processo de integração. Assim, em 1974 foi decidido institucionalizar as reuniões periódicas de Chefes de Estado e de Governo das Comunidades Europeias. Todavia, a institucionalização das Cimeiras não visava a criação de nova instituição comunitária. O termo Conselho Europeu não constava do comunicado final da Cimeira de Paris, de 1974, tendo sido expressão consagrada pela prática, na sequência da referência do Presidente francês, Giscard d'Estaing, que afirmou que os Chefes de Estado e de Governo se reuniam em Conselho Europeu.

No entanto, o reconhecimento jurídico da existência do Conselho Europeu teve de aguardar pelo Acto Único Europeu, em 1986, que consagrou a situação existente, declarando que reunia os Chefes de Estado e de Governo, bem como o Presidente da Comissão, assistidos pelos Ministros dos Negócios Estrangeiros e por um membro da Comissão. Previa, ainda, que as reuniões do Conselho Europeu se realizassem, pelo menos, duas vezes ao ano.

A consagração do Conselho Europeu pelo Acto Único não implicou, contudo, a sua transformação em instituição comunitária, nem mesmo a respectiva inserção no sistema de funcionamento institucional da Comunidade Europeia. Este último aspecto é relevante na medida em que impedia, por exemplo, que os actos adoptados pelo Conselho Europeu pudessem ser objecto do controlo de legalidade exercido pelo Tribunal de Justiça, contrariamente ao que sucede com os actos das demais instituições comunitárias.

O Tratado da União Europeia (TUE), em 1992, manteve a separação entre instituições comunitárias e Conselho Europeu. Afirmando, no Título consagrado às Disposições Comuns da União, que o Conselho Europeu dá os impulsos necessários ao desenvolvimento da União e define as respectivas orientações políticas gerais, o Tratado de Maastricht manteve a abordagem do Conselho Europeu em sede distinta do tratamento consagrado às instituições comunitárias. Ainda que o Tratado da União não confira ao Conselho Europeu natureza de instituição, este surge como ponto máximo de referência do processo de integração, sendo-lhe atribuídas funções próprias no quadro da política externa e de segurança comum, da política de defesa comum, bem como da política económica e de emprego.

A transformação formal do Conselho Europeu em instituição, em resultado natural da evolução desta entidade nas últimas três décadas, surge no Tratado Constitucional, onde o Conselho Europeu se autonomiza plenamente da instituição a quem compete a representação dos interesses nacionais - e a que tem estado associado desde a sua génese - o Conselho. Na verdade, a Constituição europeia refere o Conselho Europeu entre as instituições da União, a par do Parlamento Europeu, Conselho de Ministros, Comissão Europeia e Tribunal de Justiça, artigo I-19º.

Conselho Europeu e integração europeia

A consagração do Conselho Europeu como instituição da União é indissociável da transformação ocorrida no papel desempenhado por esta entidade no processo de integração. Com efeito, o surgimento do Conselho Europeu foi entendido como um reforço do elemento intergovernamental do sistema político das Comunidades Europeias, em detrimento do projecto inicial de integração. O Conselho Europeu funcionaria como uma instância de apelo, no quadro de um processo de decisão que se encontrava bloqueado no Conselho. As suas reuniões constituiriam uma oportunidade suplementar para os Estados conseguirem consensos mais vastos sobre matérias que o Conselho não havia conseguido decidir. Todavia, considerava-se que o Conselho Europeu obedeceria a uma lógica estritamente intergovernamental, onde os seus membros estariam ainda mais norteados pela defesa dos interesses dos Estados, do que os seus representantes no Conselho.

Em todo o caso, a experiência recolhida neste domínio tende a rejeitar a perspectiva do Conselho Europeu como órgão que representou um retrocesso da integração europeia. Na verdade, desde o Acto Único Europeu que se assistiu a acentuada aceleração da construção europeia, sendo que os maiores progressos conseguidos foram realizados pelo Conselho Europeu. Com efeito, tem sido no Conselho Europeu, funcionando a título de conferência intergovernamental, que foi estabelecida a União Europeia, com a aprovação do Tratado de Maastricht, tendo sido ainda adoptados os Tratados de Amesterdão e de Nice, bem como o Tratado Constitucional; foi o Conselho Europeu que concluiu as negociações para o alargamento da União; que deliberou sobre os países que passariam à terceira fase da união económica e monetária, com a adopção do Euro; o Conselho Europeu definiu as perspectivas financeiras de médio prazo da União, no âmbito das quais foram adoptados os instrumentos de apoio aos Estados-membros mais carenciados; o Conselho Europeu aprovou, ainda, a conclusão do mercado interno.

Todas as decisões fundamentais da União, em sede de aprofundamento e alargamento do processo de integração, foram tomadas no quadro do Conselho Europeu.[195] Na medida em que a União registou desen-

---

[195] T. Christiansen, "The Council of Ministers: the politics of institutionalised intergovernmentalism", in J. Richardson (ed.) *European Union. Power and policy-making*, 2ª ed., Routledge, Londres, 2001, p.146.

Capítulo VI - As Instituições e o Processo Político

volvimentos dificilmente concebíveis no período que precedeu a institu-cionalização do Conselho Europeu, não seria correcto considerar que esta entidade poderá, de algum modo, representar um freio na integração europeia.

Mais adequado seria argumentar que o surgimento do Conselho Europeu, enquanto entidade paralela, mas externa ao sistema institucional comunitário,[196] correspondeu a maior engajamento dos Estados no salto qualitativo, e quantitativo, da construção europeia, passando de um processo iniciado por reduzido número de países, e focalizado na inte-gração económica, para uma União composta pelo quádruplo dos mem-bros fundadores e cuja actividade se estende a domínios vitais da activi-dade política, como sejam, moeda única, política externa, defesa, justiça e assuntos internos.

Qualquer que seja a perspectiva sobre o Conselho Europeu, certo é que se encontra associado às maiores realizações do processo de con-strução europeia. Pelo que não se afigura correcto pretender que o Conselho Europeu tenha afectado o projecto inicial das Comunidades Europeias, em favor dos Estados. Na verdade, sendo objectivo maior das Comunidades Europeias promover uma união cada vez mais estreita entre os povos e os Estados europeus, resulta claro que os progressos rea-lizados no último vinténio legitimam o papel desempenhado pelo Conselho Europeu, pelo que a sua consagração como instituição da União parecerá corresponder ao desenlace lógico de uma tendência há muito afirmada.

Funcionamento

Como se disse, o artigo 4º do Tratado da União Europeia prevê que o Conselho Europeu reúna pelo menos duas vezes por ano. Na prática, as reuniões do Conselho Europeu ocorrem duas vezes por semestre: uma

---

[196] G. Tesauro, *Diritto Comunitario*, 2ªed., CEDAM, Pádua, 2001, p. 23.

reunião no final de cada Presidência e uma reunião intercalar. Nada obsta, no entanto, o Conselho Europeu de realizar reuniões suplementares quando as circunstâncias o justifiquem.

Em todo o caso, as reuniões intercalares do Conselho Europeu no decurso de cada Presidência, bem como as reuniões suplementares que ocorram, são consideradas reuniões informais. Por este motivo, não dão lugar à publicação das respectivas conclusões.[197]

A prática do Conselho Europeu tem sido realizar todas as suas reuniões no território do país que exerce a Presidência. Todavia, em Declaração anexa à Acta Final da conferência intergovernamental que aprovou o Tratado de Nice estipula-se que uma reunião do Conselho Europeu por presidência será realizada em Bruxelas, sendo que, quando a União for constituída por dezoito membros, todas as reuniões terão lugar nesta cidade. A Declaração sobre o local de reunião do Conselho Europeu serviu de compensação para a Bélgica, na barganha negocial que marcou o encerramento da conferência, pela perda de tratamento paritário com os Países Baixos na ponderação de votos no Conselho.

A Presidência do Conselho Europeu é assegurada pelo Chefe de Estado ou de Governo do país que exerce a Presidência semestral do Conselho. Tal situação, que deriva da própria origem desta instância no contexto da integração europeia, tem sido justificada pela necessidade de assegurar sintonia plena entre os trabalhos do Conselho e as reuniões do Conselho Europeu. Todavia, em resultado da transformação do Conselho Europeu em instituição da União, operada pela Constituição europeia, a Presidência do Conselho Europeu será autonomizada da Presidência do Conselho. Com efeito, o Tratado Constitucional prevê a existência de um Presidente do Conselho Europeu a tempo inteiro, eleito por maioria qualificada, com mandato de dois anos e meio, renovável, artigo I-22º.

De notar que, não sendo o Conselho Europeu uma instituição comunitária, não pode adoptar actos comunitários. O Conselho Europeu não

---

[197] J. P. Jacqué, *Droit Institutionnel de L'Union Européenne*, Dalloz, Paris, 2001, p.284.

Capítulo VI - As Instituições e o Processo Político 157

participa no poder legislativo da União. Contudo, os Tratados prevêem, em casos pontuais, a adopção de actos comunitários pelo Conselho, reunido a nível de Chefes de Estado e de Governo (artigo 7°, n°2, TUE; artigo 121°, n°3, e artigo 214°, n°2, TCE). Nestas situações, trata-se de actos adoptados pela instituição Conselho. Apesar da nebulosidade da distinção, nada impede o Conselho - instituição composta por um representante dos governos dos Estados - de reunir a nível dos chefes do poder executivo nacional. Nesta composição especial, não terá assento o Presidente da Comissão, o qual é membro de pleno direito do Conselho Europeu, mas não do Conselho.

Conselho

No sistema institucional das Comunidades Europeias, o Conselho representa os governos dos Estados-membros. Seria no Conselho de Ministros, designação inicialmente utilizada pelo Tratado da Comunidade Europeia, que os Estados encontravam modo de afirmação e defesa dos interesses nacionais. Na medida em que a representação externa dos Estados competia aos respectivos governos nacionais, o Conselho era composto por membros dos governos de cada país da Comunidade Europeia.

No modelo político das Comunidades o Conselho seria um órgão de natureza intergovernamental. O Conselho pretendia ser expressão da ideia de soberania dos Estados, principais obreiros políticos do processo de construção europeia. Seria no seio do Conselho que os Estados desenvolveriam a cooperação necessária para concretizar os objectivos que definiram no Tratado da Comunidade Europeia (TCE). O Conselho deveria, também, contrabalançar as demais instituições comunitárias, com vocação marcadamente supranacional, que agiam de modo independente dos interesses dos Estados-membros.

Composição

O Conselho é composto por um representante de cada Estado-membro, a nível ministerial, com poderes para vincular o governo desse Estado (artigo 203º TCE). A formulação usada pelo Tratado, para definir a composição desta instituição, visa permitir que os Estados se façam representar no Conselho por membros de governos infra nacionais, aos quais seja reconhecido nível ministerial. Abre-se, deste modo, a possibilidade de Estados compostos, como a Bélgica ou Alemanha, escolherem membros dos governos regionais como seus representantes em determinadas reuniões do Conselho.

O Conselho é um órgão de composição variável. Compete aos governos nacionais escolherem a personalidade que os representa nas reuniões do Conselho. Embora o Tratado não o refira expressamente, a amplitude da actividade da União obriga à existência de uma pluralidade de formações do Conselho.

As diferentes formações do Conselho dependem dos assuntos abordados nas respectivas reuniões. Assim, existe uma composição base, Conselho dos Assuntos Gerais, composto pelos Ministros dos Negócios Estrangeiros dos Estados-membros, que assegura a coordenação dos trabalhos da instituição e é competente em sede de Política Externa e de Segurança Comum. Paralelamente, existem os chamados Conselhos sectoriais que reúnem os ministros nacionais responsáveis por áreas de actividade específica, com incidência comunitária. Após certo descontrolo no número de formações do Conselho, que chegaram a ultrapassar a vintena, tendo depois sido reduzidas a dezasseis, a instituição reúne-se actualmente em nove configurações distintas, a saber: Assuntos Gerais e Relações Externas; Questões Económicas e Financeiras; Justiça e Assuntos Internos; Emprego, Política Social, Saúde e Consumidores; Competitividade; Transportes, Telecomunicações e Energia; Agricultura e Pescas; Ambiente; Educação, Juventude e Cultura.

As reuniões das mais importantes composições do Conselho, como sejam, assuntos gerais, economia e finanças, ou agricultura, desenvolvem-se em ritmo mensal. As demais formações sectoriais têm, por norma, reuniões menos frequentes. Em todo caso, qualquer que seja a formação do Conselho, assuntos gerais ou composições sectoriais, as respectivas reuniões são sempre reportáveis ao conjunto da instituição e as decisões tomadas, bem como os actos jurídicos adoptados, vinculam o Conselho na globalidade. Na verdade, a diversidade das formações do Conselho é meramente funcional. Sendo o Conselho uma instituição única, todas as suas composições estarão aptas a decidir sobre qualquer assunto que releve da actuação do Conselho, no respeito das normas de procedimento definidas pelo regulamento interno. Com efeito, o decurso de certos prazos no âmbito do processo de co-decisão, pode originar que algumas decisões do Conselho sejam tomadas em formações diferentes da habitual composição específica, em virtude do princípio da unicidade institucional.[198]

O projecto de Constituição, apresentado pela Convenção Europeia, previa a existência de um Conselho Legislativo e dos Assuntos Gerais, com o intuito de assegurar a coerência dos trabalhos da instituição. Na qualidade de Conselho dos Assuntos Gerais, teria a incumbência de preparar as sessões do Conselho Europeu e assegurar o seu seguimento, em ligação com a Comissão. Na qualidade de Conselho Legislativo, exerceria a função legislativa em conjunto com o Parlamento Europeu.

O Tratado Constitucional dispõe que o Conselho se reúne em diferentes formações, mas refere apenas o Conselho dos Assuntos Gerais e o Conselho dos Negócios Estrangeiros, remetendo a lista das demais formações da instituição para futura decisão do Conselho Europeu, artigo I-24°. Assim, o Tratado Constitucional não acolheu a criação de um Conselho Legislativo. Na verdade, a existência de um Conselho Legislativo poderia ser entendida como prefiguração de uma segunda câmara legislativa, típica de um sistema federal. Facto que suscitou resistência dos Estados-membros.[199]

Presidência

A Presidência do Conselho é exercida de forma rotativa por todos os Estados-membros, em períodos semestrais. Inicialmente, a rotação dos Estados no exercício da Presidência do Conselho realizava-se por ordem

---

[198] J. P. Jacqué, *Droit Institutionnel de L'Union Européenne*, Dalloz, Paris, 2001, pp.231-234.

[199] P. Ponzano, «La réforme des Institutions de l'Union européenne dans le cadre de la Constitution», *Revue du Droit de l'Union Européenne*, 1/2004, p.31.

alfabética, de acordo com a designação de cada país no seu idioma nacional. A adesão dos países ibéricos forneceu a oportunidade para introduzir ligeira alteração da ordem deste exercício, justificada por as Presidências realizadas no segundo semestre do ano ficarem prejudicadas pela pausa estiva. Foram, então, definidos dois ciclos na ordem de exercício da Presidência: num primeiro ciclo, os Estados-membros exerciam a Presidência na sequência alfabética normal; num segundo período, seria invertido o semestre em que cada Estado asseguraria a Presidência, relativamente ao turno anterior.

A importância crescente da Presidência do Conselho, reforçada pelo Tratado da União Europeia que estabeleceu a Política Externa e de Segurança Comum, conduziu a outra alteração no exercício da Presidência. Aquando da adesão da Áustria, Finlândia e Suécia, países que reforçaram o número de pequenos e médios Estados, foi decidido adoptar nova ordem da Presidência que, tendo em conta o crescente protagonismo da União na política internacional, obviasse uma sequência de três Estados dessa dimensão. De tal forma, as chamadas *troikas* da Presidência garantiriam sempre a presença de um Estado grande no seu seio, reforçando a imagem de maior peso político internacional que a União pretende projectar no exterior.

A Presidência do Conselho tem funções de diversa natureza. Para além de dirigir os trabalhos de todas as formações do Conselho durante o período, bem como do Conselho Europeu, do Coreper e de todos os grupos de trabalho existentes neste âmbito, a Presidência exerce duas missões principais. No plano externo, compete à Presidência representar a União junto de todas as conferências e organizações internacionais, bem como conduzir o diálogo com países terceiros. Na vertente interna, a Presidência tem poder de influência sobre a agenda política da União, quer pelo lançamento de novas iniciativas no âmbito do Conselho Europeu, quer através da fixação da ordem de trabalhos das diferentes reuniões do Conselho, estabelecendo prioridades em sede de decisão política. O sucesso de cada Presidência dependerá da sua capacidade para servir de mediador inteligente entre as posições divergentes dos Estados, apresentando compromissos aceitáveis em vista da tomada de decisões.[200]

---

[200] T. Christiansen, "The Council of Ministers: the politics of institutionalised inter-governmentalism", in J. Richardson (ed.) *European Union. Power and policy-making*, 2ª ed., Routledge, Londres, 2001, p.144.

O projecto de Constituição adoptado pela Convenção europeia previa que a Presidência das diferentes formações do Conselho de Ministros fosse assegurada pelos representantes dos Estados, por períodos mínimos de um ano, com base num sistema de rotação igualitária. Todavia, o Conselho dos Negócios Estrangeiros estaria sujeito a regime especial, na medida em que a respectiva presidência seria confiada, em permanência, à nova figura do Ministro dos Negócios Estrangeiros da União.

O Tratado Constitucional, embora mantendo o regime especial da Presidência do Conselho dos Negócios Estrangeiros, remete o regime da Presidência das diferentes formações do Conselho para decisão do Conselho Europeu, artigo I-24º. Em Declaração anexa à Acta Final da Conferência Intergovernamental foi incluído um projecto de decisão do Conselho Europeu sobre o exercício da Presidência do Conselho, que traduz o acordo alcançado pelos Estados-membros nesta matéria. Assim, a Presidência do Conselho, com excepção da formação dos Negócios Estrangeiros, será assegurada por grupos pré-determinados de três Estados durante um período de 18 meses. Cada membro do grupo preside sucessivamente, durante 6 meses, a todas as formações do Conselho. Os grupos de países que exerçam a Presidência do Conselho são formados com base num sistema de rotação igualitária dos Estados-membros, tendo em conta a sua diversidade e os equilíbrios geográficos da União.

Coreper

Atenta a composição da instituição, membros dos governos dos Estados, resulta que o Conselho necessita de estruturas de apoio que lhe permitam assegurar continuidade no desenvolvimento das funções. Na verdade, o Conselho tem dois órgãos de apoio que visam suprir as insuficiências decorrentes dos seus membros apenas se deslocarem esporadicamente à sede da instituição: o Comité dos Representantes Permanentes e o Secretariado-Geral.

O Comité dos Representantes Permanentes (Coreper) reúne os Representantes Permanentes de cada Estado-membro. Em termos políticos, os Estados-membros têm uma representação diplomática junto da União, dirigida por um alto funcionário da carreira diplomática, o chamado representante permanente. Com o intuito de preparar os trabalhos das sessões do Conselho, por natureza breves e de verificação espaçada no tempo, os representantes permanentes dos Estados-membros reúnem-se semanalmente, a título de Comité dos Representantes Permanentes.

A complexidade da actuação da União obriga, todavia, a que o Coreper se reúna a dois níveis distintos: o chamado Coreper I, composto pelos representantes permanentes adjuntos, segue assuntos de natureza técnica, os quais são objecto das diferentes formações sectoriais do Conselho; o Coreper II reúne os representantes permanentes, lidando com temas de maior projecção política, debatidos nos Conselhos dos Assuntos Gerais, Economia e Finanças, Justiça e Assuntos Internos ou Orçamento.[201] Enquanto órgão auxiliar do Conselho, o Coreper replica o modo de funcionamento desta instituição, nomeadamente, nos aspectos relativos ao procedimento, presidência das reuniões e modalidades de decisão.

Convém notar que a tarefa de preparação dos trabalhos do Conselho se divide por número elevado de comités especializados e grupos de trabalho, compostos por funcionários nacionais ou agentes das representações permanentes, sendo enquadrados pela estrutura de funcionamento do Coreper. De um modo geral, estes níveis inferiores de actuação servem para a discussão dos aspectos mais técnicos dos projectos normativos submetidos à apreciação do Conselho. Quando os assuntos em debate alcançam acordo suficiente no tocante às questões de natureza técnica, são remetidos às formações superiores do Coreper.

É no âmbito das reuniões de topo do Coreper que se ensaiam os consensos políticos necessários para a adopção dos actos comunitários. A complexidade dos assuntos comunitários e a diversidade dos interesses nacionais subjacentes obriga, por vezes, a uma malha de delicados compromissos negociais entre os Estados-membros que os representantes permanentes, mercê do acompanhamento da generalidade dos assuntos da União, se encontram especialmente habilitados a realizar.

---

[201] J. P. Jacqué, *Droit Institutionnel de L'Union Européenne*, Dalloz, Paris, 2001, p.243.

Nos casos em que o Coreper consiga encontrar entendimento pleno sobre os projectos de decisão em análise, esses assuntos serão inscritos no chamado *ponto A* das reuniões do Conselho, os quais são votados sem discussão prévia. As demais situações constarão do *ponto B* da ordem de trabalhos das sessões do Conselho, que debaterá ao mais alto nível político compromissos susceptíveis de merecerem a aprovação final dos Estados-membros.

Secretariado-Geral

Paralelamente ao Coreper, entidade centrada na concertação de interesses dos Estados, o Conselho dispõe de um Secretariado-Geral. Este órgão assegura o funcionamento administrativo da instituição, providenciando serviços de apoio ao Conselho, como sejam, a calendarização das sessões, circulação de documentos, tradução e interpretação, e elaboração das actas das reuniões. Para além do papel tradicional de burocracia do Conselho, o Secretariado-Geral exerce funções de aconselhamento técnico das Presidências, dispondo de um qualificado serviço jurídico.

Na verdade, o Secretariado-Geral desempenha papel de grande auxílio do exercício da Presidência do Conselho. Dependendo do peso, e dos recursos dos diferentes Estados-membros, o parecer técnico do Secretariado-Geral pode ser determinante na estratégia de actuação da Presidência. Por norma, os Estados grandes tendem a orientar as suas Presidências de forma autónoma do Secretariado, enquanto os Estados pequenos e médios solicitam os seus serviços com frequência. O apoio jurídico prestado pelo Secretariado-Geral alcançou expressão maior nas conferências intergovernamentais.

O Tratado de Amesterdão veio, também, aumentar a visibilidade deste órgão ao confiar ao Secretário-Geral funções de Alto Representante para a Política Externa e de Segurança Comum. O alargamento de atribuições em matéria de política externa permitiu ao Secretariado-Geral exercer funções executivas neste domínio. Por outro lado, o Secretariado-Geral passou a disputar a representação internacional da União com a instituição que tradicionalmente desempenhava essa missão, a Comissão.

Por estes motivos, o Secretariado-Geral tem vindo a conseguir maior afirmação política no desempenho das suas funções. O que contribuiu para um processo de gradual "institucionalização" do próprio Conselho, em virtude do aparecimento de uma burocracia numerosa, qualificada e capaz de influenciar autonomamente a respectiva orientação política. Se este processo poderá ter sido originado pelo receio dos Estados face à hegemonia da Comissão no processo político comunitário, certo é que a transformação do papel do Secretariado-Geral teve o efeito paradoxal de aproximar o Conselho do modelo de funcionamento de uma entidade de tipo supranacional.[202]

Poderes

O Tratado da Comunidade Europeia conferiu os seguintes poderes ao Conselho: poder de decisão; coordenação das políticas económicas gerais dos Estados-membros; poder de execução (artigo 202° TCE). Em todo o caso, o cerne das funções que o Conselho exerce reside no poder de decisão. Resultando a União de uma associação livre de Estados, natural seria que estes pretendessem reservar o essencial do poder de decisão para a instituição que representa os seus interesses.

O *poder de decisão* do Conselho abrange quer as decisões políticas da União, quer o processo legislativo comunitário, quer, ainda, o poder orçamental. No tocante às decisões de natureza política, os poderes do Conselho estendem-se por todos os domínios de actuação da União, com particular relevo para as áreas sujeitas a disciplina intergovernamental, como sucede com a Política Externa e de Segurança Comum, onde se verifica um exercício tendencialmente exclusivo do Conselho.

Relativamente ao poder de decisão no domínio da função legislativa, o processo de decisão sofreu evolução notável, tendo-se assistido a

---

[202] T. Christiansen, "The Council of Ministers: the politics of institutionalised inter-governmentalism", in J. Richardson (ed.) *European Union. Power and policy-making*, 2ª ed., Routledge, Londres, 2001, p.153.

gradual transformação, de uma situação caracterizada pelo poder exclusivo do Conselho, para o quadro actual em que a decisão é crescentemente partilhada com o Parlamento Europeu. No tocante ao Orçamento da União, o Conselho exerce os seus poderes em conjunto com o Parlamento Europeu, ainda que numa assimetria de posições que lhe é claramente favorável.

A *coordenação das políticas económicas* gerais dos Estados foi um poder que o Conselho viu reforçado por efeito da união económica e monetária. Na verdade, a coordenação das políticas económicas pela Comunidade apresentava carácter residual de início, atendendo à natureza estritamente nacional desta competência. Com a união económica e monetária, as políticas económicas dos Estados-membros passaram a ser consideradas do interesse comum, sendo objecto de coordenação pelo Conselho. Para este efeito, o Conselho aprova recomendações que definem orientações gerais sobre a política económica dos Estados. Para garantir a coordenação das economias nacionais, o Conselho procede ao exercício de supervisão multilateral, podendo dirigir recomendações aos Estados cujas políticas económicas sejam susceptíveis de comprometer o bom funcionamento da união económica e monetária, artigo 99º TCE.

O Conselho dispõe, ainda, do *poder de execução*. Ainda que o poder de execução tenda a ser delegado à Comissão, o Tratado atribui a titularidade ao Conselho. Deste modo, o Conselho pode delegar funções executivas à Comissão, como geralmente sucede. Todavia, o Conselho condiciona o seu exercício a certas modalidades, as quais consistem em submeter as medidas de execução propostas pela Comissão ao parecer de comités de peritos nacionais. Os poderes dos comités são variáveis, mas o fenómeno do acompanhamento da delegação de funções executivas à Comissão é designado por comitologia.[203] Em casos específicos, o

---

[203] J. P. Jacqué, *Droit Institutionnel de L'Union Européenne*, Dalloz, Paris, 2001, p.252.

Conselho pode reservar-se o direito de exercer directamente a sua competência de execução.

Modo de deliberação

Um dos aspectos mais importantes no funcionamento do Conselho respeita ao modo de deliberação. Sendo o Conselho a instituição nuclear do processo de decisão, importa conhecer como se desenrola o voto no seio do Conselho. O Tratado da Comunidade Europeia previu a existência de três modalidades distintas de voto no Conselho, artigo 205°: voto por maioria de membros; maioria qualificada; e unanimidade.

O voto por *maioria de membros* consiste no acordo de uma maioria absoluta de Estados da União. A votação por maioria de membros implica, por outro lado, a igualdade de todos os Estados, segundo o princípio um Estado, um voto (numa União de 25 membros, serão necessários 13 votos). Apesar da formulação utilizada pelo Tratado, nos termos da qual esta modalidade se aplicaria em todos os casos que não fossem objecto de disposição em contrário, pressupondo tratar-se da regra geral no Conselho, certo é que as disposições materiais do Tratado dispõem quase sempre sobre o modo de voto aplicável, pelo que a votação por maioria de membros fica confinada, apenas, às deliberações de natureza processual.

O voto por *unanimidade* é outro modo de deliberação previsto no Tratado. Também neste caso, todos os Estados têm igual peso na formação da vontade do Conselho. A unanimidade é o modo tradicional de voto no seio das organizações internacionais, conferindo aos Estados direito de veto sobre as decisões que considerem prejudiciais ao interesse nacional. Trata-se, sem dúvida, da modalidade de voto que melhor reflecte a ideia de soberania dos Estados. Na União Europeia, a abstenção dos membros presentes, ou representados no Conselho, não impede a tomada de decisões por unanimidade

O problema do recurso ao voto por unanimidade consiste na dificuldade em aprovar decisões sobre matérias em que todos os Estados possuem direito de veto. Pelo que o voto por unanimidade torna mais difícil o processo de decisão. Logicamente, os riscos de bloqueamento das deli-

Capítulo VI - As Instituições e o Processo Político

berações serão aumentados proporcionalmente com o alargamento. Se a unanimidade não era fácil de atingir na Comunidade Europeia composta por seis Estados, mais difícil se tornou com os sucessivos alargamentos. Por isso, desde o Acto Único que se tem vindo a reduzir o campo de aplicação do voto por unanimidade.[204]

Refira-se, todavia, que a necessidade de decidir por consenso de todos os Estados teve um âmbito de aplicação que superou o que havia sido previsto nos Tratados constitutivos. Na verdade, na sequência da chamada "crise da cadeira vazia", em 1965, que levou ao abandono das reuniões do Conselho por parte da França, os Estados adoptaram uma decisão conhecida como "acordos do Luxemburgo". Os acordos do Luxemburgo, de 1966, permitiam a um Estado, cujos interesses vitais se considerassem afectados, fazer prolongar a discussão até alcançar consenso geral. Portanto, nos casos de decisão maioritária, a invocação de interesses vitais por um Estado-membro teria como efeito impor a deliberação por unanimidade.

Mais do que os acordos do Luxemburgo, mera declaração política sem reflexos directos no texto dos Tratados, foi a prática que se seguiu no seio do Conselho, de recorrer sistematicamente ao voto por unanimidade, que teve efeitos devastadores na eficiência do processo de decisão comunitário. O bloqueamento do processo de decisão, que se agravou com o primeiro e segundo alargamentos da Comunidade Europeia, seria superado com o Acto Único Europeu. Desde então, o recurso aos acordos do Luxemburgo foi decaindo gradualmente, subsistindo apenas ameaças episódicas da sua invocação por certos Estados. Tratando-se de uma declaração política, os acordos do Luxemburgo não necessitavam de revogação pelas revisões de que os Tratados foram objecto.

O modo mais frequente de decisão do Conselho é, no entanto, o voto por *maioria qualificada*. No âmbito desta modalidade de deliberação não se aplica o princípio um Estado, um voto. Com efeito, os Estados não têm igual peso no momento da votação, existindo uma ponderação do voto dos

---

[204] M. L. Duarte, *Direito da União Europeia e das Comunidades Europeias*, Vol. I, Tomo I, Lex, Lisboa, 2001, p.121.

diferentes Estados, em função de um critério que, hoje, tem carácter fundamentalmente demográfico. Para este efeito, os Estados foram divididos em grupos distintos, recebendo um número de votos de acordo com uma grelha inicialmente fixada. Assim, os Estados grandes detinham 10 votos cada, os Estados de média dimensão 5 votos e os mais pequenos 2 votos. As deliberações eram obtidas quando fosse atingido o chamado limiar da maioria qualificada, ou seja, o número de votos necessários para aprovar uma decisão. O limiar da maioria qualificada definiu-se através de uma fórmula aritmética, que permitiu fixar novos valores por ocasião dos sucessivos alargamentos da Comunidade.

O reverso do limiar da maioria qualificada é a chamada minoria de bloqueio, ou seja, o número de votos necessários para impedir a aprovação de uma decisão. Na realidade, a preocupação dos Estados, sobretudo dos grandes países, consiste na identificação dos requisitos necessários para a formação de uma minoria de bloqueio. Até à adesão da Grécia, as minorias de bloqueio formavam-se com apenas dois Estados grandes (com 10 Estados, o limiar era 45/63; minorias de bloqueio com 19 votos). Em virtude da progressão aritmética da fórmula utilizada, o alargamento ibérico determinou que as minorias de bloqueio exigissem 23 votos (com 12 Estados, o limiar era de 54/76). Ou seja, dois Estados grandes já não conseguiam bloquear, sozinhos, a aprovação de uma decisão comunitária.

Esta situação levou a que os grandes Estados lançassem uma campanha pela alteração da ponderação dos votos, nas deliberações por maioria qualificada. Dramatizando o risco de diluição do seu peso real numa União cada vez mais composta por países pequenos e médios, mercê dos sucessivos alargamentos, os Estados grandes conseguiram impor a revisão da ponderação de votos no Conselho como um dos temas centrais da reforma das instituições em vista do alargamento aos países do leste europeu, operada pelo Tratado de Nice. Todavia, a solução encontrada em Nice para ultrapassar as divergências nesta matéria, não terá sido a mais adequada. Nem a mais simples.

Com efeito, o Tratado de Nice estabeleceu nova ponderação de votos dos diferentes Estados, com o intuito de favorecer os países grandes, que reclamavam contra a erosão do seu peso relativo no Conselho. Assim, o Tratado de Nice acrescentou votos ao número inicialmente conferido a cada Estado, concedendo mais votos aos países grandes: os cinco maiores

Estados passaram a dispor de mais 19 votos; os países médios, como Portugal, de mais 7 votos; e os países mais pequenos viram o seu peso acrescido em apenas 2 votos. Portanto, estabeleceu maior diferenciação entre os diversos tipos de Estados.

Para acudir às preocupações da Alemanha, que sendo o Estado mais populoso da União permaneceu com o mesmo número de votos da França, o Tratado de Nice permitiu que se possa invocar um elemento adicional, o qual consiste em exigir que as decisões aprovadas por maioria qualificada representem também 62% da população total dos Estados da União. Sem dúvida que este aspecto facilita a formação de minorias de bloqueio pela Alemanha, bem como pelos demais Estados grandes.

A solução encontrada pelo Tratado de Nice, para acomodar as pretensões dos grandes Estados em sede de ponderação de votos no Conselho, foi manifestamente infeliz porque tornou as decisões por maioria qualificada num complicado exercício matemático.

Assim, não surpreende que o projecto de Constituição apresentado pela Convenção europeia pretendesse introduzir profunda alteração do sistema de voto por maioria qualificada, superando a falta de racionalidade da fórmula estabelecida em Nice. A solução proposta baseava-se na exigência de uma dupla maioria: maioria de Estados-membros, a qual deveria representar cumulativamente três quintos da população da União. Portanto, o voto por maioria qualificada desprender-se-ia da satisfação de requisitos fixados por complicadas fórmulas aritméticas, para preencher apenas duas simples exigências: as decisões adoptadas por maioria qualificada necessitavam do apoio de mais de metade dos Estados, os quais, por seu turno, deveriam representar 60% da população da União. Deste modo, conseguia-se contrariar os receios recíprocos dos Estados grandes, e do conjunto dos pequenos e médios Estados, quanto à eventual posição hegemónica de tais países na formação da vontade do Conselho.

O Tratado Constitucional, face à intransigência manifestada por certos Estados-membros durante as negociações, foi obrigado a encontrar uma solução algo mais complexa para o voto por maioria qualificada, artigo I-25°. Assim, aumentou os elementos que compõem a dupla maioria, exigindo que a maioria qualificada seja formada por 55% dos Estados, num mínimo de quinze, que reúnam 65% da população. Todavia, acrescentou um terceiro requisito, de carácter negativo, o qual determina que a minoria de bloqueio deverá ser composta por, pelo menos, quatro Estados. Ou seja, quando uma votação do Conselho alcançar o apoio da maioria dos Estados, mas que não representem 65% da população da União, a proposta será aprovada caso existam apenas três Estados que se lhe oponham.

Note-se, contudo, que a maior simplicidade da fórmula da maioria qualificada prevista no Tratado Constitucional foi conseguida à custa da alteração da importância relativa dos Estados-membros na formação das decisões do Conselho. Com efeito, o Tratado Constitucional modifica o peso específico dos diferentes Estados-membros nas decisões por maioria qualificada. Assim, o peso que a Alemanha detém no Tratado de Nice representa 9,04% da percentagem total de votos; com o Tratado Constitucional o voto alemão representará 18,22%. Do mesmo modo, os outros Estados grandes, que detêm no Tratado de Nice uma percentagem igual à Alemanha, passarão com o Tratado Constitucional para uma percentagem de 12,79% no caso de Itália, 13,09% no caso da França e 13,15% para o Reino Unido. Espanha e Polónia, que representam 8,42% dos votos no Tratado de Nice, ficarão com 8,74% e 8,58%, respectivamente. Os países médios e pequenos serão os mais penalizados em termos relativos. A título de exemplo, Portugal detém 3,74% em Nice, passando para 2,21% com o Tratado Constitucional; a Irlanda passará de 2,18% em Nice, para 0,83% no novo sistema; o Luxemburgo terá o seu peso relativo decrescido de 1,25% em Nice, para 0,09% no Tratado Constitucional.[205] Portanto, o Tratado Constitucional altera o peso relativo dos Estados-membros nas votações por maioria qualificada, em claro benefício dos Estados grandes.[206]

Comissão

No modelo inicial do sistema político a Comissão deveria compensar o peso do elemento intergovernamental, atenta a posição hegemónica

---

[205] Fonte: *Financial Times*, 24 de Maio de 2005, p.4.

[206] P. Ponzano, «La réforme des Institutions de l'Union européenne dans le cadre de la Constitution», *Revue du Droit de l'Union Européenne*, 1/2004, p.34.

do Conselho na formação da vontade da Comunidade Europeia. A Comissão, cuja origem directa foi a Alta Autoridade da Comunidade Europeia do Carvão e do Aço, seria a instituição a quem seria confiada a tarefa de dinamizar o ideal da integração, pressuposto do projecto comunitário. No espírito dos autores do Tratado, a Comissão representaria o interesse geral da Comunidade, por contraposição ao Conselho que representava os interesses dos Estados.

A Comissão é a instituição comunitária onde mais se repercutiu a influência do chamado "método Monnet". Na verdade, Jean Monnet considerava que a integração europeia deveria repousar em instituições fortes. A natureza específica da primeira fase do processo de integração, concentrado na integração económica dos Estados, acentuava a importância de uma instituição com carácter supranacional, que actuasse de forma independente dos governos dos Estados-membros, na prossecução do interesse geral da Comunidade.

No figurino inicial, a Comissão tinha forte pendor tecnocrático. Com efeito, o pragmatismo político de Monnet privilegiava o papel desempenhado por peritos independentes, cuja legitimação política adviria do grau de conhecimento técnico. Donde, a sua visão de um processo de integração europeia fundado numa elite dirigente de raiz tecnocrática.

A legitimação sucessiva da actividade da Comissão resultaria, sobretudo, da capacidade para conquistar o apoio das elites económicas dos Estados, que representavam os interesses dos sectores envolvidos no processo de integração. Na medida em que a Comissão conseguisse obter consenso junto dos dirigentes das principais associações empresariais, iluminando-as quanto às vantagens que a integração europeia poderia oferecer, as suas políticas adquiririam aceitação natural. Menos preocupado com as questões da responsabilidade política da instituição, ou da democraticidade do processo de decisão comunitário, Monnet privilegiou uma atitude centrada na eficiência e na dimensão tecnocrática da actividade da Comissão.[207]

---

[207] M. Cini, "Reforming the European Commission: discourse, culture and planned change", in M. O. Hosli e outros (eds.) *Institutional Challenges in the European Union*, Routledge, Londres, 2002, p.6.

Seria com Walter Hallstein, primeiro Presidente da Comissão da Comunidade Económica Europeia, que a instituição assumiria perfil acentuadamente político. Na verdade, o propósito de Hallstein transformar a Comissão numa espécie de "governo europeu", foi um dos motivos que esteve na base do contencioso político com o General De Gaulle, originando a crise da cadeira vazia, em 1965. A solução então encontrada, através dos acordos do Luxemburgo, e a demissão de Hallstein, tiveram o efeito de suster o protagonismo político maior da Comissão nas duas décadas sucessivas, até ao advento do consulado de Jacques Delors.[208] Com efeito, os mandatos de Delors permitiram que a Comissão recuperasse a iniciativa política no processo de integração, superando todas as ambiguidades em torno da natureza política, ou de tipo técnico-administrativo, da instituição.

Composição

A composição da Comissão tem sido tema sensível no debate constitucional europeu. Tradicionalmente, era formada por um membro com a nacionalidade de cada Estado, sendo que era concedido um segundo membro da Comissão aos cinco maiores países. Assim, na União de 15 Estados, a Comissão era composta por 20 membros, existindo um Comissário por Estado, mas os chamados grandes países tinham 2 membros da sua nacionalidade no Colégio.

A perspectiva do alargamento aos países da Europa central e de leste, suscitou o debate sobre a composição da Comissão. Em breve, considerava-se que o vasto número de Estados que aderiria à União tornava impraticável o modelo existente, na medida em que o Colégio de Comissários deixaria de poder funcionar de modo coeso e eficiente. Nessa medida, havia que reduzir o número de membros da Comissão. Para cer-

---

[208] T. Christiansen, "The European Commission: administration in turbulent times", in J. Richardson (ed.) *European Union. Power and policy-making*, 2ª ed., Routledge, Londres, 2001, p.98.

tos Estados, a Comissão deveria ser formada por um número reduzido de elementos, inferior ao número de Estados-membros, de modo a reforçar a autoridade e eficácia do seu trabalho. Outros Estados, nomeadamente os pequenos e médios países, consideravam que a redução da composição da Comissão não deveria pôr em causa o princípio de um Comissário por Estado.

Na base do compromisso delineado em Amesterdão, o Tratado de Nice estabeleceu o princípio de que a Comissão é composta por um nacional de cada Estado-membro. Ou seja, o acordo alcançado vai no sentido da posição defendida pelo grupo dos pequenos e médios Estados, que pretendiam assegurar a presença permanente de um membro da sua nacionalidade no Colégio de Comissários. Assim, a redução do número de membros da Comissão foi realizada à custa da supressão da faculdade dos grandes Estados indicarem um segundo membro da instituição. Como contrapartida, os Estados grandes obtiveram a aludida reponderação do número de votos no Conselho, nas decisões por maioria qualificada.

Todavia, o Tratado de Nice prevê que a partir do momento em que a União contar 27 Estados, o número de membros da Comissão será inferior ao número de Estados, sendo os seus membros escolhidos com base numa rotação paritária entre todos os países.

Em todo o caso, e apesar das alterações introduzidas em Nice no tocante à composição da Comissão, este tema permaneceu objecto de polémica. Por um lado, porque o compromisso alcançado não evita que a Comissão continue a ter um número alargado de membros, afectando a eficiência do seu funcionamento colegial. Por outro lado, uma composição que assegure um Comissário por Estado permite, em certo modo, configurar maior intergovernamentalização da Comissão, na medida em que é susceptível de a projectar como antecâmara dos debates do Conselho.

Por tais motivos, o projecto de Constituição apresentado pela Convenção europeia preconizava uma solução diferente para a composição da Comissão. Na verdade, o consenso resultante dos trabalhos da Convenção assentava numa composição reduzida da Comissão, formada por um Colégio com apenas 15 elementos. O Colégio de Comissários integraria o Presidente, o Ministro dos Negócios Estrangeiros da União e mais treze membros, os quais seriam escolhidos com base num sistema

174 *A União Europeia*

rotação paritária entre todos os Estados. O projecto de Constituição previa, ainda, a existência de outros Comissários, sem direito de voto, provenientes dos restantes Estados-membros.

O Tratado Constitucional prevê que a Comissão seja composta por um número de membros, incluindo o seu Presidente e o Ministro dos Negócios Estrangeiros, correspondente a dois terços dos Estados da União. Portanto, a Constituição prossegue na linha do compromisso fixado em Nice, que previa que o número de membros da Comissão seria inferior ao número de Estados, quando a União se alargasse a 27 países. Todavia, este princípio terá aplicação faseada, na medida em que a Comissão cujo mandato se iniciará em 2009 será ainda composta por um nacional de cada Estado-membro, artigo I-26°.[209]

O debate sobre a composição da Comissão não deve tolher de vista, no entanto, o princípio da independência dos seus membros. De acordo com o Tratado, os membros da Comissão não solicitarão nem aceitarão instruções de nenhum governo ou de qualquer outra entidade. Do mesmo modo, os Estados-membros comprometem-se a respeitar este princípio e a não influenciar os membros da Comissão no exercício de funções, artigo 213°, n°2, TCE. Em termos jurídicos, não existe qualquer adscrição funcional dos membros da Comissão relativamente aos governos dos seus países de origem. Em termos políticos, a polémica sobre a composição da Comissão evidenciou uma realidade insofismável, qual seja, os Comissários actuariam, também, como antenas vitais dos Estados no seio da instituição.

Nomeação

A natureza política da Comissão, e as preocupações com o reforço dos mecanismos de responsabilidade política, implicaram a introdução de algumas alterações no seu processo de nomeação. Nos termos do Tratado,

---

[209] P. Craig, "Constitutional Process and Reform in the EU: Nice, Laeken, the Convention and the IGC", *European Public Law 10* (2004), p.674.

a nomeação da Comissão desdobra-se em duas fases principais e envolve a participação das demais instituições políticas da União, artigo 214º TCE.

Assim, o processo de nomeação tem início com a designação do Presidente da Comissão. Compete ao Conselho, reunido a nível de Chefes de Estado e de Governo, deliberando por maioria qualificada, designar a personalidade que tenciona nomear Presidente da Comissão. De seguida, a indigitação do Presidente deverá ser aprovada pelo Parlamento Europeu.

Após confirmação do Presidente indigitado pelo Parlamento Europeu, tem lugar a segunda fase do processo de nomeação, com a designação dos demais membros da Comissão. Os governos nacionais apresentam a respectiva lista de candidatos ao Presidente eleito, o qual deverá expressar o seu acordo sobre as diferentes individualidades. De seguida, o Conselho aprova, por maioria qualificada, a lista de personalidades que tenciona nomear membros da Comissão. Presidente e demais membros da Comissão são, então, submetidos a voto de aprovação colegial pelo Parlamento Europeu. Por fim, o Conselho nomeia formalmente o Presidente e demais membros da Comissão, deliberando por maioria qualificada.[210]

Deste modo, a investidura da Comissão é um processo que depende da confiança política conjunta do Conselho e do Parlamento Europeu. A evolução verificada nesta sede, em resultado das conferências intergovernamentais da década de 1990, consistiu na associação do Parlamento Europeu ao processo de nomeação da Comissão, acabando com o exclusivo dos Estados na designação dos membros do respectivo Colégio. As alterações ocorridas permitiram reforçar o controlo político do Parlamento Europeu sobre o funcionamento da Comissão. Controlo que o Parlamento não se eximiu de exercitar no processo de nomeação da Comissão Barroso, em Outubro de 2004. Com efeito, na ocasião o Parlamento impôs alteração no elenco de membros indicados pelos Estados, com o acordo do Presidente eleito, por considerar que alguns indigitados não apresen-

---

[210] M. Gorjão-Henriques, *Direito Comunitário*, 2ª ed., Almedina, Coimbra, 2003, p.119.

tavam perfil adequado para o exercício das responsabilidades que lhes haviam sido confiadas.

O mandato da Comissão tem a duração de cinco anos, estando articulado com o ciclo eleitoral de legislatura do Parlamento Europeu.

Colegialidade

A independência da Comissão decorre, também, do modo de funcionamento colegial. Na verdade, o princípio da colegialidade significa que as decisões da Comissão são tomadas pelo Colégio de Comissários, que reúne semanalmente. Nestas reuniões, cada Comissário tem direito a um voto e as decisões são aprovadas por maioria de membros. Todos os assuntos que constem da agenda da reunião do Colégio devem ser previamente apresentados aos gabinetes dos Comissários. A responsabilidade política pelas decisões da Comissão é colectiva. Deste modo, as pressões políticas que um Estado-membro pretenda exercer junto de determinado membro da Comissão defrontam-se com as dificuldades decorrentes do princípio da colegialidade, bem como da regra da responsabilidade solidária de todos os Comissários face à globalidade das decisões da instituição.

É interessante notar, todavia, que a formação da vontade política da Comissão pode divergir ao longo dos mandatos, em virtude do modo de liderança dos respectivos Presidentes. Assim, durante as formações presididas por Delors as decisões da Comissão eram normalmente tomadas na sequência de voto, principalmente nos casos que causavam clivagens entre Comissários. A prática de decisão por voto maioritário requeria maior empenho negocial nas reuniões de Chefes de Gabinete, que antecedem as sessões do Colégio de Comissários. Diferentemente, o mandato de Santer ficou marcado pelo escasso recurso ao voto nas reuniões do Colégio, sendo as decisões adoptadas na base de um consenso político que resultaria de uma espécie de preferência pelas soluções apresentadas pelo Comissário responsável.[211]

---

[211] A. Smith, "Why European Commissioners Matter", *Journal of Common Market Studies 41* (2003), p.141.

Deste modo, a abordagem seguida pelo Presidente no tocante ao funcionamento do Colégio de Comissários pode influenciar o grau de importância dos diferentes membros da Comissão. Com efeito, numa situação em que as decisões mais importantes são tomadas por voto maioritário, os Comissários poderão envolver-se plenamente no modo de funcionamento colegial da instituição e terão maior estímulo para acompanharem, através dos seus Gabinetes, as diversas áreas de actuação sectorial da Comissão. Pelo contrário, quando as decisões são tomadas através de consenso, sem recurso a voto, cada Comissário tenderá a fechar-se sobre as áreas que lhe foram atribuídas, na medida em que as decisões tomadas reflectem o entendimento do responsável sectorial, o qual procurará apresentar medidas susceptíveis de colher acordo político no seio do Conselho.

Assim, quando o Colégio decide sem recurso a voto, por norma, as responsabilidades atribuídas aos seus diferentes membros são susceptíveis de determinar o seu grau de importância relativa, com os Comissários titulares de pastas sensíveis, como a concorrência, mercado interno, relações externas ou agricultura, a conseguirem obter maior influência na condução política da Comissão. Nos casos em que o Presidente privilegie o recurso ao voto, a importância dos diferentes Comissários não depende apenas das responsabilidades sectoriais que lhes forem atribuídas, sendo que a influência relativa nas decisões finais da Comissão dependerá da sua capacidade para articular um conjunto de elementos que atravessa a complexidade da instituição.

Na verdade, tendo em conta a interacção que se verifica entre diferentes actores no processo político da União, importa que os Comissários saibam gerir adequadamente os fluxos de informação. No plano externo, Comissários e respectivos Gabinetes podem valer-se dos contactos privilegiados que detêm junto dos governos nacionais para antecipar posições que esses países venham a tomar sobre determinados temas pendentes na Comissão. No plano interno, os Gabinetes apoiam-se normalmente na rede de contactos informais constituída por funcionários e agentes da mesma nacionalidade, que se encontra estabelecida de modo capilar nos diferentes serviços da instituição. Estudos sobre o funcionamento da Comissão salientam que estas redes são frequentemente utilizadas para influenciar a formação das políticas da instituição no estado inicial, bem como para o seu acompanhamento ao longo dos níveis intermédios que

178   *A União Europeia*

antecedem a votação no Colégio de Comissários.[212] Em todo o caso, a influência dos Comissários nas áreas que extravasem a sua competência sectorial dependerá fortemente dos recursos humanos que integrem os respectivos Gabinetes.

Organização

A organização da Comissão compreende dois níveis distintos de actuação: no plano político, encimado pelo Presidente da Comissão e demais membros do Colégio de Comissários; no plano administrativo, composta por uma vintena de milhares de funcionários e agentes, os quais exercem a sua actividade profissional nos diferentes serviços da Comissão.

No plano político, o Presidente define a orientação da Comissão. Ao Presidente compete, também, distribuir as responsabilidades sectoriais atribuídas à Comissão pelos diferentes membros do Colégio, podendo proceder a alteração das pastas entre Comissários no decurso do mandato, artigo 217º TCE. O Presidente pode, ainda, solicitar a demissão de qualquer dos membros, após aprovação pelo Colégio. As alterações introduzidas na década de 1990 reforçaram os poderes do Presidente da Comissão, aproximando-o do modelo de chefe de governo.

A Comissão é responsável politicamente perante o Parlamento Europeu, o qual pode votar uma moção de censura à sua actuação. Em caso de aprovação da moção de censura, os membros da Comissão devem abandonar colectivamente as suas funções, artigo 201º TCE.

Tradicionalmente, o Parlamento Europeu tinha uma relação de proximidade com a Comissão. O reforço dos poderes do Parlamento, a partir do Acto Único Europeu, operou uma transformação substancial do relacionamento entre as duas instituições, com a emergência de crescente rivalidade. Em consequência, o Parlamento Europeu deixou de se eximir ao exercício pleno da fiscalização política da actividade da Comissão.

---

[212] Idem, p.147.

Expressão maior da nova atitude no relacionamento interinstitucional terá sido a resignação da Comissão Santer, em Março de 1999, face à eminência de um voto de censura pelo Parlamento Europeu, na sequência de um relatório apresentado por um comité de peritos independentes.

No plano administrativo, o corpo de funcionários e agentes encontra-se integrado nos diferentes serviços da Comissão, com o intuito de a habilitar ao cumprimento dos poderes atribuídos. Os serviços têm uma lógica de organização predominantemente vertical, existindo cerca duas dúzias de Direcções-Gerais com competência sectorial, como sejam, concorrência, mercado interno, agricultura ou ambiente. A Comissão dispõe, também, de alguns serviços de natureza transversal, que se ocupam de funções específicas, como tradução e interpretação, porta-voz, pessoal ou serviço jurídico. A fragmentação resultante da divisão em serviços distintos origina alguma tensão interna, de tipo burocrático-político. A coordenação das actividades da esfera administrativa da instituição é da responsabilidade do Secretariado-Geral, ao qual compete ainda fazer a articulação entre este nível de actuação e o plano político da Comissão, através das reuniões entre Directores-Gerais e Chefes de Gabinete.[213]

Em todo o caso, a articulação entre os planos político e administrativo da Comissão é um problema sensível que se coloca na sua organização e funcionamento. Na verdade, aspecto central do relatório do comité de peritos independentes, que originou a demissão da Comissão Santer, foi o diminuto controlo exercido pelos Comissários nos serviços sob tutela.[214] Não obstante a existência de uma divisão sectorial de competências entre os diferentes membros da Comissão, a dimensão e o espírito da burocracia comunitária favorecem a diluição do seu nível de responsabilidade perante o vértice da instituição.

---

[213] T. Christiansen, "The European Commission: administration in turbulent times", in J. Richardson (ed.) *European Union. Power and policy-making*, 2ª ed., Routledge, Londres, 2001, p.104.

[214] M. Cini, "Reforming the European Commission: discourse, culture and planned change", in Madeleine O. Hosli e outros (eds.) *Institutional Challenges in the European Union*, Routledge, Londres, 2002, p.15.

Poderes

A Comissão dispõe dos poderes que lhe foram atribuídos pelo Tratado, artigo 211º TCE, os quais abrangem as seguintes matérias: poder de iniciativa; poder de fiscalização; poder de execução; representação externa.[215]

No âmbito do processo de decisão comunitário, a Comissão detém o monopólio da *iniciativa legislativa*. Com excepção de poucos casos previstos no Tratado, como a união monetária, compete apenas à Comissão desencadear o processo normativo. Deste modo, a Comissão participa activamente no exercício da função legislativa. Os motivos que levaram a atribuir-lhe o exclusivo da iniciativa legislativa resultam do facto de a Comissão representar o interesse geral da Comunidade, pelo que as suas propostas deverão ter em conta o conjunto dos Estados evitando-se, deste modo, a apresentação de iniciativas que apenas reflictam interesses particulares de certos países. Por outro lado, a Comissão é a instituição melhor apetrechada para desenvolver os estudos técnicos necessários à formulação de propostas normativas, bem como para proceder a contactos prévios com os diferentes parceiros políticos e sociais sobre a oportunidade da iniciativa.

Outro poder importante da Comissão consiste na *fiscalização* do cumprimento das obrigações do Tratado, e demais actos de direito derivado. No sistema comunitário, a Comissão é considerada como guardiã dos Tratados. No tocante aos Estados-membros, o poder de fiscalização é exercido nos termos da chamada acção por incumprimento, artigo 226º TCE. Todavia, antes de intentar uma acção junto do Tribunal de Justiça, a Comissão concede ao Estado faltoso a possibilidade de suprimir a irregularidade em causa. Não sendo possível resolver situação na fase pré-contenciosa a Comissão poderá, então, pedir ao Tribunal de Justiça que declare o Estado em incumprimento.

---

[215] J. P. Jacqué, *Droit Institutionnel de L'Union Européenne*, Dalloz, Paris, 2001, p.300.

No caso do Estado não tomar as medidas necessárias à execução do acórdão proferido, persistindo na situação de incumprimento, a Comissão pode pedir ao Tribunal de Justiça que condene o Estado faltoso no pagamento de uma sanção pecuniária, artigo 228º TCE.

Relativamente aos particulares, a fiscalização do cumprimento das obrigações decorrentes do Tratado está confinada à política de concorrência, domínio em que dispõe de vastas prerrogativas de actuação, artigo 85º TCE. Na verdade, a Comissão dispõe dos poderes de investigação, inquérito, verificação e sanção das empresas cujo comportamento no mercado viole o princípio da proibição das práticas restritivas da concorrência.

A *execução* dos actos comunitários releva, por norma, da competência dos Estados-membros. Caso seja necessário proceder à respectiva execução, de acordo com o princípio da subsidiariedade, ao nível comunitário, o Conselho é titular originário do poder de execução.[216] Todavia, e como se referiu, o Conselho tende a delegar a execução dos actos comunitários na Comissão, artigo 211º TCE.

Por fim, a Comissão dispõe do poder de *representação externa* da Comunidade. Compete à Comissão negociar acordos que a Comunidade pretenda realizar com países terceiros, ou organizações internacionais. Apesar da Comissão conduzir as negociações, é o Conselho que tem competência para a celebração dos acordos internacionais em nome da Comunidade, artigo 300º TCE.

De notar, todavia, que no domínio da política externa e de segurança comum, a representação da União é assegurada pela Presidência do Conselho, a quem compete conduzir as negociações em vista da celebração de acordos internacionais, artigo 24º TUE.

Para obviar aos inconvenientes derivados de uma representação externa bicéfala, o Tratado Constitucional criou a figura do Ministro dos Negócios Estrangeiros da União, o qual preside ao Conselho dos Negócios Estrangeiros, sendo simultaneamente Vice-Presidente da Comissão, artigo I-28º.

---

[216] M. L. Duarte, *Direito da União Europeia e das Comunidades Europeias*, Vol. I, Tomo I, Lex, Lisboa, 2001, p.141.

Parlamento Europeu

O Parlamento Europeu é a instituição que representa os povos dos Estados reunidos na União. Na tradição política europeia, os parlamentos são as instituições basilares do poder político estadual, fonte originária de legitimação do sistema democrático.

Na União Europeia, todavia, o Parlamento não detém o estatuto de fonte privilegiada do sistema político, como ainda não atingiu o acervo de poderes que dispõem os parlamentos nacionais na generalidade dos Estados-membros. Em todo o caso, o Parlamento Europeu é uma instituição que tem conhecido um contínuo aumento de poderes, os quais têm transformado profundamente a sua posição no sistema constitucional europeu. O incremento de poderes do Parlamento, que tem corrido de par com a evolução do processo de integração no esforço de criação de uma verdadeira entidade política europeia, afigura-se como um movimento não terminado.

De início, ao Parlamento Europeu foi atribuído poder de controlo político. O Parlamento exercia controlo sobre a actividade da Comissão, dispondo de vários mecanismos para o exercício desta função, com destaque para a possibilidade de poder aprovar uma moção de censura, que obrigaria à sua demissão colectiva. Porém, nas primeiras décadas de funcionamento da Comunidade, a Comissão era a instituição com maior protagonismo na dinâmica do processo de integração. Pelo que o Parlamento se perfilava como seu natural aliado, no esforço de contrabalançar a hegemonia política detida pelo Conselho. Por outro lado, a figura da moção de censura afigurava-se algo inconsequente, na medida em que o Parlamento Europeu não participava no procedimento de investidura da Comissão.

A partir da década de 1970, o Parlamento Europeu entrou numa fase ascendente no sistema político comunitário. Inicialmente, foi associado ao processo orçamental da Comunidade Europeia. A partir de 1979, o Parlamento passou a ser eleito por sufrágio directo, deixando os seus membros de serem indicados pelos parlamentos nacionais. A realização de eleições por sufrágio universal permitiu ao Parlamento Europeu reivindicar legitimidade política superior, no confronto com as demais instituições, em virtude de ser a única cuja composição resultava da escolha directa dos cidadãos. Com efeito, na sequência da eleição por sufrágio directo e universal, o Parlamento desencadeou forte campanha no sentido de lhe serem conferidos mais poderes, afirmando que a sua reduzida participação no processo político seria causa da existência de um défice democrático na Comunidade Europeia.

Em resultado, as conferências intergovernamentais que ocorreram desde o Acto Único Europeu permitiram operar profunda transformação nos poderes do Parlamento Europeu. Na verdade, em todas as conferências de revisão dos Tratados - com excepção do Tratado de Nice, que teve uma agenda política limitada - o Parlamento viu o seu leque de poderes significativamente aumentado. De tal modo que, actualmente, se afigura como genuína instituição parlamentar, dispondo de um leque de funções no sistema político europeu que o aproximam dos seus congéneres nacionais.[217]

Poderes

Os poderes do Parlamento consistem no controlo político, na participação na função legislativa e na sua associação ao processo de elaboração do orçamento.

A nível do *controlo político*, o Parlamento fiscaliza a actividade da Comissão podendo obrigar à sua demissão, através da votação de uma moção de censura, artigo 201º TCE. Por outro lado, o Parlamento encontra-se plenamente associado ao procedimento de investidura da Comissão, artigo 214º TCE. Assim, os poderes de controlo que o Parlamento Europeu exerce sobre a Comissão espelham, em certo modo, a figura da responsabilidade política dos governos perante os parlamentos nacionais, comum à generalidade dos países da União. Ou seja, o modelo do parla-

---

[217] T. Bergman, T. Raunio, "Parliaments and policy-making in the European Union", in J. Richardson (ed.) *European Union. Power and policy-making*, 2ª ed., Routledge, Londres, 2001, p.116.

mentarismo europeu em que o poder executivo depende da confiança política do órgão parlamentar.[218]

A questão que se coloca é que a Comissão não encarna propriamente o poder executivo no sistema político europeu. Como se referiu, a Comissão exerce um poder executivo de que não é titular originária. O poder executivo que exerce é objecto de delegação pelo Conselho, sendo que este último procura estabelecer procedimentos de controlo da actividade da Comissão, através do sistema da comitologia. Acresce, também, que na arquitectura geral do sistema compete aos Estados-membros a implementação dos actos comunitários. Pelo que será difícil considerar a Comissão como um órgão executivo típico. De considerar, ainda, a tendência em curso para retirar certas funções executivas à Comissão, quer através da criação de agências especializadas, quer por via da atribuição de certas competências executivas específicas a outras entidades, como sucede com o Secretariado-Geral do Conselho no âmbito da política externa e de segurança comum. Em todo o caso, a Comissão exerce funções de natureza executiva, estando essa actividade sujeita ao controlo político do Parlamento Europeu.[219]

O Parlamento Europeu participa no exercício do *poder legislativo* da União. No sistema inicial da Comunidade Europeia, os Tratados previam que o Parlamento Europeu deveria ser apenas consultado, em certos casos, sobre a aprovação dos actos comunitários. Mais tarde, um acordo interinstitucional permitiu generalizar a consulta ao Parlamento Europeu a todo o processo legislativo. Todavia, o incremento dos poderes do Parlamento na função legislativa foi resultado da sua eleição por sufrágio universal directo, e do combate político que encetou pela redução do chamado défice democrático na Comunidade.

---

[218] M. Gabel, S. Hix, "The European Parliament and executive politics in the EU: voting behaviour and the Commission President investiture procedure", in M. O. Hosli e outros (eds.) *Institutional Challenges in the European Union*, Routledge, Londres, 2002, p.27.

[219] B. Crum, "Legislative-Executive Relations in the EU", *Journal of Common Market Studies 41* (2003), p.377.

Em consequência, o Acto Único Europeu criou dois novos procedimentos de decisão que permitiram aumentar a participação do Parlamento Europeu no poder legislativo: o procedimento de cooperação, que abrangia os actos comunitários que seriam adoptados em vista da realização do mercado interno; e o procedimento de parecer favorável, que se aplicava em casos específicos, como os acordos de associação celebrados pela Comunidade. A insatisfação do Parlamento Europeu perante o valor acrescentado da sua participação no poder legislativo em resultado de tais modificações, levou o Tratado de Maastricht a estabelecer novo procedimento decisório onde o Parlamento obteve poder efectivo na aprovação dos actos normativos comunitários: o chamado procedimento de co-decisão. Seguidamente, o Tratado de Amesterdão introduziu alterações ao funcionamento do procedimento de co-decisão, que favoreceram a posição relativa do Parlamento Europeu, bem como alargou os domínios adoptados no âmbito deste procedimento.

O culminar do incremento progressivo do poder legislativo do Parlamento Europeu foi alcançado com o Tratado Constitucional, onde se prevê que a função legislativa será exercida conjuntamente pelo Parlamento Europeu e o Conselho de Ministros, artigo I-20º. No fundo, trata-se de uma evolução anunciada, onde o poder legislativo será exercido por um sistema de tipo bicameral, abrangendo a globalidade dos actos legislativos.

O Parlamento é, também, um dos titulares do *poder orçamental* da União. Na verdade, as revisões aos Tratados operadas na década de 1970, em matéria orçamental e financeira, vieram associar o Parlamento Europeu ao processo de elaboração do orçamento comunitário. Assim, o Parlamento tem a possibilidade de recusar globalmente a proposta de orçamento que lhe for submetida, bem como decide em última instância sobre as chamadas despesas não-obrigatórias. Relativamente a esta rubrica orçamental, o Parlamento pode introduzir as alterações finais que entender convenientes. Pelo contrário, compete ao Conselho proferir a última palavra sobre a aprovação das despesas obrigatórias. Refira-se, contudo, que o Parlamento Europeu tem conseguido englobar no seu poder orçamental novas áreas da actuação da União, com base no seu poder de veto, obrigando o Conselho a aceitar incrementos no financiamento da educação, cultura, e nas políticas social e de emprego.

Composição e funcionamento

A composição do Parlamento Europeu tem variado nas últimas legislaturas. Com efeito, a reunificação alemã implicou um aumento da representação global do país, tendo-se procedido ao mesmo tempo ao reajustamento do número de deputados eleitos por cada Estado, que beneficiou os grandes países. Em virtude do alargamento aos países do leste europeu, o Tratado de Nice introduziu nova escala de representação dos cidadãos dos diferentes Estados-membros, tendo fixado um número máximo de 732 deputados.

O princípio geral subjacente à alocação nacional de deputados ao Parlamento Europeu é a proporcionalidade degressiva, ou seja, a necessidade de respeitar a relação entre o número de eleitos por Estado e a população respectiva, garantindo aos países mais pequenos, contudo, a existência de um mínimo de representantes. Assim, a Alemanha, país com mais população, elege 99 deputados ao Parlamento Europeu, enquanto Malta, Estado que conta menos habitantes, tem a sua representação fixada em 5 elementos.

O Tratado Constitucional determina que o número de deputados ao Parlamento Europeu não será superior a 750. Por outro lado, fixou o limiar mínimo de membros a eleger por Estado em 6 deputados, e 96 como limite máximo para cada representação nacional, artigo I-20º.

Em termos de organização, existem duas estruturas fundamentais no funcionamento do Parlamento Europeu: as comissões parlamentares e os grupos políticos.

As *comissões parlamentares* permanentes asseguram a participação do Parlamento no processo legislativo da União. Na verdade, as sessões plenárias, que se realizam apenas uma semana em cada mês, limitam-se a deliberar com base nos relatórios apresentados pelas comissões. Os relatórios das comissões são elaborados por um dos seus membros, a quem é confiada a missão de apresentar um projecto de posição do Parlamento sobre a iniciativa legislativa em causa. No seu trabalho, os relatores são obrigados a um processo complexo de estudo e pesquisa, bem como de contacto com membros dos grupos políticos europeus, peritos independentes, grupos de interesse, Comissão e Conselho, com o objectivo de apresentar um projecto sustentável nas suas vertentes técnica e política. A comissão parlamentar discute os projectos de relatório que lhe são submetidos, podendo introduzir alterações que entenda adequadas. Seguidamente, os relatórios são enviados para deliberação no Plenário. Antes da subida a Plenário, os grupos políticos concertam o sentido de voto sobre o relatório apresentado, sendo esta a ocasião para proceder a compromissos políticos cruzados, o chamado *log-rolling*, no tocante às diferentes matérias objecto de decisão pelo Parlamento Europeu.[220]

Para além das comissões permanentes, o Parlamento Europeu pode constituir comissões de inquérito, no exercício da sua função de controlo político. As comissões parlamentares de inquérito são normalmente temporárias e visam investigar casos em que existam indícios de irregularidades administrativas ou de violação da legalidade comunitária. O Parlamento tem vindo a exercer crescente fiscalização política da actividade da Comissão através do mecanismo das comissões de inquérito, tendo algumas delas alcançado notável sucesso como aconteceu no caso da crise da BSE, ou das irregularidades que levaram à resignação da Comissão Santer.

Os *grupos políticos* existentes no Parlamento Europeu, os quais estão organizados na base de afinidades ideológicas, têm como objectivos principais exercer controlo sobre o desenrolar dos trabalhos no seio da instituição, bem como orientar o voto dos respectivos deputados.[221] Relativamente ao primeiro aspecto, os grupos políticos beneficiam de vantagens materiais, como a disponibilização de gabinetes, pessoal de apoio, e financiamento para realização das suas actividades, dispondo ainda de privilégios de natureza processual, como sejam, liderança de comissões parlamentares e outros cargos de direcção, designação de relatores e atribuição de tempo de intervenção no Plenário. Por estes motivos, os deputados europeus têm grande incentivo para se integrarem nos diferentes grupos políticos existentes no Parlamento.

---

[220] T. Bergman, T. Raunio, "Parliaments and policy-making in the European Union", in J. Richardson (ed.) *European Union. Power and policy-making*, 2ª ed., Routledge, Londres, 2001, p.124.

[221] J. P. Jacqué, *Droit Institutionnel de L'Union Européenne*, Dalloz, Paris, 2001, p.217.

Todavia, a heterogeneidade das formações nacionais representadas no Parlamento Europeu afecta a coesão política existente no seio dos diversos grupos parlamentares. Na verdade, os partidos políticos nacionais constituem a força motriz dos diferentes grupos políticos. Os deputados europeus têm a respectiva eleição dependente da vontade exclusiva dos partidos políticos nacionais, sendo que os grupos políticos europeus não interferem na selecção dos candidatos em cada Estado-membro. Assim, a disciplina de voto dos deputados europeus dependerá mais das indicações recebidas dos partidos políticos nacionais, do que da solidariedade com as orientações de voto do respectivo grupo europeu.

Mesmo no seio dos grupos políticos constituídos em formato de partidos políticos europeus, como sejam o Partido Socialista Europeu, Partido Popular Europeu ou o Partido Verde Europeu, o comportamento dos deputados nas questões fracturantes privilegia normalmente a estratégia dos respectivos partidos nacionais, em detrimento do sentido de voto definido pelo partido europeu. A título de exemplo, no processo de nomeação de Santer como Presidente da Comissão, o Partido Socialista Europeu decidiu, por larga maioria, votar contra esta personalidade. Todavia, algumas delegações nacionais solicitaram aos seus deputados que apoiassem o candidato em causa, de modo a não contrariar os compromissos assumidos pelos dirigentes nacionais no âmbito do Conselho Europeu, viabilizando a eleição do Presidente Santer.[222]

Questão do défice democrático

Neste contexto, pode-se colocar o chamado problema do défice democrático da União. Como se referiu, o combate ao défice democrático serviu de argumento para a transformação do papel do Parlamento

---

[222] M. Gabel, S. Hix, "The European Parliament and executive politics in the EU: voting behaviour and the Commission President investiture procedure", in M. O. Hosli e outros (eds.) *Institutional Challenges in the European Union*, Routledge, Londres, 2002, p.35.

Europeu no processo político da União. Num período relativamente breve, o Parlamento passou de instituição dotada de insuficientes poderes de controlo, e quase nenhuma participação no processo de decisão, a uma instituição que ocupa um lugar central no sistema político da União. Curiosamente, as eleições para o Parlamento Europeu evidenciam uma taxa de abstenção bastante superior à que se verifica nas eleições para os parlamentos nacionais, na generalidade dos países da União. O que permite inferir menor confiança dos cidadãos na actividade deste órgão, senão mesmo indiferença. Donde resulta que o continuado aumento dos poderes do Parlamento Europeu não terá permitido reduzir, por si só, o défice democrático do sistema político da União.

Na verdade, o problema da democracia na União terá de se colocar numa perspectiva mais ampla. A transformação quantitativa e qualitativa operada desde o Tratado de Maastricht pôs em crise a abordagem elitista e tecnocrática que caracterizava o processo de integração. Ao conferir maior visibilidade política a este processo, os cidadãos dos Estados foram confrontados com uma realidade que largamente ignoravam: uma associação de Estados europeus, assente em instituições fortes, cuja actividade progressivamente se estende a domínios considerados essenciais da soberania nacional, como sejam, a moeda única, política externa, justiça e assuntos internos.

Neste sentido, é compreensível que a percepção pública do processo de integração europeia cause certa perplexidade junto dos cidadãos dos Estados. Esse fenómeno emergiu com clareza nos resultados dos referendos nacionais sobre a ratificação dos Tratados europeus, realizados a partir do Tratado de Maastricht, tendo sido agudizado com o Tratado Constitucional. A falta de identificação dos cidadãos europeus com o processo de integração suscitou, sobretudo, o problema da legitimidade política que caracterizava os novos rumos seguidos pela construção europeia.

Por seu turno, as instituições da União cedo concluíram que seria necessário desenvolver nova abordagem do processo de integração, a qual permitisse um debate mais alargado, envolvendo também os parlamentos e outros actores políticos nacionais, realizado com mais transparência, que assegurasse maior preocupação com a tutela dos direitos dos cidadãos, e respeitasse a identidade nacional dos Estados. No fundo, seria necessário melhorar a qualidade da democracia existente no processo político da União.

Todavia, e apesar das transformações ocorridas no sistema institucional da União, as eleições para o Parlamento Europeu permanecem destituídas de efeito útil aos olhos dos cidadãos, porque não permitem manifestar uma escolha clara por políticas, ou em políticos, na arena europeia. Na verdade, o filtro constituído pelos partidos políticos nacionais continua a impedir que se verifique uma articulação consequente entre a vontade dos eleitores e o comportamento dos seus representantes no Parlamento Europeu, pressuposto da ideia de democracia representativa. Por outro lado, num sistema em que se dilui a capacidade dos eleitores influenciarem a formação das políticas europeias, verifica-se maior permeabilidade do processo de decisão da União aos grupos de interesse cujas estratégias de pressão sobre o poder político se processa de modo diferente da vontade do eleitorado.[223]

Apesar dos condicionalismos que impedem o Parlamento Europeu de corresponder às expectativas dos cidadãos, o sistema político da União, analisado na sua generalidade, possui um conjunto de características que não o diminuem no confronto das modernas democracias estaduais. Na verdade, o processo de decisão da União caracteriza-se por um complexo mecanismo de freios e contrapesos, que envolve não apenas o princípio da separação horizontal de poderes entre as suas instituições, mas é acompanhado também pela participação de estruturas políticas nacionais, e por vezes infra estaduais, sendo que a adopção de qualquer acto requer sempre o apoio de uma maioria alargada. Por outro lado, o poder executivo da União apresenta-se dividido por uma pluralidade de actores, que actuam em níveis políticos e administrativos distintos. Acresce que a União realizou progressos consideráveis para garantir a protecção dos direitos fundamentais, assegurar a transparência dos seus procedimentos e melhorar os mecanismos de responsabilidade política dos seus principais dirigentes. Por estes motivos, e comparando com a prática política vigente nas

---

[223] M. Franklin, "European elections and the European voter" in J. Richardson (ed.) *European Union. Power and policy-making, 2ª ed.*, Routledge, Londres, 2001, p.214.

democracias avançadas, certos autores contestam que a União sofra de um défice democrático no funcionamento do seu sistema político.[224]

Processo de decisão

Ao tempo da formação das Comunidades Europeias, o processo de decisão assentava num mecanismo elementar. A Comissão, ao abrigo do seu monopólio de iniciativa, apresentava as propostas ao Conselho, ao qual competia proceder à respectiva aprovação. Todavia, os Tratados previam em certos casos que o Conselho fizesse preceder a sua decisão final de consulta ao Parlamento Europeu. Embora a consulta ao Parlamento Europeu fosse considerada uma formalidade essencial para a adopção do acto, sendo que o seu desrespeito acarretaria a ilegalidade do mesmo, o Conselho tomava a decisão independentemente do sentido do parecer formulado pelo Parlamento. Sucessivamente, e em virtude de um acordo interinstitucional, foi decidido generalizar a consulta ao Parlamento Europeu para a globalidade dos actos comunitários.

Como se referiu, com o advento das eleições directas para o Parlamento Europeu, esta instituição encetou uma campanha pelo incremento dos seus poderes, visando reduzir o défice democrático existente. Uma das vertentes fundamentais das reivindicações do Parlamento consistia em maior participação no poder legislativo. Em resultado, foram introduzidos novos procedimentos que visaram consentir envolvimento acrescido do Parlamento na aprovação dos actos legislativos comunitários. Porém, os novos procedimentos decisórios foram sendo estabelecidos de forma estratificada, acrescendo aos preexistentes. Razão pela qual o processo de decisão se tornou mais complexo, quando comparado com a situação inicial. Na verdade, o processo de decisão passou a englobar o conjunto dos procedimentos previstos pelos Tratados, ou seja, o processo de decisão deixou de ser único. O elemento central que distingue os vários procedi-

---

[224] A. Moravcsik, "In Defence of the 'Democratic Deficit': Reassessing Legitimacy in the European Union", *Journal of Common Market Studies 40* (2002), p.621.

mentos existentes é o diferente grau de participação atribuído ao Parlamento Europeu.

O maior envolvimento do Parlamento Europeu na formação das decisões comunitárias provocou, contudo, certo receio dos Estados no tocante aos domínios aparentados com a ideia de soberania nacional. Por esse motivo, o Tratado de Maastricht introduziu uma distinção básica entre o funcionamento das Comunidades Europeias, onde as decisões se tomavam com a participação conjunta da Comissão, Parlamento e Conselho, e as áreas da política externa, defesa, justiça e assuntos internos. Para estas últimas os Estados estabeleceram um procedimento decisório distinto, que previa apenas o envolvimento do Conselho. Donde resultou a distinção entre o chamado método comunitário, que abrange fundamentalmente as modalidades de decisão previstas no âmbito do Tratado da Comunidade Europeia, e o método intergovernamental, praticado nos segundo e terceiro pilares da União e que previa o protagonismo quase absoluto do Conselho no poder de decisão. Com efeito, o processo de decisão comunitário, de par com o controlo de legalidade exercido pelo Tribunal de Justiça, estiveram na base do estabelecimento, pelos Estados, de uma União Europeia assente em três pilares distintos.

Portanto, existe uma diferença fundamental entre o processo de decisão comunitário e o poder decisório nos restantes pilares da União. Por outro lado, no seio da Comunidade Europeia o processo de decisão encontra-se repartido em procedimentos decisórios distintos, os quais foram sendo estabelecidos para responder às aspirações do Parlamento Europeu.

As principais modalidades de decisão no âmbito da Comunidade Europeia são: o a consulta ao Parlamento Europeu; parecer favorável do Parlamento Europeu; procedimento de cooperação com o Parlamento Europeu; procedimento de co-decisão. A modalidade decisória que em cada caso é seguida na adopção dos diferentes actos comunitários depende da respectiva base jurídica. Ou seja, do preceito do Tratado que serve de fundamento para a actuação da Comunidade. Na verdade, a Comunidade Europeia rege-se pelo princípio das competências de atribuição, pelo que só pode actuar no limite das competências que lhe foram conferidas nos Tratados. Com efeito, os diferentes domínios comunitários previstos no Tratado contêm uma disposição que indica o procedimento decisório nessa matéria.[225] Pelo que a escolha da base jurídica dos actos comunitários assume crucial importância, porque pode determinar níveis diferentes de participação do Parlamento Europeu na decisão final.

O *procedimento de consulta*, previsto inicialmente nos Tratados, permite ao Parlamento Europeu formular um parecer sobre o projecto de decisão submetido à apreciação do Conselho. Contudo, o parecer do Parlamento não vincula o conteúdo da decisão a adoptar pelo Conselho.

O Acto Único Europeu introduziu dois novos procedimentos com o intuito de aumentar os poderes do Parlamento Europeu no processo de decisão: parecer favorável e procedimento de cooperação. O procedimento de *parecer favorável* é uma modalidade decisória que se desenrola de forma idêntica ao procedimento de consulta. Contudo, o sentido do parecer formulado pelo Parlamento é determinante para a adopção da decisão. O Parlamento deve emitir parecer favorável ao projecto de decisão que lhe tenha sido submetido. Tal significa, que nos termos do procedimento de parecer favorável, o Parlamento detém efectivo poder na formação da vontade comunitária, na medida em que a decisão final requer a sua aprovação. O âmbito de aplicação principal deste procedimento consiste na celebração de acordos internacionais.

O Acto Único Europeu introduziu, também, o chamado *procedimento de cooperação*, artigo 252º TCE. Este procedimento visou associar o Parlamento Europeu ao exercício da actividade legislativa da Comunidade, sem contudo lhe conferir efectivo poder de decisão. O procedimento de cooperação é mais complexo que os dois procedimentos anteriores, porque se desenrola num mecanismo de realização de duas leituras do projecto comunitário, pelas instituições envolvidas no processo de decisão. No entanto, no final da segunda leitura o Parlamento não pode, por si só, impedir o Conselho de adoptar a decisão. No quadro do procedimento de cooperação o Conselho preserva, pois, a última palavra sobre a adopção final do acto. Actualmente, o âmbito de aplicação deste procedimento está confinado ao domínio da união económica e monetária parecendo, contudo, destinado a desaparecer dos Tratados.

---

[225] J. P. Jacqué, *Droit Institutionnel de L'Union Européenne*, Dalloz, Paris, 2001, p.337.

A insatisfação do Parlamento Europeu face ao reduzido valor acrescentado do procedimento de cooperação, no tocante à sua participação na função legislativa comunitária, levou o Tratado de Maastricht a estabelecer novo procedimento destinado a conferir-lhe real poder de decisão, o chamado *procedimento de co-decisão*, artigo 251º TCE. A co-decisão inspira-se na tramitação do procedimento de cooperação, baseada numa apreciação em duas leituras, acrescentando uma fase final conciliatória para os casos de falta de consenso entre as instituições fundamentais neste procedimento, Parlamento e Conselho. Por seu turno, o Tratado de Amesterdão introduziu alterações na tramitação da co-decisão que reforçaram os poderes do Parlamento nesta sede, bem como alargaram o âmbito de aplicação do procedimento.[226]

O procedimento de co-decisão prevê uma primeira leitura da proposta da Comissão, pelo Parlamento e Conselho. Nesta fase, caso o Parlamento não haja proposto emendas à proposta da Comissão, ou se o Conselho concordar com todas as emendas formuladas pelo Parlamento, o acto considera-se aprovado. Nos demais casos, o Conselho adopta uma posição comum e transmite-a ao Parlamento, tendo início a segunda leitura. Neste caso, existem três hipóteses: se o Parlamento aprovar a posição comum do Conselho, ou se não se pronunciar no prazo de três meses, o acto considera-se aprovado, nos termos da posição comum; se o Parlamento rejeitar a posição comum, encerra-se o procedimento por se considerar que o acto foi rejeitado; se o Parlamento propuser emendas, o acto é submetido a nova apreciação do Conselho. Nesta última situação, o Conselho pode adoptar o acto, se aprovar todas as emendas propostas pelo Parlamento. Se o Conselho não aprovar todas as emendas propostas pelo Parlamento, é convocado o Comité de Conciliação.

O Comité de Conciliação é um órgão paritário, composto por representantes do Parlamento e do Conselho, que tem por missão chegar a acordo sobre um projecto comum às duas instituições. O seu debate versa

---

[226] T. Bergman, T. Raunio, "Parliaments and policy-making in the European Union", in J. Richardson (ed.) *European Union. Power and policy-making*, 2ª ed., Routledge, Londres, 2001, p.119.

sobre as emendas parlamentares à posição comum, que não foram aprovadas pelo Conselho em segunda leitura. O Comité de Conciliação tem seis semanas para elaborar um projecto comum. Se o não fizer, o acto considera-se não adoptado. Caso o Comité de Conciliação consiga elaborar um projecto comum no prazo previsto, o acto considera-se adoptado se ambas as instituições o aprovarem no decurso das seis semanas sucessivas. Se qualquer das instituições não aprovar o projecto comum nesse período, o acto considera-se não adoptado, artigo 251º TCE e artigo III-396º da Constituição europeia.

Apesar da aparente complexidade da tramitação deste procedimento, que pode envolver duas leituras do projecto de decisão pelo Parlamento e Conselho e ainda a fase conciliatória, resulta claro, contudo, que no seguimento das alterações introduzidas em Amesterdão, o Parlamento atingiu uma posição idêntica ao Conselho na adopção dos actos sujeitos a co-decisão.

Tendo em conta a evolução verificada no processo de decisão comunitário nas últimas décadas é natural que a co-decisão haja sido considerada pelo Tratado Constitucional como processo legislativo ordinário da União, artigo I-34º. Por este modo, o Parlamento Europeu conseguirá alcançar a plenitude do exercício da função legislativa no processo político da União.

CAPÍTULO VII

A DIVISÃO DE COMPETÊNCIAS ENTRE A UNIÃO E OS ESTADOS-MEMBROS

Os sistemas de inspiração federal caracterizam-se pela convivência de um poder central, dotado de capacidade legislativa autónoma, com as unidades componentes deste mesmo sistema federal, as quais mantêm as suas próprias prerrogativas normativas. Nisto se traduz a clássica definição de federalismo como resultado da combinação dos princípios de *self-rule* e *shared rule*.[227] Donde, a chamada divisão vertical de competências constituir uma questão nuclear nos sistemas de moldura federal.

De entre os aspectos inovadores do Tratado Constitucional, o Título relativo às Competências da União merece referência especial. Na verdade, os anteriores Tratados dedicavam escassa atenção à divisão de competências entre a União e os Estados-membros.

O objectivo de clarificar e simplificar a divisão de competências foi um dos propósitos do mandato conferido à Convenção europeia. Em resultado, esta considerou que a Constituição deveria conter um Título consagrado às competências da União que permita aos cidadãos terem uma noção clara e concisa da distribuição de competências e entenderem as diferentes categorias de competências da União, bem como as

---

[227] D.J. Elazar (ed.), *Constitutional Design and Power-Sharing in the Post-Modern Epoch*, Lanham, New York, 1991.

condições para o seu exercício. As contribuições da Convenção europeia em sede de competências da União foram, de modo geral, recebidas no texto do Tratado Constitucional.

A concepção da divisão de competências que atravessa o Tratado Constitucional é reportável à ideia de *dual federalism*, porque imbuída de acentuada estratificação de competências entre a União e os Estados. A União detém apenas as competências que lhe são atribuídas pela Constituição; os demais domínios de actuação são de considerar como relevando da competência reservada dos Estados. Quaisquer alterações futuras ao sistema de divisão de competências terão de ser realizadas através do processo de revisão constitucional.

Este capítulo incide sobre o sistema de divisão de competências entre a União Europeia e os Estados-membros. Na parte inicial faz um enquadramento da evolução da divisão competências no processo de integração europeia. Em seguida, analisa os principais aspectos que caracterizam o Título III do Tratado Constitucional sobre as "Competências da União", como sejam, o princípio da atribuição, as diferentes categorias de competências definidas pela Constituição, cláusula de flexibilidade, método aberto de coordenação, controlo da aplicação do princípio da subsidiariedade e respeito pela identidade nacional dos Estados-membros.

A evolução da divisão de competências

A divisão de competências entre a União Europeia e os Estados-membros é um tema cuja análise se pode dividir em dois períodos fundamentais ao longo do processo de integração: antes e depois do Tratado de Maastricht.

No período compreendido entre a fundação das Comunidades Europeias e o final da década de 1980, a questão da divisão de competências entre a Comunidade e os Estados-membros era um assunto lateral no processo de integração, quer a nível do debate político, quer sobretudo na literatura académica.

O Tratado que estabeleceu a Comunidade Económica Europeia (TCE), previa um sistema de divisão funcional de competências entre a Comunidade Europeia e os Estados-Membros. Nos termos deste sistema, o Tratado enunciava os fins da Comunidade Europeia, bem como os meios que dispunha para os alcançar. A actuação da Comunidade Europeia deveria situar-se dentro dos limites definidos por estas duas cláusulas e, sobretudo, fundamentar a sua base jurídica nas diferentes disposições do Tratado que se ocupavam das políticas e demais áreas de acção comunitárias.

Para além das competências expressamente atribuídas à Comunidade pelas disposições do Tratado, o artigo 308º (*ex* artigo 235º), previa que sempre que uma acção fosse considerada necessária para atingir um dos objectivos da Comunidade, sem que o Tratado tivesse previsto os poderes de acção necessários, o Conselho poderia tomar as disposições adequadas para o efeito, por unanimidade. Esta disposição pretendia funcionar como uma espécie de cláusula de flexibilidade, permitindo a actuação da Comunidade em áreas que não dispusessem de base jurídica no Tratado.

Refira-se, também, que no período em causa o Tribunal de Justiça, quando solicitado a pronunciar-se sobre questões relativas à divisão de competências entre a Comunidade Europeia e os Estados-membros, fornecia uma interpretação extensiva das atribuições comunitárias e proferia um entendimento restritivo das competências dos Estados, no domínio da actuação partilhada com a Comunidade.

O efeito conjugado da jurisprudência comunitária em sede de divisão de competências e, sobretudo, do uso e abuso que os Estados-membros, através do Conselho, fizeram da cláusula de flexibilidade estabelecida pelo artigo 235º do TCE, gerou um sentimento de incerteza sobre os limites da actuação da Comunidade Europeia.[228] Na verdade, em meados da década de 1980, quando a repartição de competências se começou a equacionar de forma mais atenta, colocava-se inclusivamente em causa que a Comunidade Europeia fosse uma entidade regida pelo princípio das competências de atribuição.[229]

---

[228] O artigo 235º do TCE serviu de base jurídica para a adopção de cerca 700 actos comunitários.

[229] K. Lenaerts, "Constitutionalism and the Many Faces of Federalism", *American Journal of Comparative Law* (1990), p.220.

A acrescida sensibilidade do problema da divisão de competências seria agravada pelas alterações institucionais introduzidas pelo Acto Único Europeu. Em particular, o alargamento do voto por maioria qualificada, e a consequente redução do direito de veto dos Estados sobre as decisões comunitárias, aumentaram a insegurança dos governos nacionais sobre os resultados do processo de decisão da Comunidade Europeia.

Na medida em que a divisão de competências entre a Comunidade Europeia e os Estados-membros se processava pelo método funcional, o qual suscitava dúvidas sobre os limites efectivos da actuação da Comunidade no confronto das prerrogativas dos Estados, os governos nacionais colocaram a divisão de competências como questão central do chamado constitucionalismo comunitário. Ou seja, os Tratados constitutivos das Comunidades Europeia deveriam conferir maior atenção ao tema da divisão de competências, no sentido de proteger os Estados contra tendências centrípetas, então verificadas.

É interessante notar certo paralelismo entre esta fase da divisão de competências na integração europeia e a experiência homóloga nos Estados Unidos. No sistema norte-americano, a perspectiva do federalismo enquanto sistema rigidamente demarcado de competências entre o Governo nacional e os Estados foi-se alterando desde a Primeira Guerra Mundial, período em que para fazer face ao acréscimo de encargos, o Governo federal recorreu à *tax clause* para lançar nova tributação sobre o rendimento. No final do conflito, o imposto sobre o rendimento revelou-se importante fonte de financiamento do poder federal permitindo adoptar programas nacionais em áreas como a agricultura, segurança social e obras públicas, os quais, porém, eram geridos pelas estruturas administrativas dos Estados. Da colaboração entre os dois níveis de poder surgiu o conceito de *cooperative federalism*.[230]

O *New Deal* e a Segunda Guerra Mundial reforçaram a intervenção do Governo federal, provocando alteração nas suas competências. Todavia, o aumento da intervenção do poder federal não se realizou a expen-

---

[230] M. Grodzins, *The American System - A New View of Government in the United States* (ed. by D.J. Elazar), Transaction Books, New Brunswick,1984, p.41.

sas das competências dos Estados. Pelo contrário, assistiu-se a certo incremento da actuação deste últimos em virtude das exigências colocadas pela implementação do *welfare state*[231]. O balanço da posição relativa dos Estados e do Governo federal alterou-se, mas sem que se considere que o aumento das competências de actuação do poder federal se operou à custa da redução das atribuições estaduais.

Tratado de Maastricht

O Tratado de Maastricht foi o primeiro acto que se ocupou de forma sistemática da divisão de competências no sistema comunitário. Em termos gerais, poderia afirmar-se que o Tratado de Maastricht procurou fixar os critérios que presidem à divisão de competências entre a União e os Estados-membros. Assim, foi criada uma nova disposição que contém os princípios fundamentais nesta matéria, o artigo 5º do TCE.

O artigo 5º do TCE começa por afirmar o princípio das competências de atribuição da Comunidade, ou seja, que apenas detém as competências que lhe foram atribuídas pelos Estados, através dos Tratados constitutivos. O segundo parágrafo deste artigo estipula o princípio da subsidiariedade, aplicável em todos os domínios que não relevem das atribuições exclusivas da Comunidade. O princípio da subsidiariedade estabelece uma preferência pela actuação dos Estados, confinando a actuação da Comunidade aos casos em que esta possa acrescentar valor no confronto da acção individual de cada país. O último parágrafo do artigo prevê o princípio da proporcionalidade da actuação da Comunidade, adequando a intensidade dos meios da sua acção aos objectivos visados.

Em virtude da afirmação explícita do princípio das competências de atribuição no texto do Tratado, Maastricht conferiu novas competências à Comunidade. Tais competências abrangiam, sobretudo, domínios em que

---

[231] D.J. Elazar, *American Federalism. A View from the States*, Harper&Row Publishers, New York, 1984, p.53.

202 A União Europeia

se verificava a actuação prévia da Comunidade, mas em que não existia base jurídica específica. Na medida em que se reforçou a natureza das competências de atribuição da Comunidade, a actuação nesses domínios necessitaria de fundamento jurídico próprio. Por este motivo, o Tratado de Maastricht conferiu novas competências à Comunidade, as chamadas competências complementares, em áreas como saúde pública, educação, cultura, indústria, redes transeuropeias, defesa dos consumidores e cooperação no desenvolvimento.

As alterações introduzidas pelo Tratado de Maastricht permitiram iniciar novo período em termos de divisão de competências. Com efeito, após a entrada em vigor do Tratado de Maastricht cessaram os factores que mais haviam contribuído para a centralização das competências comunitárias.

Por um lado, assistiu-se a clara inversão de tendência nas decisões do Tribunal de Justiça sobre divisão de competências. Na verdade, o Tribunal passou a usar de assinalável prudência nos casos em que decide sobre questões relativas à divisão vertical de competências, abandonando a interpretação extensiva das competências comunitárias. Pelo que a jurisprudência do Tribunal de Justiça retirou todas as consequências das alterações constitucionais introduzidas, denotando observância rigorosa do princípio das competências de atribuição.[232]

Por outro lado, deve considerar-se que na era pós-Maastricht ocorreu uma redução do factor que mais contribuiu para a expansão das competências comunitárias no período precedente: o recurso à cláusula prevista no artigo 308º do TCE. Com efeito, os governos nacionais abandonaram a prática de fazer um uso alargado da cláusula de flexibilidade, enquanto base jurídica de actos comunitários desprovidos de fundamento no Tratado, como sucedia nas décadas de 1970 e 1980.

Portanto, o Tratado de Maastricht permitiu encerrar um ciclo caracterizado pela expansão das competências comunitárias. Não tanto pela

---

[232] *Parecer 1/94*, Colectânea 1994, p. I-5267; *Parecer 2/94*, Colectânea 1996 p. I-1763; *Caso Alemanha c. Parlamento Europeu e Conselho da União Europeia*, Processo C-376/98, Colectânea 2000, p.I-8419.

Capítulo VII - A Divisão de Competências entre a União e os Estados-Membros   203

originalidade das soluções introduzidas no seu texto, mas porque os Estados-membros evidenciaram preocupação acrescida pelo problema e o Tribunal de Justiça soube adaptar a sua jurisprudência aos preceitos introduzidos pelo Tratado de Maastricht.

Curiosamente, a fase da divisão de competências na União iniciada com o Tratado de Maastricht apresenta similitudes com o chamado *dual federalism*, que marcou a jurisprudência norte-americana entre o final da Guerra Civil e o *New Deal*. O *dual federalism* consistia no reconhecimento de dois tipos de entidades legislativas no sistema político, Estados e Governo federal, estabelecendo clara demarcação das esferas de competências de cada uma. A característica principal residia na afirmação de domínios que relevavam da competência reservada dos Estados, e que se entendiam claramente separados das atribuições constitucionalmente conferidas ao poder federal, as quais, por seu turno, deveriam ser objecto de interpretação restritiva pelos órgãos jurisdicionais. O formalismo da concepção do *dual federalism* era também evidente na preocupação com que encarava eventuais alterações ao sistema de distribuição de competências, que apenas poderiam ser realizadas através de revisão constitucional.[233]

Na União Europeia, e numa perspectiva jurídica, é incontornável que o Tratado de Maastricht pôs termo à erosão das competências de atribuição. No período que se lhe seguiu, o princípio das competências de atribuição alcançou um protagonismo nunca antes verificado, como pressuposto da actuação comunitária.

Todavia, numa perspectiva política, o problema da divisão de competências continuou a colocar-se. Os motivos que levaram a que a divisão de competências tivesse permanecido tema nuclear do debate constitucional europeu são de ordem diversa. Desde logo, o Tratado de Maastricht aumentou a complexidade do sistema de divisão de competências. Como se referiu, o Tratado de Maastricht atribuiu as chamadas competências complementares, introduzindo um terceiro tipo de competências da Comunidade, que acresceram às competências exclusivas e às competências partilhadas.

---

[233] P.N. Glendening, M.M. Reeves, *Pragmatic Federalism. An Intergovernmental View of American Government*, Palisades Publishers, California, 1984, p.58.

Para além da densidade do universo de competências atribuídas à Comunidade, no plano político o Tratado de Maastricht não conseguiu corresponder às expectativas criadas. Na verdade, o princípio da subsidiariedade havia sido apresentado como uma espécie de varinha mágica para a resolução do problema da divisão de competências. Na altura, os Estados sentiam-se indefesos perante as tendências centrípetas verificadas, projectando essa preocupação para a opinião pública. Por seu turno, a Comunidade Europeia, e em particular a Comissão, julgaram ter encontrado no princípio da subsidiariedade a solução para os problemas colocados em sede de competências.

A subsidiariedade, no entanto, é um conceito transportado de um contexto extra-jurídico para o universo constitucional da Comunidade Europeia. Além disso, o princípio da subsidiariedade defrontou-se com a complexidade da sua implementação. Na verdade, a subsidiariedade é um princípio político. O que implica que o controlo da sua aplicação deva relevar sobretudo de uma análise de carácter político, do que da interpretação do Tribunal de Justiça.

As dificuldades inerentes à implementação da subsidiariedade e a inexistência de um mecanismo de controlo político, por um lado, e a multiplicidade de actores políticos afectados pela actuação da Comunidade, nomeadamente, os órgãos infra estaduais cuja esfera de intervenção é condicionada pela Comunidade, por outro lado, contribuíram para que a divisão de competências permanecesse um tema central do debate constitucional da União.

Ainda que o Tratado de Maastricht tenha sido capaz de dotar a Comunidade dos antídotos jurídicos adequados para suster as tendências centrípetas na divisão de competências, não conseguiu resolver as apreensões políticas que esta temática suscitava, em boa parte porque não conseguiu tornar o sistema de competências numa realidade compreensível para a generalidade dos actores políticos. Motivo pelo qual os poderes infra nacionais dos Estados-membros, caso dos *Lander* alemães, reclamaram uma delimitação mais rigorosa da divisão de competências.

Neste contexto, a Declaração respeitante ao futuro da União, anexa ao Tratado de Nice, referia o "estabelecimento e manutenção de uma delimitação mais precisa das competências entre a União Europeia e os Estados-membros, que respeite o princípio da subsidiariedade", como um

Capítulo VII - A Divisão de Competências entre a União e os Estados-Membros   205

dos temas principais do debate sobre o futuro da União, que deveria preceder a conferência intergovernamental seguinte.

A realização de um debate alargado sobre o futuro da União levaria o Conselho Europeu a convocar a Convenção europeia. A Declaração de Laeken, que definiu o mandato da Convenção, salientava o propósito de conferir maior atenção ao problema da divisão de competências. Objectivo principal do debate seria esclarecer a divisão de competências entre a União e os Estados-membros, de forma a aumentar a transparência do sistema e estabelecer uma distinção entre os diferentes tipos de competências.

O projecto de Constituição europeia, apresentado pela Convenção, consagrou um Título sobre as Competências da União. Nesse Título, o projecto de Constituição fixava os princípios fundamentais em sede delimitação e exercício de competências, definia as categorias de competências da União, enumerava as competências atribuídas à União e estabelecia as condições do recurso à cláusula de flexibilidade.

O Tratado que estabelece uma Constituição para a Europa reproduz, no essencial, os termos do projecto da Convenção em sede de divisão competências, no Título III, da Parte I.

A divisão de competências no Tratado Constitucional

Aspecto proeminente do Título III do Tratado Constitucional é a adopção de um catálogo de competências da União. Como se referiu, o objectivo de dotar a Constituição de um Título separado sobre competências, seria fornecer uma noção clara e concisa da divisão de competências. A Convenção entendeu que tal objectivo seria melhor alcançável com a elaboração de um elenco de competências da União. Assim, os artigos que se ocupam das diferentes categorias de competências da União, realizam a listagem das competências conferidas a esse título.

A fórmula do catálogo de competências poderia parecer o modo mais adequado para lidar com o objectivo de estabelecer com rigor e transparência os domínios em que os Estados conferem competências à União. Todavia, as listas de competências apresentam desvantagens não despiciendas. Desde logo, as enumerações apresentadas têm como potencial efeito cristalizarem a repartição de competências entre a União e os Estados.[234] Ora, a experiência de outras entidades comparáveis em sede de divisão de competências, como os Estados Unidos, demonstra que a dinâmica do processo político não se compadece com a rigidez que decorre das listas de competências.

No Tratado Constitucional o problema é agravado pelo facto das listagens de competências terem sido formuladas em sede das diferentes categorias de competências atribuídas à União. Pelo que a cristalização da repartição pode verificar-se duplamente: não apenas na divisão entre a União e os Estados; como também na classificação entre diferentes tipos de competências da União. Donde resulta que a técnica normativa seguida pela Constituição, orientada por um propósito clarificador, se poderá revelar demasiado rígida, e redutora, para regular a divisão de competências entre a União e os Estados.

O primeiro preceito do Título sobre as competências da União, artigo I-11°, estabelece os princípios fundamentais, afirmando que a União se rege pelo princípio das competências de atribuição, e que o exercício das competências da União se regula pelos princípios da subsidiariedade e da proporcionalidade.

Apesar da sua redacção se inspirar no artigo 5° do TCE, não deixará de se notar a frase acrescentada à definição do princípio das competências de atribuição. Refere o último período do n°2 do artigo I-11°da Constituição, que "as competências que não sejam atribuídas à União na Constituição pertencem aos Estados-membros". À primeira vista parecerá uma tautologia, na medida em que tal afirmação decorre claramente da frase precedente, a qual afirma que a União actua nos limites das competências que os Estados lhe tenham conferido na Constituição. Ou seja, a União detém apenas as competências que lhe foram conferidas pelos Estados, sendo que todas as demais matérias relevam da jurisdição destes. Assim sendo, a técnica jurídica recomendaria que se tivesse dispensado tal aditamento.

---

[234] S. Weatherill, "Competence", in B. De Witte (ed.) *Ten Reflections on the Constitutional Treaty for Europe*, European University Institute, San Domenico di Fiesole, 2003, p.47.

Capítulo VII - A Divisão de Competências entre a União e os Estados-Membros   207

Contudo, os trabalhos preparatórios da Convenção revelam intenção deliberada de reforçar a importância do princípio das competências de atribuição, através da afirmação explícita no texto da Constituição de que as competências não atribuídas à União pertencem aos Estados.[235] Tal aditamento terá como objectivo reforçar o pressuposto favorável à competência dos Estados.

Perante tal tipo de preocupações, é forçoso concluir que o debate promovido pela Convenção europeia sobre a divisão de competências permitiu evidenciar os mesmos receios existentes aquando da elaboração do Tratado de Maastricht, contra o fenómeno da centralização de competências, mas que a inversão de tendência provocada por este Tratado deveria ter afastado.

Competências exclusivas da União

As competências exclusivas da União são definidas pelo artigo I-12º, nº1, do Tratado Constitucional como os domínios em que só a União pode legislar e adoptar actos juridicamente vinculativos. Este preceito dispõe que a actuação dos Estados-membros nas áreas que relevem da competência exclusiva da União fica condicionada a casos em que exista habilitação da União, ou com o intuito de dar execução aos actos da União.

A definição do conceito de competências exclusivas da União segue de perto a jurisprudência proferida pelo Tribunal de Justiça. Na verdade, a Convenção europeia pretendeu adoptar uma perspectiva estritamente jurídica da figura da exclusividade de competências, sublinhando que a característica essencial desta categoria reside no facto de os Estados apenas poderem actuar nesses domínios desde que autorizados pela União.[236]

---

[235] *CONV* 375/1/02 REV 1, p. 10.
[236] *CONV* 375/1/02, p.6.

Há muito que o Tribunal de Justiça afirmou a ideia que nas áreas que relevassem da competência exclusiva da Comunidade, a actuação dos Estados-membros estaria limitada às situações em que estivessem expressamente habilitados. Assim, no acórdão que proferiu no caso *Donckerwolcke* o Tribunal de Justiça admitiu que os Estados-membros poderiam adoptar medidas nacionais no âmbito da política comercial comum, desde que providos de habilitação específica da Comissão.[237] Do mesmo modo, no caso *Comissão c. Reino Unido*, o Tribunal de Justiça declarou que as medidas nacionais em matéria de conservação dos recursos biológicos do mar estariam dependentes de autorização prévia da Comissão.[238]

Por outro lado, na arquitectura geral do sistema de separação de poderes vigente na União, a execução dos actos jurídicos releva da competência dos Estados-membros. Essa ideia foi expressamente consagrada pela Constituição Europeia que dispõe, no artigo I-37°, que os Estados-membros tomam todas as medidas de direito interno necessárias à execução dos actos juridicamente vinculativos da União. Daí que a referência do artigo I-12°, n°1, *in fine*, permitindo a actuação dos Estados-membros nos domínios que relevem da competência exclusiva da União, para dar execução aos actos desta, deva ser entendida à luz da clarificação sistémica do processo político, empreendida pelo Tratado Constitucional.

O artigo I-13° do Tratado Constitucional enumera os domínios de competência exclusiva da União. Segundo os trabalhos da Convenção europeia, o elenco dos domínios de competência exclusiva da União deveria ser definido de acordo com os critérios estipulados pelo Tribunal de Justiça.[239] Em conformidade, o Tratado Constitucional considera como áreas de competência exclusiva a união aduaneira, as regras de concorrência necessárias ao funcionamento do mercado interno, a política monetária para os Estados-membros cuja moeda seja o euro, a conservação dos recursos biológicos marítimos e a política comercial comum.

---

[237] Caso *Suzanne Donckerwolcke*, processo 41/76, Recueil 1976, p. 1937.
[238] Caso *Comissão das Comunidades Europeias c. Reino Unido*, processo 804/79, Recueil 1981, p. 1076.
[239] *CONV* 375/1/02, p.7.

Capítulo VII - A Divisão de Competências entre a União e os Estados-Membros 209

De entre os domínios enumerados, a política comercial comum e a conservação dos recursos biológicos marítimos foram os que primeiro mereceram a atenção do Tribunal de Justiça, enquanto matérias que relevavam da competência exclusiva da Comunidade.

A política comercial comum foi considerada competência exclusiva da Comunidade no *Parecer 1/75*.[240] Nesta decisão, o Tribunal afirmou que no domínio da política de exportação, e de toda a política comercial comum, não seria admissível que os Estados mantivessem uma competência paralela à Comunidade. A justificação que o Tribunal apresentou para inferir a exclusividade de competências do artigo 133º (*ex artigo 113º*) do Tratado da Comunidade Europeia fundava-se no facto de, caso se admitisse a manutenção de uma competência paralela dos Estados, tal permitiria que estes prosseguissem os seus próprios interesses nas relações externas, o que falsearia o sistema institucional da Comunidade, afectando as relações de confiança existentes e impedindo a defesa do interesse comunitário comum.[241]

Todavia, convirá notar que a Constituição procedeu ao alargamento da exclusividade de competências, no âmbito da política comercial comum. Com efeito, o Tratado de Nice havia fixado uma derrogação quanto ao alcance desta política, no artigo 133º, nº 6, dispondo que os acordos no domínio do comércio de serviços culturais e audiovisuais, de serviços de educação, bem como de serviços sociais e de saúde humana, são da competência partilhada entre a Comunidade e os Estados-membros. O Tratado Constitucional acaba com o regime excepcional destes domínios no seio da política comercial comum, submetendo-os ao princí-

---

[240] Na década de 1960 Pescatore referia a política comercial comum como domínio objecto *"d'un transfert très considérable d'attributions à la Communauté"*, não mencionando porém o seu carácter exclusivo, cfr. P. Pescatore, *La répartition des compétences et des pouvoirs entre les États membres et les Communautés Européennes- Étude des rapports entre les Communautés et les États membres* (in "Derecho de la Integracion", nº1, Instituto para la Integracion de la America Latina, Argentina, 1967, p. 108 - 152), policopiado, p. 6.

[241] *Parecer 1/75*, Recueil 1975, p. 1355.

pio geral da competência exclusiva da União.[242] Prevê-se, apenas, a existência de um regime particular para o processo de decisão, com a possibilidade de o Conselho deliberar por unanimidade na celebração de acordos internacionais que incidam sobre estes domínios, artigo III-315º, nº4.

No âmbito da conservação dos recursos biológicos marítimos, competência atribuída à Comunidade pelo Acto de Adesão de 1972, o Tribunal considerou que este domínio pertencia plena e definitivamente à Comunidade, em virtude dos Estados-membros terem empreendido uma transferência total da respectiva competência.[243] A justificação da exclusividade de competências foi apresentada no caso *Kramer*, onde o Tribunal considerou que o Acto de Adesão de 1972 tinha pretendido resolver o problema dos recursos marítimos na perspectiva de uma solução global, que se afigurava incompatível com intervenções parcelares dos Estados-membros.[244]

Para além destes dois domínios, não suscitam dúvidas a classificação da união aduaneira e da política monetária como relevando da competência exclusiva da União. No tocante à união aduaneira, há muito que a doutrina apontava este domínio como exemplo do carácter excepcional da exclusividade de competências comunitárias.[245] Sendo a união aduaneira o primeiro degrau que a Comunidade deveria alcançar na construção do mercado comum, a sua realização implicou que os Estados-membros ficassem privados de quaisquer prerrogativas em sede de direitos alfandegários. Por outro lado, a Comunidade adquiriu competência exclusiva para adopção da pauta aduaneira comum.

---

[242] A este propósito, a Convenção seguiu a recomendação do grupo dirigido por Jean-Luc Dehaene, de supressão do nº6 do artigo 133 do Tratado de Nice. Cfr. *CONV 528/03*, p.17.

[243] Caso *Comissão das Comunidades Europeias c. Reino Unido*, processo 804/79, *Recueil 1981*, p. 1045.

[244] Caso *Cornelis Kramer e outros*, processos apensos 3,4 e 6/76, *Recueil*, 1976, p. 1279.

[245] V. Constantinesco, *Compétences et Pouvoirs dans les Communautés Européennes - contribution à l'étude de la nature juridique des Communautés*, Librairie Générale de Droit et de Jurisprudence, Paris, 1974, p. 282.

Relativamente à política monetária, para os Estados-membros cuja moeda seja o euro, a exclusividade de competências da União decorre do objectivo da realização da união económica e monetária, dotada de uma moeda única, em que o Banco Central Europeu detém o exclusivo de autorizar a emissão do euro. Com todas as consequências que tal acarreta em termos de fixação das taxas de juro e da utilização dos instrumentos de política cambial. O Tratado Constitucional reforça esta ideia das implicações jurídicas da adopção do euro ao afirmar, no artigo I-30°, n°4, que os Estados-membros cuja moeda não seja o euro conservam as competências no domínio monetário.

Mais controversa se apresenta a inclusão das regras de concorrência, necessárias ao funcionamento do mercado interno, como domínio da exclusiva competência da União. Na verdade, no caso *Walt Wilhem*, o Tribunal de Justiça declarou que os artigos 81° e 82° do Tratado da Comunidade Europeia relevavam da competência partilhada, o que implicava a convivência de normas nacionais e comunitárias, bem como a possibilidade da sua aplicação conjunta à mesma prática restritiva da concorrência.[246] Na mesma linha se inscreve o Regulamento (CE) n°1/2003,[247] relativo à aplicação das normas comunitárias da concorrência, que permite aos Estados-membros estabelecerem regras sobre coligações de empresas e a proibição do abuso de posição dominante.[248] Por tais motivos, se afigura questionável a classificação das regras da concorrência como domínio abrangido pela competência exclusiva da União.

Por fim, o n°2 do artigo I-13° da Constituição declara que a União dispõe de competência exclusiva para realizar acordos internacionais quando tal celebração esteja prevista num acto legislativo da União, seja necessária para lhe dar a possibilidade de exercer a sua competência interna, ou seja susceptível de afectar regras comuns ou de alterar o alcance das mesmas. Este preceito pretende constitucionalizar a jurisprudência do

---

[246] Caso *Walt Wilhelm*, processo 14/68, *Recueil 1969,* p.1

[247] *JO L 1,* de 4.1.2003, pp.1-25.

[248] M. Dougan, "The Convention's Draft Constitutional Treaty: bringing Europe closer to its lawyers?", *European Law Review 28* (2003), p.770.

Tribunal de Justiça em matéria de competências externas da Comunidade, proferida na década de 1970. No acórdão *AETR*[249], o Tribunal declarou que a competência para concluir acordos internacionais poderia decorrer de um acto comunitário, nos termos do princípio jurídico *in foro interno*, *in foro externo*. Por seu turno, no Parecer 1/76 o Tribunal entendeu que nas situações em que se revelasse necessário para a realização de um dos objectivos do Tratado, deveria ser reconhecida competência à Comunidade para celebrar um acordo internacional.[250]

Competências partilhadas com os Estados-membros

A segunda categoria de competências prevista pelo Tratado Constitucional abrange as competências partilhadas com os Estados-membros. A partilha de competências entre a União e os Estados-membros em determinado domínio, significa que ambas as entidades têm o poder de legislar e adoptar actos juridicamente vinculativos nessa matéria.

As competências partilhadas com os Estados são uma categoria tradicional do direito comunitário, cuja natureza jurídica resulta por exclusão de partes. As competências partilhadas da Comunidade correspondiam aos domínios em que não se verificava a exclusão de nenhum dos centros de poder do processo comunitário, ficando as matérias em causa submetidas à regulação conjunta da Comunidade e dos Estados-membros. A própria expressão competências partilhadas era há muito referida pela doutrina,[251] tendo o Tribunal de Justiça tido ocasião de a utilizar em diversas decisões sobre repartição de competências[252].

---

[249] Caso *Comissão c. Conselho* (AETR), processo 22/70, *Recueil 1971*, p. 263.

[250] Parecer 1/76, *Recueil 1977,* p.741.

[251] P. Pescatore, *La répartition des compétences et des pouvoirs entre les États membres et les Communautés Européennes*, op. cit., p. 7.

[252] *Parecer 2/91,* Colectânea 1993, p. I-1077; *Parecer 1/94,* Colectânea 1994, p. I-5422.

O fundamento jurídico das competências partilhadas assentava no facto da exclusividade de competências comunitárias não se presumir, ou seja, a ideia de exclusividade não deveria ser entendida como princípio geral em sede de natureza jurídica das competências. Com efeito, não faria sentido que a Comunidade, dotada de vastas atribuições, considerasse as suas competências como exclusivas, vedando aos Estados-membros qualquer intervenção normativa autónoma nessas matérias. Donde, o princípio geral aplicável em sede de natureza jurídica das competências comunitárias fosse o carácter concorrencial, ou partilhado, com os Estados-membros[253]. Este argumento foi apresentado por Pescatore no final da década de 1960, ao afirmar a raridade das competências exclusivas, nas quais incluía apenas a união aduaneira e a adopção da pauta aduaneira comum[254]. O alcance das competências exclusivas confinadas à união aduaneira parecia também aflorar na posição de Constantinesco, que referia que em matéria aduaneira teria havido destruição das competências nacionais, antevendo, no entanto, que a realização das políticas comuns previstas no Tratado poderia conduzir ao desaparecimento gradual de outras competências dos Estados-membros.[255]

O artigo I-12°, n°2, da Constituição afirma que os Estados-membros exercem a competência na medida em que a União não tenha exercido a sua, ou tenha deixado de a exercer. Ou seja, sempre que a União tenha legislado num determinado domínio de competência partilhada com os Estados-membros, a sua actuação desencadeia a ocupação do respectivo terreno normativo. Em consequência, os Estados-membros ficam impedidos de legislar sobre essas mesmas matérias. Em termos jurídicos, verifica-se a preempção das competências dos Estados, em virtude da actuação

---

[253] J. Schwarze, "The Distribution of Legislative Powers and the Principle of Subsidiarity: The Case of Federal States", *Rivista Italiana di Diritto Pubblico Comunitario*, (1995) p. 719.

[254] P. Pescatore, *La répartition des compétences et des pouvoirs entre les États membres et les Communautés Européennes*, op. cit., p. 6 - 7.

[255] V. Constantinesco, *Compétences et Pouvoirs dans les Communautés Européennes*, op. cit., p. 282 - 292.

normativa da União. No passado, a existência da figura da preempção no direito comunitário foi objecto de certa controvérsia doutrinária.[256] A Constituição, com irrefutável clareza, veio desfazer todas as dúvidas a este propósito.

O artigo I-14º da Constituição ocupa-se das matérias objecto de competência partilhada entre a União e os Estados-membros. Note-se que o artigo I-14º, nº1, pretende conferir natureza residual a esta categoria de competências, afirmando que se consideram competências partilhadas todas aquelas que não sejam enumeradas pela Constituição como competências exclusivas ou medidas de apoio. Esta disposição, juntamente com o parágrafo segundo, parece induzir o carácter não taxativo da lista de competências partilhadas ("aplicam-se aos principais domínios"). Todavia, decorre do espírito do sistema que sendo a União regida pelo princípio da atribuição, não serão de considerar competências que não sejam expressamente conferidas pela Constituição. A menos que a referência final do artigo I-14º, nº1, tenha sido incluída por receio que o elenco da Constituição possa não ser exaustivo, esclarecendo assim a natureza jurídica de eventual competência não enumerada.

O artigo I-14º, nº2, da Constituição indica as seguintes áreas de competência partilhada da União: mercado interno; política social; coesão económica, social e territorial; agricultura e pescas; ambiente; defesa dos consumidores; transportes; redes transeuropeias; energia; espaço de liberdade, segurança e justiça; problemas comuns de segurança em matéria de saúde pública. O artigo I-14º, nos nº3 e 4, enuncia duas outras áreas de competência partilhada da União – investigação e desenvolvimento tecnológico e do espaço; cooperação para o desenvolvimento e ajuda humanitária – as quais se distinguem das demais competências partilhadas pelo facto do seu exercício não implicar a preempção da competência dos Estados-membros.

As novas competências inseridas na listagem do artigo I-14º do Tratado Constitucional são a energia, domínio em que a actuação da

---

[256] A. Goucha Soares, *Repartição de Competências e Preempção no Direito Comunitário*, Edições Cosmos, Lisboa, 1996, p.203.

Comunidade se realizava com base no artigo 308° do TCE, e o espaço, que foi aditado à atribuição existente em sede de investigação e desenvolvimento tecnológico por se ter considerado a oportunidade da sua inclusão.[257] As novas áreas de atribuição enumeradas no artigo I-14° foram objecto de disposições complementares na Parte III da Constituição, as quais servirão de base jurídica da actuação da União nestas matérias.

De notar que alguns domínios enumerados como relevando da competência partilhada da União foram objecto de controvérsia, no tocante à sua natureza jurídica, durante os trabalhos da Convenção. Assim, no relatório final do grupo de trabalho sobre as competências complementares da União, matérias como a saúde pública, redes transeuropeias e investigação e desenvolvimento apareciam classificadas como medidas de apoio da União, com base no critério da intensidade dos actos jurídicos que corporizavam a actuação comunitária nestes domínios.[258] Apesar destas matérias aparecerem classificadas em documentos sucessivos da Convenção como áreas da competência partilhada com os Estados-membros, é notório que a linha de demarcação entre competências partilhadas e as chamadas medidas de apoio, que a Constituição pretendeu traçar, apresenta incertezas que afectam a natureza jurídica de certas atribuições da União.

Atendendo à natureza residual das competências partilhadas deverá, também, ser considerada nesta categoria a competência no domínio da política externa e de segurança comum. Como é sabido, a Constituição põe termo à chamada arquitectura em pilares da União Europeia. Aquando da adopção do Tratado de Maastricht, as competências que os Estados conferiram à União em sede de política externa e de segurança comum haviam sido inseridas num pilar autónomo da estrutura jurídico-política da União. Na medida em que a Constituição acaba com os diferentes pilares da União, o Título III teria de mencionar as competências em matéria de política externa e defesa.

---

[257] H. Bribosia, "Subsidiarité et répartition des compétences entre l'Union et ses États membres dans la Constitution européenne", *Revue du Droit de l'Union Européenne*, 1/2005, p.50.

[258] *CONV 375/1/02*, p.9-10.

Assim, o artigo I-16° prevê que a "competência da União em matéria de Política externa e de segurança comum abrange todos os domínios da política externa, bem como todas as questões relativas à segurança da União, incluindo a definição gradual de uma política comum de defesa que poderá conduzir a uma defesa comum". Todavia, os termos amplos da atribuição de competências realizada por este preceito, que retoma as disposições correspondentes do Tratado da União Europeia, não atenuam as singularidades da actuação da União neste domínio.

Com efeito, apesar de terminar formalmente com a divisão em pilares da União, no tocante à política externa e de segurança comum a Constituição não afasta os motivos que determinaram a criação dos pilares em Maastricht, ou seja, a vontade dos Estados manterem este domínio de actuação numa base estritamente intergovernamental. Na verdade, a Constituição não estende o chamado método comunitário à política externa e de segurança comum: por um lado, os principais actores do processo político de decisão continuam a ser apenas os Estados-membros, através do Conselho Europeu e do Conselho de Ministros; por outro lado, mantém a ausência dos aspectos principais do sistema jurídico comunitário nesta área de actuação.

Deste modo, a competência em matéria de política externa e de segurança comum continuará submetida a um regime especial de exercício, de tipo intergovernamental, definido pelo artigo I-40°. Apesar da amplitude da competência atribuída neste domínio, os condicionalismos especiais que caracterizam o seu exercício sobrepõem-se à determinação da própria natureza jurídica. O que significa que se verificou uma fusão formal das disposições do chamado segundo pilar, mas não se procedeu à sua incorporação material no sistema da União.[259]

---

[259] J. Kokkot, A. Ruth, "The European Convention and its Draft Treaty establishing a Constitution for Europe: appropriate answers to the Laeken questions?", *Common Market Law Review 40* (2003), p.1326.

Medidas de apoio

Tradicionalmente, as competências da Comunidade Europeia dividiam-se em duas categorias: competências exclusivas e competências partilhadas. Sendo que a regra era as competências partilhadas com os Estados-membros, salvo casos que o Tribunal de Justiça tivesse afirmado o seu carácter exclusivo.

Todavia, esta situação seria alterada na sequência do Tratado de Maastricht. Como se referiu, o Tratado de Maastricht pretendeu pôr termo a um processo de centralização de competências, através do qual os Estados-membros se viam progressivamente privados do exercício das competências nacionais. De entre as alterações em sede de divisão de competências, o Tratado de Maastricht consagrou o princípio que a União e a Comunidade se regiam por competências de atribuição. Por esse facto, considerou necessário proceder à atribuição explícita de competências nos domínios onde a actuação da Comunidade se realizava com base no artigo 308º do TCE. Assim, o Tratado de Maastricht conferiu competências nas áreas da educação, cultura, formação profissional, saúde pública, defesa dos consumidores, indústria, cooperação no desenvolvimento e redes transeuropeias.

De notar que a atribuição deste conjunto de competências pelo Tratado de Maastricht foi acompanhada de grandes preocupações por parte dos Estados-membros. Assim, os preceitos que consubstanciavam a base jurídica da actuação comunitária determinavam, em certos casos, que as medidas adoptadas pela Comunidade não poderiam visar a harmonização das disposições legislativas dos Estados-membros, ou impunham outro tipo de restrições ao exercício da competência como, por exemplo, o carácter mínimo das medidas adoptadas, ou a reserva da competência dos Estados na celebração de acordos internacionais. Na verdade, a técnica de atribuição nestes domínios diferenciava-se das demais áreas abrangidas pela competência comunitária. A preocupação dos Estados-membros era consentir a actuação da Comunidade nessas matérias, sem que tal intervenção os inibisse de continuarem a agir normativamente nesses domínios. Assim, os Estados-membros não pretendiam transferir novas competências para a Comunidade, visando unicamente caucionar a actuação comunitária, no contexto do princípio das competências de atribuição. Por estes motivos, se considerou que os domínios atribuídos pelo Tratado de Maastricht formariam uma categoria de competências distinta das existentes, tendo sido designadas competências complementares.

As competências complementares da União foram as que maiores apreensões causaram durante os trabalhos da Convenção europeia. Embora reconhecesse que as competências complementares fazem parte do sistema geral de competências da União, a Convenção considerou que a expressão competência complementar é inadequada por ser demasiado técnica e por não transmitir a essência da relação entre os Estados-membros e a União. Por outro lado, receios que a percepção da opinião pública se traduzisse no incessante aumento das competências comunitárias, levaram à alteração da própria designação desta categoria. Assim, e com o propósito explícito de "tranquilizar os cidadãos", abandonou-se o conceito de competências complementares para referir este tipo de competências, optando por uma formulação mais ligeira, embora mais vaga, com a denominação de acções de apoio, de coordenação ou de complemento.[260]

Esta terceira categoria de competências, que se poderá designar genericamente como medidas de apoio, distingue-se dos dois tipos anteriores por uma característica elementar: os Estados-membros não atribuem formalmente as respectivas competências à União. Na perspectiva do sistema de divisão de competências, elas permanecem na esfera de actuação dos Estados. No entanto, os Estados-membros permitem que a União possa apoiar, coordenar ou completar a sua actuação. Como refere o artigo I-12°, n°5, da Constituição, as medidas de apoio da União não substituem as competências dos Estados nesses domínios.

A actuação da União no âmbito das medidas de apoio deve pautar-se, preferencialmente, pela adopção dos chamados actos de baixa intensidade normativa, ou seja, através de recomendações, resoluções, orientações e outros actos não vinculativos. Todavia, nos casos em que a União se encontre habilitada para adoptar actos juridicamente vinculativos

---

[260] *CONV 209/02*, p.3.

Capítulo VII - A Divisão de Competências entre a União e os Estados-Membros | 219

nestes domínios, com base nas disposições da Parte III da Constituição, tais actos não poderão implicar a harmonização das disposições legislativas e regulamentares dos Estados-membros, artigo I-12°, n°5. Assim, a União não poderá adoptar actos jurídicos com forma de lei-quadro europeia no âmbito dos domínios enumerados no artigo I-17°. Por maioria de razão, e atenta a intensidade normativa do acto, a União também não poderá adoptar leis europeias neste âmbito. Logo, parece afastada a adopção de actos legislativos no quadro das medidas de apoio.

O elenco das chamadas medidas de apoio, apresentado pelo artigo I-17°, compreende os seguintes domínios: protecção e melhoria da saúde humana; indústria; cultura; turismo; educação, juventude, desporto e formação profissional; protecção civil; cooperação administrativa. De entre as novidades em sede de medidas de apoio da União, encontram-se o turismo, desporto, protecção civil e cooperação administrativa.[261]

Relativamente a alguns domínios de actividade previstos no Tratado Constitucional foi difícil estabelecer uma distinção clara entre a natureza de medidas de apoio ou de competências partilhadas com os Estados-membros. Trata-se dos casos supra mencionados, relativos à saúde pública, redes transeuropeias, investigação e desenvolvimento. Durante a Convenção, a linha de demarcação entre competências partilhadas e medidas de apoio parece ter assentado no tipo de instrumentos normativos que a União poderia fazer uso em cada domínio específico. Assim, nos casos da defesa dos consumidores e cooperação para o desenvolvimento, antes considerados competências complementares, constatou-se que o recurso frequente a regulamentos e directivas recomendava a sua classificação como competências partilhadas. Por contraposição, os demais domínios das chamadas competências complementares deveriam integrar o elenco das medidas de apoio. Pelo que no entender do grupo de trabalho sobre

---

[261] O artigo 3°, alínea u) do Tratado da Comunidade Europeia previa, entre os meios ao dispor da Comunidade, a adopção de medidas nos domínios da energia, protecção civil e turismo. Não estabelecia, contudo, uma base jurídica própria para a adopção de tais actos, sendo as medidas comunitárias nestes domínios fundadas no artigo 308° do Tratado. A Constituição europeia prevê bases jurídicas específicas na Parte III, para cada um dos domínios enumerados na Parte I.

competências complementares, o critério de separação entre competências partilhadas e medidas de apoio assentava no tipo de actos jurídicos utilizados em cada domínio particular.[262] Tal distinção parece, em certo modo, ter sido acolhida pelo texto final da Constituição, em virtude do referido afastamento dos actos legislativos no âmbito dos domínios enumerados pelo artigo I-17º.

Mais problemática se afigura a actuação da União em sede das competências enumeradas no artigo I-15º do Tratado Constitucional, que se referem à política económica e política de emprego. Em ambos os casos, se declara que a União adopta medidas que visam garantir a *coordenação* das respectivas políticas dos Estados-membros. O que apontaria para que estes domínios fossem abrangidos pela categoria das medidas de apoio, onde se desenvolvem tipicamente acções de coordenação, nos termos do nº5 do artigo I-12º e artigo I-17º. Todavia, poder-se-ia objectar que o efeito conjugado da autonomização dos domínios relativos às políticas económicas e de emprego do elenco das medidas de apoio, e a disposição do artigo I-14º, nº1, que refere a natureza residual das competências partilhadas, apontaria para a sua consideração nesta última categoria.

Método Aberto de Coordenação

O artigo I-15º, relativo à coordenação das políticas económicas e de emprego, é sintomático de certa incongruência no desenvolvimento das competências da União. Na verdade, a lógica que presidiu ao Título sobre as competências da União foi a regulação constitucional da divisão de competências. Para tal, a Constituição recorreu às categorias de competências que haviam sido identificadas pela jurisprudência, tendo procurado enquadrar os diversos domínios de actuação da União nas diferentes tipologias de competências.

Todavia, a fonte de inspiração das actuais categorias de competências, e respectivas listagens, é reportável ao período de absoluta hegemo-

---

[262] *CONV 375/1/02*, p.5.

Capítulo VII - A Divisão de Competências entre a União e os Estados-Membros

nia do método comunitário. Na verdade, os desenvolvimentos em matéria de competências integravam, juntamente com os princípios do primado e do efeito directo, o núcleo duro da chamada constitucionalização do direito comunitário. O que pressupunha que o processo de decisão e os modos de implementação se realizavam em estrita observância dos mecanismos estabelecidos no Tratado da Comunidade Europeia.

Porém, com o aprofundamento da integração emergiram tentativas de suavizar os procedimentos comunitários em certos domínios de actuação da União. Como sucedeu com a coordenação da política económica, aquando do Tratado de Maastricht, bem como a política de emprego no Tratado de Amesterdão. A partir do Conselho Europeu de Lisboa, em 2000, começou a referir-se o esforço de agilizar os mecanismos constitucionais dos Tratados através da expressão "método aberto de coordenação".

Logo, o chamado método aberto de coordenação poderá ser entendido como uma reacção aos desenvolvimentos constitucionais ocorridos no direito comunitário, em benefício de mecanismos que consintam aos Estados-membros colaborar na esfera da União, mas ficando livres dos constrangimentos decorrentes da implementação das normas comunitárias.[263]

A questão que se colocava era como enquadrar o filão de actuação comunitária que prefere os instrumentos da chamada *soft law*, no contexto das competências da União. O Tratado Constitucional pretendeu realizar um exercício de compilação das competências da União e proceder à sua classificação segundo as categorias tradicionalmente admitidas.

Durante os trabalhos da Convenção ponderou-se a inclusão de uma cláusula geral sobre o método aberto de coordenação. Alguns membros do grupo de trabalho sobre competências complementares defenderam que o método aberto de coordenação fosse codificado no Tratado Constitucional como instrumento adicional da União. Definiram o método aberto de

---

[263] G. de Búrca, "The constitutional challenge of new governance in the European Union", *European Law Review 28* (2003), p.828.

coordenação como processo de interacção recíproca para o planeamento, análise, comparação e ajustamento das políticas dos Estados-membros com base em objectivos comuns. Quanto à sua natureza jurídica, face às categorias de competências da União, tiveram mais dificuldade em enquadrar o método aberto de coordenação, considerando que era susceptível de se aplicar aos domínios de competência da União, às medidas de apoio, bem como aos domínios da competência dos Estados-membros.[264]

O receio que uma cláusula sobre o método aberto de coordenação pudesse perturbar o sistema de divisão de competências adoptado determinou a sua não inclusão no texto constitucional. Pelo que a Constituição contém apenas referências esparsas a situações reportáveis ao chamado método aberto de coordenação, como o artigo I-15º.

Com efeito, o propósito de agilizar os mecanismos de actuação da União, pressuposto ideológico do método aberto de coordenação, contrasta com um sistema estratificado de divisão de competências, inspirado num modelo de *dual federalism* como o que resulta do Tratado Constitucional. Convém sublinhar que o exercício de delimitação de competências praticado pela Constituição foi motivado pela vontade de impor limites rígidos ao alargamento das competências da União. Pelo que a hipótese de consagração de uma cláusula geral sobre o método aberto de coordenação teria sido mais plausível caso a Constituição tivesse seguido uma perspectiva de *cooperative federalism*.

Cláusula de Flexibilidade

A adopção de um catálogo de competências da União, com uma listagem que se pretende completa dos domínios de actuação atribuídos, corre o risco de introduzir grande rigidez no sistema de repartição de competências, impedindo que a União possa responder a acontecimentos inesperados, ou novos desafios que se lhe coloquem no futuro. Por estes motivos, a Constituição decidiu manter a cláusula de flexibilidade, prevista no artigo 308º do Tratado da Comunidade Europeia.

---

[264] *CONV 375/1/02*, p.7.

A última disposição do Título sobre as competências da União, artigo I-18º, consagra a cláusula de flexibilidade. Apesar dos receios causados por esta cláusula no passado, na sequência do Tratado de Maastricht o Tribunal de Justiça afirmou que ela não poderia constituir motivo para alargar as competências da União, nem servir de fundamento para a adopção de disposições que impliquem, em substância, alteração ao Tratado.[265] O Tribunal considerou, também, que a cláusula de flexibilidade não poderia ser usada como base jurídica para harmonizar as disposições normativas dos Estados-membros, em domínios que o Tratado excluísse tal harmonização.[266] Tais preocupações foram englobadas na nova fórmula da cláusula de flexibilidade, que estabelece no nº1 do artigo I-18º, que o recurso a esta cláusula deverá ser feito no quadro das políticas definidas na Parte III, bem como o nº3 que explicitamente afirma que as medidas fundadas neste artigo não podem implicar a harmonização das disposições dos Estados-membros, nos casos em que a Constituição exclua tal harmonização.

Quanto ao procedimento, o recurso à cláusula de flexibilidade continua a ser realizado através de decisão unânime do Conselho, o que é particularmente significativo num contexto de generalização do voto maioritário no processo legislativo. Acresce, ainda, que se prevê a obrigatoriedade do Parlamento Europeu dar a sua aprovação aos actos adoptados com base no artigo I-18º, ou seja, através do procedimento de parecer favorável, assim como os Parlamentos nacionais serão chamados a dar parecer sobre se a adopção desses mesmos actos preenche os requisitos decorrentes do princípio da subsidiariedade.[267]

---

[265] *Parecer 2/94*, Colectânea 1996, p.I-1763.

[266] Caso *Alemanha c. Parlamento Europeu e Conselho da União Europeia*, Processo C-376/98, Colectânea 2000, p.I-8419.

[267] Durante a Convenção foi discutido o uso do processo legislativo ordinário para o recurso à cláusula de flexibilidade, tendo-se preferido a solução consagrada, por permitir manter a regra da unanimidade no Conselho, restringindo consequentemente o recurso a esta disposição, conjugada com maior celeridade da intervenção do Parlamento Europeu. Cfr. *CONV 528/03*, p.18.

Controlo da aplicação do princípio da subsidiariedade

De acordo com o artigo I-11º da Constituição, o exercício das competências da União rege-se pelos princípios da subsidiariedade e da proporcionalidade. O problema maior que se tem colocado ao princípio da subsidiariedade, enquanto critério director do exercício de competências, reside nas dificuldades práticas da sua implementação. Em particular, face à natureza essencialmente política deste princípio, seria desejável que o controlo da sua observância pudesse também revestir natureza política, e que ocorresse antes da entrada em vigor dos actos legislativos. Assim, seria necessário melhorar o controlo existente sobre a aplicação da princípio da subsidiariedade, que tem natureza estritamente jurisdicional, sendo realizado pelo Tribunal de Justiça, e que se verifica em momento sucessivo à em entrada em vigor dos actos legislativos comunitários.

No decurso da Convenção, o grupo de trabalho sobre o Princípio da Subsidiariedade apresentou um conjunto de recomendações que foram, no essencial, incorporadas no projecto de Constituição, [268] e confirmadas na versão aprovada pela conferência intergovernamental.

A grande inovação introduzida nesta matéria foi a criação de um mecanismo de controlo político *ex ante*, definido pelo Protocolo Relativo à Aplicação dos Princípios da Subsidiariedade e da Proporcionalidade, anexo ao Tratado Constitucional. Nos termos deste Protocolo, estabelece-se um mecanismo de alerta rápido (*early warning system*), que permite aos Parlamentos nacionais participarem no controlo da subsidiariedade, associando-os por este modo ao processo legislativo da União.

De acordo com o novo mecanismo, a Comissão fica obrigada a enviar as suas propostas legislativas aos Parlamentos nacionais, simultaneamente com o envio para o legislador da União (artigo 4º do Protocolo). A Comissão deverá fazer acompanhar as suas propostas de uma ficha sobre subsidiariedade, que contenha elementos sobre o impacto financeiro do acto legislativo em causa, bem como, no caso das leis-quadro europeias, das respectivas implicações sobre a regulamentação a implementar pelos Estados-membros (artigo 5º do Protocolo).

---

[268] *CONV 286/02*

Nos termos do mecanismo de alerta rápido, os Parlamentos nacionais, ou qualquer das Câmaras que componham um Parlamento nacional, podem formular um parecer fundamentado sobre o não cumprimento do princípio da subsidiariedade pelo projecto em causa, num prazo de seis semanas a contar do envio da proposta pela Comissão (artigo 6º do Protocolo).

As consequências dos pareceres dos Parlamentos nacionais serão graduadas em função do respectivo número e substância. Caso seja recebido um reduzido número de pareceres, o legislador comunitário deverá fundamentar melhor o acto. No caso de serem recebidos pareceres sobre a inobservância da subsidiariedade em número superior a um terço dos votos dos Parlamentos nacionais, a Comissão é obrigada a reanalisar a sua proposta, podendo decidir sobre a sua manutenção, alteração ou abandono. Para efeitos da contagem dos votos, cada Parlamento nacional dispõe de dois votos, sendo que nos sistemas de tipo bicameral cada Câmara dispõe de um voto (artigo 7º do Protocolo).

Refira-se, ainda, que o Protocolo em causa prevê o reforço do controlo jurisdicional da subsidiariedade pelo Tribunal de Justiça, associando os Parlamentos nacionais à legitimidade para interposição de recurso por violação deste princípio. Com efeito, o Protocolo dispõe que os Parlamentos nacionais poderão, através dos respectivos Estados-membros, interpor recurso de anulação de um acto legislativo, com fundamento na violação do princípio da subsidiariedade. Esta disposição permite, também, que o Comité das Regiões possa apresentar recurso de anulação com o mesmo fundamento, relativamente aos actos em que a Constituição determine que deva ser consultado (artigo 8º do Protocolo).

O mecanismo de alerta rápido será, porventura, o aspecto mais interessante do Tratado Constitucional no tocante à problemática das competências, não apenas porque permite associar os Parlamentos nacionais ao processo legislativo, o que sucede pela primeira vez na história da integração europeia, mas também porque consegue introduzir um dispositivo de controlo *ex ante* da subsidiariedade dos actos legislativos, ao mesmo tempo que evita a criação de um novo órgão para este efeito, o qual iria contribuir para aumentar a complexidade do sistema institucional da União[269].

---

[269] A Declaração de Laeken perguntava, a propósito do papel dos Parlamentos nacionais, se estes deveriam estar representados numa nova instituição, a par do Conselho

Respeito pela identidade nacional dos Estados-membros

Nos termos do mandato conferido à Convenção europeia pela Declaração de Laeken, a propósito da delimitação de competências colocava-se expressamente a questão sobre como se deveria estabelecer uma distinção mais clara entre os seguintes tipos de competências: competências exclusivas da União, competências exclusivas dos Estados-membros e competências partilhadas. Durante os trabalhos da Convenção, o problema das competências exclusivas dos Estados-membros chegou a ser equacionado. Todavia, prevaleceu o entendimento que o enunciado das competências exclusivas dos Estados-membros não deveria caber no texto da Constituição, na medida em que tal referência seria contrária ao princípio elementar que a União possui competências de atribuição. Assim, na medida em que a União se rege pelo princípio da atribuição, não faria sentido que o Tratado Constitucional, que esclarece os limites e o alcance das competências que os Estados-membros atribuem à União, contivesse uma disposição relativa às competências exclusivas dos Estados-membros. Com efeito, tal cláusula poderia transmitir a ideia errada que caberia à União conferir competências aos Estados-membros.[270]

Por estes motivos, a Convenção considerou que seria preferível remeter as questões que relevam da exclusiva jurisdição dos Estados-membros para o âmbito do respeito pela identidade nacional.[271] Donde resulta que as preocupações subjacentes à inclusão de um novo Título na Constituição relativo às competências da União, conduziram também ao aprofundamento do conteúdo do princípio geral do respeito pela identi-

---

e do Parlamento Europeu. Durante a Convenção, o Presidente Giscard d'Estaing defendeu a criação de um Congresso Europeu, composto por representantes do Parlamento Europeu e dos Parlamentos nacionais. A oposição firme do Parlamento Europeu à criação de uma nova instituição determinou o abandono desta proposta no final dos trabalhos da Convenção. Cfr. J. Ziller, *La nuova Costituzione europea*, il Mulino, Bolonha, 2003. p.105.

[270] *CONV 375/1/02 REV 1*, p.11.

[271] O Tratado da União Europeia afirma este princípio em sede de Disposições Comuns, artigo 6°, n°3.

dade nacional dos Estados-membros, o qual se coloca a montante do problema da divisão de competências.

No tocante ao aprofundamento do conteúdo do princípio do respeito pela identidade nacional dos Estados-membros, o debate realizado durante a Convenção assentou sobre dois eixos principais do que se estima ser a identidade nacional dos Estados: estruturas fundamentais e funções cruciais dos Estados, por um lado; políticas públicas e valores sociais dos Estados, por outro lado.

No que concerne às estruturas fundamentais dos Estados-membros, o n°1 do artigo I-5° do Tratado Constitucional afirma que o respeito pela identidade nacional se reflecte nas estruturas políticas e constitucionais dos Estados, incluindo a autonomia regional e local, bem como abrange as funções essenciais dos Estados, nomeadamente, a garantia da integridade territorial, a manutenção da ordem pública e a salvaguarda da segurança interna.

Relativamente às políticas públicas e valores sociais dos Estados-membros - que incluem temas como a política de distribuição de rendimentos, os sistemas tributário, de segurança social, de prestação de cuidados de saúde, e de educação e cultura – a Convenção europeia considerou desnecessário incluir referência a estes domínios na cláusula sobre o respeito pela identidade nacional, em virtude da responsabilidade dos Estados-membros sobre estas matérias decorrer do próprio sistema de divisão de competências, e do alcance das chamadas medidas de apoio no texto da Constituição.[272] Pelo que o aprofundamento do conteúdo da identidade nacional dos Estados se confinou aos aspectos relativos às estruturas políticas fundamentais e à definição das respectivas funções essenciais. De notar, que a referência à identidade nacional dos Estados-membros é feita em local separado do Título III, relativo às competências da União.

Uma última nota para referir o artigo I-6° da Constituição, que dispõe que o direito da União prima sobre o direito dos Estados-membros. No projecto apresentado pela Convenção europeia, o princípio do prima-

---

[272] *CONV 375/1/02 REV 1,* p.12.

do do direito da União havia sido inserido no Título III, relativo às competências da União. O que poderia levar à conclusão, errónea, que os conflitos de competências entre a União e os Estados-membros se resolveriam por aplicação do primado do direito da União. A alteração da inserção sistemática do princípio do primado, colocando-o no Título I da Constituição, veio clarificar a distinção existente entre conflitos de normas e conflitos de competências. Assim, os conflitos entre normas nacionais e o direito da União serão resolvidos por aplicação do princípio do primado. Eventuais conflitos de competências entre Estados-membros e a União devem ser resolvidos através da aplicação do conjunto de princípios e regras que resultam do Título III do Tratado Constitucional. Sobre este aspecto, foi acertada a alteração que a conferência intergovernamental introduziu no projecto submetido pela Convenção europeia.

CAPÍTULO VIII

DIREITOS FUNDAMENTAIS

O processo de integração europeia iniciado com as Comunidades Europeias teve uma abordagem de natureza económica. Apesar das raízes políticas que estiveram nas origens do projecto europeu, os Tratados que estabeleceram as Comunidades Europeias pretendiam apenas alcançar objectivos de carácter económico, que visavam a criação de um mercado comum.

Neste contexto se situa o problema dos direitos fundamentais na construção europeia. Na medida em que o projecto europeu avançou com objectivos estritamente económicos, não se encontram nos Tratados constitutivos das Comunidades Europeias quaisquer referências à temática dos direitos fundamentais. Ainda que os direitos humanos tivessem assumido dimensão maior na esfera jurídica europeia no período posterior ao segundo conflito mundial, quer a nível do direito constitucional dos Estados, quer pela aprovação da Convenção Europeia dos Direitos do Homem (CEDH), em 1950, a natureza específica do processo comunitário de integração determinou que não tivesse disposições sobre direitos fundamentais.[273]

---

[273] A.G. Chueca Sancho, *Los Derechos Fundamentales en la Comunidad Europea*, Bosch, Barcelona, 1989, p.6.

230 *A União Europeia*

A inexistência de um catálogo de direitos fundamentais das Comunidades Europeias, e a ausência total de disposições dos Tratados relativas à tutela destes direitos no âmbito de aplicação do direito comunitário, colocaram o problema de saber que tipo de protecção assistiria aos cidadãos no confronto de actos normativos comunitários lesivos dos seus direitos, bem como actuações das instituições comunitárias que causassem ofensa aos direitos fundamentais das pessoas.

A lacuna comunitária no tocante a direitos fundamentais, e o surgimento de reclamações formuladas por particulares contra actos jurídicos comunitários lesivos de direitos consagrados no direito constitucional interno, levaram o Tribunal de Justiça das Comunidades Europeias a debruçar-se sobre a protecção dos direitos fundamentais no ordenamento jurídico comunitário.

Após um período em que o Tribunal de Justiça pareceu seguir uma abordagem tendencialmente restritiva da protecção dos direitos fundamentais no âmbito de aplicação do direito comunitário, o Tribunal de Justiça mudou de entendimento na problemática dos direitos fundamentais, a partir do final da década de 1960.[274]

A mudança de atitude do Tribunal de Justiça surgiu no acórdão proferido no caso *Stauder*, em que considerou os direitos fundamentais parte integrante do corpo de princípios gerais de direito comunitário.[275] Em seguida, no caso *Internationale Handelgesellschaft*, afirmou que a protecção dos direitos fundamentais, enquanto princípios gerais de direito comunitário, se inspirava nas tradições constitucionais comuns aos Estados-membros, e que não permitiria a aplicabilidade de preceitos comunitários que se revelassem incompatíveis com os direitos fundamentais consagrados pelas Constituições dos Estados.[276] A evolução jurisdicional reforçou-se com a decisão proferida no caso *Nold*, em que o Tribunal de Justiça mencionou como quadro de referência da protecção

---

[274] M.P. Llorens, *Los derechos fundamentales en el ordenamiento comunitario*, Ariel, Barcelona, 1999, p.23.

[275] *Eric Stauder,* processo 29/69, Rec. 1969, p. 419.

[276] *Internationale Handelgesellschaft*, processo 11/70, Rec. 1970, p.1128.

nos direitos fundamentais no direito comunitário não apenas as Constituições nacionais, mas também os instrumentos internacionais relativos à protecção dos direitos humanos de que os Estados-membros sejam parte, ou em que tenham cooperado na respectiva elaboração.[277]

Assim, o Tribunal de Justiça abandonou a posição restritiva, em favor da tutela dos direitos fundamentais no ordenamento comunitário. Os direitos fundamentais foram considerados princípios gerais do direito comunitário e, na determinação do seu conteúdo específico, o Tribunal valia-se das tradições constitucionais comuns dos Estados-membros, bem como dos instrumentos jurídicos internacionais sobre direitos humanos.

A alteração verificada na jurisprudência do Tribunal de Justiça pode ser vista à luz de dois motivos. Por um lado, o Tribunal apercebeu-se ao longo da década de 1960 que a expansão verificada no âmbito de aplicação do direito comunitário poderia provocar situações em que a actividade da Comunidade Europeia afectava direitos fundamentais dos particulares, hipótese que não havia sido equacionada ao tempo da elaboração dos Tratados. Na medida em que se tratava de uma lacuna da ordem jurídica comunitária, competia ao Tribunal de Justiça encontrar meios adequados à sua superação. Por outro lado, o activismo do Tribunal de Justiça em matéria de direitos fundamentais não pode deixar de ser considerado no contexto específico do relacionamento entre as ordens jurídicas nacionais e comunitária. Como se sabe, o Tribunal de Justiça havia afirmado os princípios fundadores do direito comunitário, efeito directo e primado, os quais suscitaram dificuldades de aceitação pelos órgãos jurisdicionais nacionais. Em particular, os Tribunais Constitucionais alemão e italiano contestaram a possibilidade de disposições do direito comunitário poderem prevalecer sobre normas nacionais e, em concreto, sobre disposições constitucionais relativas a direitos fundamentais. Pelo que a evolução da jurisprudência comunitária em sede de direitos fundamentais reflectia a preocupação de responder aos argumentos apresentados pelos órgãos jurisdicionais dos Estados contra a aplicação do primado do direito comunitário.

---

[277] *J. Nold, processo 4/73,* Rec. 1974, p.491.

Apesar da jurisprudência sobre direitos fundamentais do Tribunal de Justiça ter permitido ultrapassar a lacuna dos Tratados constitutivos das Comunidades Europeias, não resolveu o problema dos direitos fundamentais no direito comunitário. O carácter não escrito dos princípios gerais de direito não permite certeza sobre o conteúdo e alcance efectivo destes direitos. Por outro lado, a protecção *ad hoc* dos direitos fundamentais - baseada apenas no compromisso do Tribunal de Justiça na salvaguarda destes direitos - introduz elementos de incerteza jurídica para os particulares, que decorrem do carácter aleatório das próprias decisões judiciais.[278] Pelo que o valor da segurança jurídica, que os sistemas jurídicos prosseguem, bastaria para que a União Europeia considerasse a protecção dos direitos fundamentais num terreno mais sólido do que o resultante da jurisprudência.

O reforço da protecção dos direitos fundamentais no quadro jurídico comunitário foi equacionado em torno de duas opções.[279] Por um lado, defendia-se a adopção de um catálogo de direitos fundamentais da União Europeia. Esta solução partia do pressuposto da natureza constitucional da protecção dos direitos fundamentais, bem como da profunda transformação do ordenamento jurídico comunitário desde a sua criação, o qual se afastou da sua génese de direito internacional para, progressivamente, reunir um conjunto de características que o aproximaram do modelo constitucional. Pelo que a adopção de um catálogo de direitos fundamentais pela União Europeia se apresentaria como corolário lógico da evolução do próprio ordenamento jurídico.

Outra solução para o reforço da protecção dos direitos fundamentais no ordenamento jurídico comunitário consistiria na adesão da Comunidade Europeia à CEDH. A Convenção Europeia dos Direitos do Homem é o mais avançado sistema internacional de direitos fundamentais, sendo

---

[278] R. Bieber e outros (eds.) *Au nom des peuples européens. Un catalogue des droits fondamentaux de l'Union européenne,* Nomos Verlagsgesellschaft, Baden-Baden, 1996, p.15.

[279] A. Clapham, *Human Rights and the European Community: A Critical Overview,* Nomos Verlagsgesellschaft, Baden-Baden, 1991, p.90.

que todos os Estados-membros da União são parte integrante da Convenção. Assim, faria pouco sentido que os actos jurídicos dos Estados-membros estivessem sujeitos ao controlo exercido pela CEDH, ao passo que os actos jurídicos comunitários fossem dispensados dessa mesma fiscalização e as instituições comunitárias beneficiassem de imunidade em sede de supervisão externa dos direitos fundamentais.

As dificuldades jurídicas suscitadas pela adesão da Comunidade Europeia à CEDH levaram o Conselho a solicitar parecer sobre a questão. Na sequência deste pedido, o Tribunal de Justiça proferiu o *Parecer 2/94*, sobre a adesão da Comunidade Europeia à Convenção Europeia dos Direitos do Homem.[280]

No seu parecer, o Tribunal de Justiça começou por recordar que a Comunidade Europeia se rege pelo princípio das competências de atribuição e que na área das relações internacionais a competência da Comunidade para realizar acordos decorre quer das disposições expressas do Tratado, quer implicitamente dos seus preceitos. Tendo constatado que o Tratado não dispunha de nenhuma disposição que conferisse, expressa ou implicitamente, competência à Comunidade para adoptar normas sobre direitos fundamentais, ou para realizar acordos internacionais nesta matéria, interrogou-se sobre se o artigo 308º poderia servir de base jurídica para a adesão à CEDH. Recordando que o artigo 308º se destinava a preencher lacunas existentes no Tratado nas situações em que a actuação da Comunidade se revelasse necessária para atingir objectivos previstos pelo Tratado, o Tribunal de Justiça sublinhou que aquela disposição não poderia servir para aumentar as competências comunitárias. Assim, e apesar do respeito pelos direitos fundamentais constituir uma condição de validade dos actos jurídicos comunitários, o Tribunal de Justiça declarou que a adesão da Comunidade Europeia à CEDH implicaria uma alteração substancial do sistema comunitário de protecção dos direitos fundamentais, na medida em que comportaria a entrada da Comunidade num sistema internacional distinto, bem como a integração de todas as disposições da CEDH no ordenamento comunitário. Tal alteração teria claro

---

[280] *Parecer 2/94,* Col.1996, p.I-1763.

234 · *A União Europeia*

significado constitucional e estaria, portanto, para além do âmbito de aplicação do artigo 308°. Nesta medida, a competência da Comunidade Europeia para aderir à CEDH obrigaria à alteração do Tratado.

Alguns observadores referiram motivos ocultos que estariam na base da decisão do Tribunal de Justiça. Na verdade, a CEDH confere às vítimas de violações de direitos fundamentais recurso para os órgãos da Convenção, após esgotamento dos meios internos. Caso a Comunidade Europeia aderisse à CEDH, o Tribunal Europeu dos Direitos do Homem teria possibilidade de rever a aplicação das disposições da CEDH pelas instituições comunitárias, *inclusive* pelo Tribunal de Justiça. Ou seja, as decisões do Tribunal de Justiça seriam, potencialmente, susceptíveis de apreciação pelo Tribunal Europeu dos Direitos do Homem. Assim, a adesão à CEDH colocaria em causa, ainda que marginalmente, o papel do Tribunal de Justiça como supremo órgão jurisdicional do ordenamento comunitário.

Para alguns, seria este o aspecto nevrálgico que motivou a posição do Tribunal de Justiça sobre a adesão da Comunidade Europeia à CEDH, a preservação do estatuto jurisdicional.[281] Ainda que o Tribunal de Justiça não tenha abordado no *Parecer 2/94* o problema dos artigos do Tratado que lhe conferem exclusividade de jurisdição no ordenamento comunitário, teria sido este o verdadeiro fundamento da decisão. Por motivos compreensíveis, o Tribunal de Justiça não terá pretendido assumir o receio pela manutenção das suas prerrogativas no sistema jurisdicional comunitário. No entanto, certas passagens do *Parecer 2/94* deixariam transparecer esse estado de espírito, tais como, a afirmação que a adesão à CEDH implicaria alteração substancial no sistema comunitário de protecção dos direitos fundamentais na medida em que comportaria a integração da Comunidade Europeia num distinto sistema institucional internacional. Ora, a singularidade do sistema da CEDH decorre justamente da aplicação do princípio da supervisão externa da violação de direitos.

---

[281] G. Gaja, "Opinion 2/94", *Common Market Law Review*, 33 (1996), p.988; D. Curtin, "The 'EU Human Rights Charter' and the Union Legal Order: the 'Banns' Before the Marriage?" in D. O'Keeffe (ed.), *Judicial Review in European Union Law*, Kluwer, The Hague, 2000, p.309.

O *Parecer 2/94* do Tribunal de Justiça, e a inexistência de consenso político entre os Estados-membros da União sobre a adesão à CEDH, fizeram com que a ideia da elaboração de um catálogo de direitos da União aparecesse como modo adequado para alcançar o objectivo de reforçar a protecção dos direitos fundamentais.

O Conselho Europeu de Colónia, em 1999, aprovou o princípio de uma Carta de Direitos Fundamentais da União Europeia. As Conclusões de Colónia afirmavam a protecção dos direitos fundamentais como condição imprescindível para o reforço da legitimidade da União. Recordando o respeito dos direitos fundamentais no ordenamento comunitário, o Conselho Europeu decidiu adoptar uma Carta de Direitos Fundamentais para sublinhar a sua importância e torná-los mais visíveis para os cidadãos da União.[282]

A aprovação da Carta de Direitos Fundamentais (em seguida, Carta) teve um objectivo político determinado: reforçar a visibilidade dos direitos fundamentais junto dos cidadãos da União. A estratégia de *marketing* político subjacente à adopção da Carta resultou também do mandato de Colónia, sobre o conteúdo da compilação de direitos fundamentais. O Conselho Europeu afirmou que a Carta devia incluir direitos e liberdades fundamentais, bem como os direitos de natureza processual, consagrados pela CEDH e derivados das tradições constitucionais dos Estados, enquanto princípios gerais do ordenamento comunitário. A Carta devia também integrar os direitos fundamentais dos cidadãos da União. A Carta devia, ainda, ter em conta os direitos económicos e sociais, tal como definidos na Carta Social Europeia e na Carta Comunitária dos Direitos Sociais Fundamentais dos Trabalhadores.

Se o Conselho Europeu pretendeu estabelecer limites claros ao conteúdo dos direitos a incluir na Carta, de forma a não alargar o âmbito dos direitos fundamentais protegidos no ordenamento comunitário, existiam, todavia, elementos inovadores no mandato. Com efeito, o aspecto mais original das Conclusões de Colónia teve a ver com o modo de elaboração

---

[282] L. M. Díez-Picazo, *Sistema de Derechos Fundamentales*, Thomson-Civitas, Madrid, 2003, p.165.

da Carta. O Conselho Europeu afirmou que a Carta deveria ser elaborada por uma instância constituída por representantes dos Chefes de Estado e de Governo e do Presidente da Comissão, bem como por deputados do Parlamento Europeu e dos Parlamentos nacionais.

O Conselho Europeu de Colónia mandatou a instância encarregue da elaboração da Carta – que se auto-denominou *"convenção"* - para que lhe submetesse um projecto. Nas Conclusões de Colónia referia-se, ainda, que o Conselho Europeu proporia ao Parlamento Europeu e à Comissão que, juntamente com o Conselho, proclamassem a Carta dos Direitos Fundamentais com base no projecto apresentado. Nessa ocasião seria, então, considerado o problema da integração da Carta nos Tratados. Ou seja, a questão da natureza jurídica da Carta seria assunto a decidir após a elaboração desse instrumento. Este era o aspecto mais criticável das Conclusões de Colónia.

A Carta dos Direitos Fundamentais

Na sequência do trabalho desenvolvido pela instância encarregue da elaboração da Carta, o Presidente da convenção comunicou ao Conselho Europeu que havia alcançado consenso global sobre o texto. O Conselho Europeu deu acordo unânime ao projecto de Carta e remeteu a sua proclamação para a Cimeira de Nice. No Conselho Europeu de Nice, em 2000, Parlamento Europeu, Conselho e Comissão proclamaram solenemente a Carta dos Direitos Fundamentais da União Europeia.[283]

Um dos aspectos inovadores da Carta reside na sua apresentação. Os direitos reunidos na Carta não se encontram sistematizados segundo o modelo clássico utilizado pelas declarações de direitos, que distingue entre direitos civis e políticos, por um lado, e direitos económicos e sociais, por outro lado. Com efeito, a Carta rompe com a sistematização tradicional dos direitos fundamentais, apresentando uma enumeração de direitos que repousa no enunciado de valores comuns da União.[284]

---

[283] *JOCE C 364/1,* de 18-12-2000.

[284] A.W. Heringa, L. Verhey, "The EU Charter: Text and Structure", *Maastricht Journal of European and Comparative Law,* 8 (2001), p.12.

Assim, os direitos fundamentais reunidos na Carta vêm enumerados ao longo de 6 capítulos (títulos, na terminologia do Tratado Constitucional) que corporizam os valores comuns e princípios gerais da sistematização adoptada: dignidade; liberdades; igualdade; solidariedade; cidadania; e justiça. No plano jurídico, a principal vantagem decorrente da sistematização da Carta consiste em superar a dicotomia entre os direitos civis e políticos e os direitos económicos e sociais, a qual se baseia na diferente natureza jurídica. Na verdade, a sistematização adoptada pela Carta visa, sobretudo, afirmar o princípio da indivisibilidade dos direitos fundamentais e impedir qualquer interpretação que pretenda conferir aos direitos económicos e sociais estatuto menos digno do que assiste aos direitos civis e políticos. Essa mesma ideia resulta, desde logo, do segundo parágrafo do Preâmbulo que dispõe que *"a União baseia-se nos valores indivisíveis e universais da dignidade do ser humano, da liberdade, da igualdade e da solidariedade; assenta nos princípios da democracia e do Estado de Direito."*

O capítulo VII e último da Carta, com a epígrafe "Disposições Gerais", integra as chamadas cláusulas horizontais, ou seja, um conjunto de preceitos que abordam problemas que atravessam todos os direitos incluídos.

Natureza jurídica

O Conselho Europeu de Nice quedou-se pelo princípio da proclamação solene da Carta, remetendo a eventualidade e o modo da sua integração nos Tratados para ulterior momento.

Refira-se que a ambiguidade estabelecida desde início, quanto à natureza jurídica da Carta, em nada prejudicou o trabalho desenvolvido pela convenção. Com efeito, o Presidente da convenção incentivou os seus membros para que procedessem a produzirem um documento "como se" o mesmo devesse ser incorporado nos Tratados. Portanto, no espírito da convenção o projecto foi elaborado como se valesse para integração plena no direito da União. Ou seja, o texto da Carta estabelece o consenso quanto aos direitos fundamentais da União Europeia – codificando os direitos objecto de protecção no ordenamento jurídico comunitário -, mas resolvendo, também, questões jurídicas que possam ser suscitadas pela sua aplicação. Neste contexto se inserem os preceitos do Capítulo VII, sobre "Disposições Gerais".[285]

Por outro lado, a dualidade de soluções quanto à natureza jurídica da Carta, que as Conclusões de Colónia deixavam antever – solene proclamação política ou integração nos Tratados – teve que se confrontar com outro problema que emergiu no decorrer da convenção: o alcance dos direitos fundamentais a integrar na Carta. Alguns Estados-membros, como o Reino Unido, não manifestaram simpatia pela inclusão dos direitos sociais. Ora, a solução encontrada traduz o compromisso dos Estados-membros no sentido de adoptar um documento que reflectisse uma concepção alargada do conteúdo dos direitos fundamentais, em troca da produção de efeitos jurídicos imediatos. Este compromisso assentou no pressuposto de uma Carta dos Direitos Fundamentais realizada em dois momentos: primeiro, proclamação política da Carta; em seguida, decisão sobre a sua integração nos Tratados. Nesta perspectiva, seria mais importante assegurar consenso político sobre um conjunto alargado de direitos, do que estabelecer um catálogo limitado de direitos fundamentais com carácter vinculativo.[286]

O problema que se coloca é saber se pelo facto da Carta ter sido apenas objecto de proclamação política, tal possa significar que não produz quaisquer efeitos jurídicos. À primeira vista, pareceria ser esta a consequência natural da falta de integração da Carta dos Direitos Fundamentais nos Tratados. Todavia, a elaboração da Carta movimentou um inédito fórum, no qual tomaram parte todas as instituições políticas que participam no processo legislativo da União. Assim, seria estranho que Conselho, Parlamento Europeu e Comissão não se sintam vinculados pelas disposições da Carta na sua actuação no plano legislativo. Ainda que a Carta não tenha sido logo integrada no direito União, pode afirmar-se

---

[285] A. Vitorino, "La Charte des droits fondamentaux de l'Union européenne", *Revue du Droit de l'Union Européenne*, 3/2000, p.505.

[286] B. De Witte, "The Legal Status of the Charter: Vital Question or Non-Issue?", *Maastricht Journal of European and Comparative Law*, 8 (2001), p.82.

CapítuloVIII - Direitos Fundamentais 239

que é susceptível de produzir efeitos, em virtude do compromisso solene assumido pelos seus destinatários principais. Com efeito, a Carta condensa as tradições constitucionais comuns dos Estados-membros em matéria de direitos fundamentais, devendo ser entendida como emanação substantiva dessas tradições, aplicadas pelo Tribunal de Justiça em virtude do artigo 6°, n°2, do TUE, enquanto princípios gerais do direito comunitário. Assim, a Carta poderá ser considerada parte integrante do *acquis communautaire*.

Em todo o caso, o Tratado de Nice estipulou que o estatuto jurídico da Carta seria tema de reflexão da próxima conferência intergovernamental. Em vista da preparação desta conferência, a Declaração de Laeken mandatou a Convenção europeia para que considerasse a conveniência de incluir a Carta no Tratado, assim como debatesse a oportunidade da União aderir à CEDH.

Nos trabalhos da Convenção que elaborou o projecto de Tratado Constitucional, foi considerado que a Carta dos Direitos Fundamentais representava o consenso obtido pela anterior convenção, instância dotada de grau de conhecimento superior em matéria de direitos fundamentais. Assim, a segunda Convenção entendeu aceitar a globalidade das disposições da Carta, tendo preferido não reabrir negociações sobre o seu conteúdo material.[287]

A questão que se colocou nos debates da Convenção constitucional incidiu sobre o modo de integrar a Carta no novo Tratado, em vista do objectivo de lhe conferir natureza vinculativa. A este propósito, foram equacionadas três hipóteses: fazer referência à Carta numa disposição geral do Tratado sobre direitos fundamentais, idêntica ao actual artigo 6°, n°2, do TUE; incorporar a Carta num Protocolo anexo ao Tratado Constitucional, que teria o mesmo valor das disposições do novo Tratado; ou, integrar a Carta no texto das disposições do Tratado Constitucional.[288]

---

[287] *CONV 354/02,* de 22 de Outubro de 2002.

[288] J. Dutheil de la Rochère, "La place de la Charte des Droits Fondamentaux de l'Union Européenne dans la Constitution Européenne », in G. Cohen-Jonathan, J. Dutheil de la Rochère (dir.), *Constitution européenne, démocratie et droits de l'homme*, Bruylant, Bruxelles, 2003, p.234.

240 *A União Europeia*

A preferência do Grupo de Trabalho sobre direitos fundamentais foi no sentido da última opção considerada, recomendando a integração da Carta no texto do Tratado Constitucional, e pronunciando-se também em favor da adesão da União à CEDH.

Assim, o artigo I-9° do Tratado Constitucional afirma que a União reconhece os direitos, as liberdades e os princípios enunciados na Carta dos Direitos Fundamentais, que constitui a sua Parte II. A opção de integrar a Carta no Tratado Constitucional prevaleceu sobre a hipótese de a incorporar em Protocolo anexo ao novo Tratado, solução preterida porque alegadamente implicaria diminuição da visibilidade da Carta no texto constitucional. Todavia, a extensão da Carta, principal argumento em favor da integração a título de Protocolo, fez com que se considerasse preferível incorporar o seu texto na Parte II do Tratado Constitucional. De referir que Carta foi incorporada como um todo no Tratado Constitucional, ou seja, foram integrados o Preâmbulo da Carta,[289] os direitos afirmados no seu articulado, bem como as chamadas cláusulas horizontais. Todavia, dificuldades levantadas por alguns Estados-membros quanto à aceitação da natureza vinculativa das disposições da Carta, determinaram a introdução de alterações às disposições do Título VII da Carta,[290] o qual passará a designar-se "Disposições Gerais que regem a Interpretação e a Aplicação da Carta".[291]

---

[289] O Preâmbulo da Carta foi acrescentado de um período no seu antepenúltimo parágrafo, que dispõe que a Carta será interpretada pelos tribunais da União e dos Estados-membros tendo na devida conta as anotações elaboradas pela convenção que preparou a Carta, e actualizadas pela Convenção Constitucional.

[290] A. Williams, "EU human rights policy and Convention on the Future of Europe: a failure of design?", *European Law Review 28 (2003)*, p.801.

[291] A integração da Carta dos Direitos Fundamentais como Parte II do Tratado Constitucional determina a renumeração do articulado da Carta. Entre parênteses, indicam-se as disposições correspondentes do Tratado Constitucional para cada preceito referido da Carta.

Destinatários

A questão dos destinatários, ou seja, saber quais as autoridades submetidas ao respeito da Carta, é regulada pelo artigo 51º, nº1 (artigo II-111º, nº1, do Tratado Constitucional). Esta disposição refere que *"As disposições da Carta têm por destinatários as Instituições e órgãos da União, na observância do princípio da subsidiariedade, bem como os Estados-membros, apenas quando apliquem o direito da União".* Portanto, as disposições da Carta aplicam-se à actividade desenvolvida pelas instituições da União, englobando neste conceito todos os órgãos e entidades existentes no quadro da Comunidade e da União Europeia. Abrange, deste modo, o conjunto de iniciativas reportáveis aos três pilares da União. Todavia, e considerando que aos Estados-membros são confiadas funções na implementação do ordenamento comunitário, a Carta declara que os Estados são também destinatários das suas disposições quando apliquem o direito da União.

A elaboração deste artigo teve como enquadramento geral a jurisprudência do Tribunal de Justiça, que garante o respeito dos direitos fundamentais no ordenamento comunitário relativamente à actividade das instituições, bem como das medidas tomadas pelos Estados-membros no âmbito de aplicação do direito comunitário.[292] O que significa que o respeito dos direitos fundamentais abrange quer as normas nacionais que apliquem disposições comunitárias, quer as medidas nacionais que introduzam restrições na aplicação do direito comunitário. Assim, os Estados são destinatários das disposições da Carta sempre que actuem no âmbito de aplicação do ordenamento comunitário. *A contrario*, as disposições da Carta não se aplicam nas situações que relevem do âmbito de jurisdição reservada dos Estados-membros.[293] Nestes casos, não existe qualquer possibilidade dos direitos da Carta poderem ser invocados contra o ordenamento jurídico dos Estados-membros.

---

[292] *Wachauf*, processo 5/88, Col. 1989, p.2609; *ERT*, processo C-260/89, Col.1991, p. I-2925.

[293] J.-P. Jacqué, "La démarche initiée par le Conseil européen de Cologne", *Revue Universelle des Droits de l'Homme*, 12 (2000), p.6

Titulares

De par com o problema dos destinatários da Carta dos Direitos Fundamentais coloca-se a questão dos titulares dos direitos. Porém, a abordagem dos titulares dos direitos consagrados não foi objecto de qualquer cláusula horizontal que fixasse um princípio geral. Na verdade, a questão dos titulares foi resolvida de modo pragmático, tendo cada direito inscrito na Carta a definição dos seus próprios titulares. Assim, a esfera de beneficiários dos diversos direitos e princípios constantes da Carta depende apenas dos termos em que esses mesmos direitos foram previstos no texto da Carta. Existem, então, direitos que assistem a todas as pessoas, ao lado de direitos que são reconhecidos apenas aos cidadãos da União, e outros direitos que são atribuídos em função de características especiais de certas pessoas, como sejam os direitos das crianças ou os direitos dos trabalhadores.

A questão dos beneficiários dos direitos suscitou apreensão da sociedade civil, pelo temor que a Carta fosse um instrumento destinado apenas aos cidadãos da União. A solução encontrada supera tais receios, permitindo que os direitos consagrados possam ser invocáveis, na maioria dos casos, por todas as pessoas, em observância do princípio da universalidade.

Assim, resulta que a generalidade dos direitos de conteúdo cívico e político são invocáveis por todas as pessoas. Do mesmo modo, os direitos de conteúdo económico e social têm uma formulação que não afasta a sua aplicabilidade aos cidadãos provenientes de países terceiros. Com efeito, nos primeiros quatro capítulos da Carta, bem como no capítulo VI, encontram-se poucas disposições especificamente destinadas aos cidadãos da União. Distinta e, por motivos óbvios, é a situação do capítulo V, com a epígrafe "Cidadania". Sendo a União Europeia um acordo político entre Estados, que confere estatuto de cidadania aos nacionais dos respectivos países, é natural que as disposições relativas à cidadania tenham um âmbito de aplicação mais restrito que os demais artigos da Carta.

Na medida em que os Estados-membros são também destinatários das disposições da Carta, os tribunais nacionais poderão ser confrontados com a invocação de direitos inscritos no seu texto. Na verdade, os particulares poderão invocar a violação de direitos fundamentais consagrados na Carta, por parte de medidas nacionais adoptadas no âmbito do direito comunitário. A aplicação efectiva das disposições da Carta pelos tribunais nacionais depende do seu carácter vinculativo, mas uma vez superado o problema da natureza jurídica da Carta é de prever que parte das suas normas seja susceptível de produzir efeito directo.

Competências

A convenção debateu o impacto que a Carta dos Direitos Fundamentais poderia provocar sobre a esfera de competências atribuídas à União Europeia. Ou seja, em que medida a consagração de certos direitos no dispositivo da Carta poderia ter como efeito o alargamento das competências da União Europeia. Sobre esta matéria, o artigo 51°, n°2 (artigo II-111°, n°2) afirma que a Carta *"não cria quaisquer novas atribuições ou competências para a Comunidade ou para a União, nem modifica as atribuições e competências definidas nos Tratados."* Em reforço desta cláusula horizontal sobre a repartição de competências entre a União e os Estados-membros no âmbito de aplicação da Carta, o 5° parágrafo do Preâmbulo sublinha ainda que *"A presente Carta reafirma, no respeito pelas atribuições e competências da Comunidade e da União e na observância do princípio da subsidiariedade"*. Assim, e na lógica do mandato fixado pelo Conselho Europeu de Colónia, a Carta não pretende ser um instrumento que comporte alterações ao ordenamento jurídico da União Europeia, nomeadamente, na divisão de competências entre a União e os Estados-membros.

O problema do impacto da Carta sobre o alcance das competências da União decorria da relação que se poderia estabelecer entre os direitos garantidos no seu texto e as competências comunitárias. Como pano de fundo desta questão encontrava-se o receio de alguns Estados-membros que a afirmação de certos direitos pela Carta pudesse servir de justificação para futuro alargamento das competências da União. Nos termos desse entendimento, a Carta não deveria consagrar direitos em domínios que excedessem as competências da União. No entanto, esta posição parecia ser algo redutora. Com efeito, no citado *Parecer 2/94* o Tribunal de Justiça afirmou uma distinção de princípio no direito comunitário: por um lado, existe a obrigação absoluta da União respeitar os direitos fundamentais; por outro lado, a actuação da União no domínio dos direitos fundamentais pressupõe a existência de competência própria.

Com base nesta distinção, é possível antever situações em que a inexistência de competência comunitária não seja impeditiva da violação de um direito fundamental por parte da União. Pense-se, por exemplo, que a aprovação de um acto comunitário que se ocupe da regulação das modalidades de abate de animais é susceptível de interferir com rituais religiosos neste domínio. Donde, pode pôr em causa direitos que derivam da liberdade de religião. Sendo certo que a União não dispõe de qualquer competência em matéria de religião. No entanto, as instituições comunitárias podem afectar, ainda que indirectamente, direitos reportáveis à liberdade de religião. Portanto, a questão dos direitos consagrados na Carta é um problema que não se confunde com o alargamento das competências conferidas à União Europeia.[294]

Por outro lado, a Carta pretende reflectir um conjunto de valores comuns ao património político da União Europeia. Nesta medida, o seu articulado não poderia deixar de incluir disposições como a interdição da pena de morte ou preceitos relativos à tutela da vida familiar, os quais, ainda que estranhos ao âmbito de jurisdição comunitária, servem de complemento à função de legitimação do poder político da União visada pela adopção da Carta.

Em todo o caso, receios reiterados por certos Estados-membros no decurso da Convenção que elaborou o Tratado Constitucional, em virtude da Carta juntar direitos políticos e direitos sociais no mesmo catálogo, conduziram a alterações ao texto da cláusula horizontal em sede competências, no sentido de afirmar ulteriormente a inviolabilidade da divisão de competências estabelecida.[295] Assim, o nº2 do artigo II-111º do Tratado Constitucional (artigo 51º, nº 2) afirma ainda que a *"Carta não torna o âmbito de aplicação do direito da União extensivo a competências que não sejam da União."*

---

[294] *Idem*, p.6
[295] F. Turpin, « L'intégration de la Charte des droits fondamentaux dans la Constitution européenne. Projet de Traité établissant une Constitution pour l'Europe », *Revue Trimestrielle de Droit Européen 39* (2003), p.617.

Convenção Europeia dos Direitos do Homem

A Carta teve de equacionar o relacionamento entre as suas disposições e a Convenção Europeia dos Direitos do Homem. Como se sabe, a CEDH é o instrumento principal da ordem pública europeia de direitos fundamentais. As disposições da CEDH, e a jurisprudência proferida pelo Tribunal Europeu dos Direitos do Homem, constituem superior garantia da protecção dos direitos fundamentais. Importava, pois, definir o tipo de relação entre os dois catálogos de direitos. Todavia, o problema do relacionamento entre a Carta e a CEDH abrange apenas uma parte das disposições da Carta, na medida em que a CEDH versa essencialmente sobre os chamados direitos civis e políticos.[296]

O problema reside, pois, nos direitos inscritos na Carta que tenham correspondência em direitos constantes da CEDH. Quanto a este aspecto, o artigo 52º nº3 (artigo II-112º, nº3) afirma que o sentido e âmbito dos direitos da Carta são iguais aos conferidos pela CEDH, [297] o que não obsta a que o direito da União confira uma protecção mais ampla. Portanto, em caso de conflito entre o disposto num artigo da Carta e um artigo da CEDH, considera-se que os preceitos da CEDH constituem o nível básico de protecção. Ou seja, a interpretação das normas da Carta não pode reduzir o nível de protecção dos direitos fundamentais resultantes da CEDH. O que significa que para a Carta a CEDH é considerada padrão mínimo de garantia dos direitos fundamentais e, quando o sentido e âmbito das disposições da Carta não alcançarem a protecção oferecida pela CEDH, o conflito de normas em questão é resolvido em favor da CEDH. Diferentemente, se as disposições da Carta oferecerem uma protecção dos direitos fundamentais superior à que resulta dos preceitos correspondentes da CEDH, o conflito de normas é resolvido através da aplicação da Carta.

---

[296] M. Fischbach, "Le Conseil de l'Europe et la Charte des droits fondamentaux de l'Union européenne", *Revue Universelle des Droits de l'Homme*, 12 (2000), p.8.

[297] Redacção alterada pelo artigo II-112º do Tratado Constitucional, que cortou a seguinte frase: "*a não ser que a Carta garanta uma protecção mais ampla ou mais extensa*".

246   *A União Europeia*

A importância desta cláusula resulta também da sua aplicação ao regime da restrição dos direitos e liberdades reconhecidos pela Carta. É neste aspecto que o relacionamento com a CEDH se afigura mais delicado. As técnicas normativas usadas em ambos os catálogos divergem profundamente no tocante às restrições ao exercício de direitos. Na CEDH, a cada direito enumerado corresponde uma cláusula específica que regula as situações em que o mesmo é susceptível de sofrer restrições. A preocupação subjacente a esta técnica normativa foi limitar cuidadosamente as circunstâncias em que as autoridades públicas poderiam interferir com o exercício de direitos fundamentais. Diferentemente, a Carta dispõe apenas de uma cláusula horizontal, artigo 52º, nº1 (artigo II- 112, nº1), que se ocupa do regime das restrições aos direitos fundamentais.

A preocupação com o regime das restrições aos direitos fundamentais reconhecidos pela Carta, em virtude da diferente abordagem técnico-jurídica, levou à duplicação das referências à CEDH, nos artigos 52º, nº3, e 53º (artigos II-112º, nº3, e II-113º). Na verdade, nos documentos iniciais da convenção previa-se apenas uma cláusula geral que estabelecia que nenhuma disposição da Carta poderia restringir a protecção oferecida pela CEDH, pelas tradições constitucionais dos Estados-membros e outros instrumentos de direito internacional. As apreensões manifestadas pelos observadores do Conselho da Europa, quanto ao risco de diminuição do nível de protecção conferido pela CEDH, levaram à introdução de um preceito específico sobre a relação entre os direitos e liberdades previstos pela Carta e as restrições aos correspondentes direitos no sistema da CEDH. Existem, assim, dois preceitos que regulam a relação da Carta dos Direitos Fundamentais com a Convenção Europeia dos Direitos do Homem, o que atento ao seu conteúdo se afigura redundante. Por uma questão de clareza, teria sido preferível omitir a referência à CEDH no artigo 53º e abordar o relacionamento entre os dois instrumentos jurídicos apenas no texto do artigo 52º, nº3.[298]

---

[298] P. Lemmens, "The Relation between the Charter of Fundamental Rights of the European Union and the European Convention on Human Rights – Substantive Aspects", *Maastricht Journal of European and Comparative Law*, 8 (2001), pp.50-55.

Na medida em que a CEDH constituiu fonte preferencial de inspiração na elaboração da Carta, sobretudo dos direitos civis e políticos e direitos processuais fundamentais, ainda que a convenção não se tenha limitado à transposição literal dos direitos inscritos na CEDH, importa saber quais os direitos consagrados na Carta que correspondem a direitos da CEDH. Com este propósito, o secretariado da convenção elaborou duas listas de direitos reconhecidos pela Carta, publicadas nas anotações aos artigos da Carta, mas que não produzem quaisquer efeitos jurídicos, destinando-se apenas a clarificar as disposições da Carta.[299]

A Carta mantém, pois, a relação existente entre o direito comunitário e o sistema da CEDH. O Tribunal de Justiça continuará a interpretar de modo próprio as disposições da CEDH, bem como a jurisprudência proferida pelo Tribunal Europeu dos Direitos do Homem. A Carta dos Direitos Fundamentais não interfere com o grau de autonomia do direito comunitário face ao sistema da CEDH. Subsistem, portanto, riscos de interpretação diferente das disposições da CEDH por parte do Tribunal de Justiça e do Tribunal Europeu dos Direitos do Homem.

Refira-se que o Tratado Constitucional permite à União Europeia superar a inibição criada pelo referido *Parecer 2/94* do Tribunal de Justiça, sobre a adesão à CEDH. Com efeito, o Tribunal de Justiça havia afirmado que a Comunidade não tinha competência para aderir à CEDH. A adesão à CEDH obrigaria, por isso, à alteração dos Tratados. Em Amesterdão e Nice, os Estados-membros não introduziram qualquer alteração nos Tratados que permitisse superar a inexistência de base jurídica assinalada pelo Tribunal de Justiça.

O Tratado Constitucional contém uma disposição sobre a adesão da União à CEDH. O nº2 do artigo I-9º afirma que a União adere à Convenção Europeia dos Direitos do Homem. Deste modo, pretende eliminar o obstáculo indicado pelo Tribunal de Justiça no *Parecer 2/94,* através de uma cláusula de autorização da adesão da União à CEDH. Todavia, este preceito do Tratado Constitucional dispõe que a adesão à CEDH não altera as competências da União. Ou seja, a mesma disposição

---

[299] CHARTE 4473/00 CONVENT 49, de 11 de Outubro.

que autoriza a adesão à CEDH contém uma cláusula de protecção sobre o limite das competências da União, enfatizando as preocupações manifestadas a este título por certos Estados-membros, em sede de alterações às disposições gerais da Carta.[300]

Em todo o modo, a cláusula de autorização contida no Tratado Constitucional permitirá à União alcançar um nível de protecção dos direitos fundamentais idêntico àquele conferido pelos Estados-membros, em virtude do acesso ao mecanismo de fiscalização externa da CEDH.[301]

Direitos civis e políticos

Constituindo os direitos civis e políticos o cerne da Convenção Europeia dos Direitos do Homem, natural seria que na elaboração desta parte da Carta a CEDH tivesse servido de instrumento de referência. Alguns membros da convenção defenderam mesmo que a Carta se deveria limitar a importar as disposições da CEDH. Apesar de não ter sido esse o entendimento dominante, pelas dificuldades técnicas relacionadas com a interpretação da CEDH pelo Tribunal Europeu dos Direitos do Homem, a CEDH serviu de fonte directa de inspiração na redacção dos direitos civis e políticos. Recorde-se, todavia, que a CEDH foi adoptada em 1950, pelo que o seu texto traduz uma perspectiva datada dos direitos fundamentais. Sendo certo que, mesmo no capítulo dos direitos civis e políticos, o entendimento dos direitos fundamentais não tem cessado de evoluir - reflectindo o aprofundamento da tutela dos direitos humanos e a realização da democracia plena nas sociedades modernas – evolução que foi sendo acompanhada pela jurisprudência proferida pelos órgãos da CEDH. Donde, a elaboração de uma Carta de Direitos Fundamentais constituir

---

[300] P. Manin, "L'Adesione dell'Unione Europea alla Convenzione per la Salvaguardia dei Diritti dell'Uomo e delle Libertà Fondamentali", in L. S. Rossi (a cura di), *Il Progetto di Trattato-Costituzione. Verso una nuova Architettura dell'Unione Europea*, Giuffrè Editore, Milano 2004, p.262.

[301] J. Dutheil de la Rochère, "The EU and the Individual: Fundamental Rights in the Draft Constitutional Treaty", *Common Market Law Review*, 41 (2004), p.353.

oportunidade para o desejável *aggiornamento* dos direitos civis e políticos no ordenamento jurídico da União Europeia.

O elenco dos direitos civis e políticos não se confinou aos direitos que constavam da CEDH. Na verdade, a convenção aproveitou para incluir novos direitos que visam responder aos desafios do mundo contemporâneo. Assim, o artigo 3º (artigo II-63º) introduz um núcleo de princípios relativos à integridade do ser humano face aos desenvolvimentos tecnológicos verificados nos domínios da medicina e da biologia. Na mesma linha de preocupações, suscitadas pelo progresso tecnológico no campo da informática, se inscreve o artigo 8º (artigo II-68º) que consagra o direito à protecção dos dados de carácter pessoal. Por outro lado, outros novos direitos reconhecidos pela Carta reflectem um nível diferente de preocupações, orientado no sentido do aprofundamento da democracia. Neste contexto merece referência o artigo 41º (artigo II-101º) que introduz o chamado direito a uma boa administração, o qual confere um conjunto de direitos no relacionamento dos cidadãos com as instituições comunitárias.

O aspecto mais ambíguo da Carta, no âmbito dos direitos civis e políticos, consiste no problema da garantia dos direitos. E a questão não se coloca tanto ao nível das disposições da Carta, mas sobretudo no plano do ordenamento comunitário. O fulcro da questão reside no direito de acesso dos particulares ao Tribunal de Justiça. A essência do problema prende-se com a interpretação limitativa da legitimidade processual dos particulares em acederem a este órgão, realizada pela jurisprudência dos artigos 230º e 232º do TCE. Ora, o acesso dos particulares à justiça é um direito fundamental, pressuposto do próprio Estado de Direito. Assim, as restrições no acesso dos particulares ao Tribunal de Justiça, sobretudo em caso de violação de direitos fundamentais, ensombram o ordenamento comunitário em sede de direitos humanos.[302]

O artigo 47º (artigo II-107º) afirma o direito de acção perante um tribunal nos casos de violação de um direito fundamental protegido pelo

---

[302] P. Wachsmann, "les droits civils et politiques", *Revue Universelle des Droits de l'Homme*, 12 (2000), p.18.

ordenamento jurídico da União. É uma solução que assenta na ideia que o sistema jurisdicional comunitário não se limita às acções que decorrem no Tribunal de Justiça, mas abrange também os recursos introduzidos nos tribunais nacionais, na medida em que estes são órgãos judiciais comuns de aplicação do direito comunitário. Como tal, estariam abrangidos pela disposição do artigo 47°. Porém, esta é uma solução formal para um problema concreto do direito comunitário: o alargamento das condições em que é consentido o acesso directo dos particulares ao Tribunal de Justiça e ao Tribunal de Primeira Instância. Na verdade, a resolução plena do problema do acesso directo dos particulares deveria ser efectuada através da alteração das disposições do Tratado que se ocupam da legitimidade processual. No entanto, nada impede o Tribunal de Justiça de proceder à reavaliação da sua competência jurisdicional, à luz do direito de acção judicial consagrado pela Carta e, eventualmente, introduzir alterações à natureza restritiva da jurisprudência.

Direitos de cidadania

A Carta dos Direitos Fundamentais inclui um capítulo sobre direitos de cidadania. O mandato de Colónia afirmava que a Carta deveria incluir também os direitos que apenas são outorgados aos cidadãos da União. Donde, a razão de ser da especificidade de um capítulo da Carta dedicado à cidadania.

A cidadania da União Europeia foi instituída pelo Tratado de Maastricht, que agregou o conjunto de direitos atribuíveis às pessoas com nacionalidade de um Estado-membro. Os direitos considerados de cidadania em Maastricht são direitos de natureza cívica e política, a que se junta um direito retirado das liberdades económicas previstas no Tratado da Comunidade Europeia, e visam constituir um vínculo directo entre os cidadãos dos Estados-membros e a União Europeia. Porém, na medida em que a elaboração da Carta dos Direitos Fundamentais deveria reflectir o direito vigente no ordenamento comunitário, não seriam de esperar significativas alterações nos direitos de cidadania.

Em termos de cidadania, a Carta abrange os direitos de participação política dos cidadãos da União traduzidos no artigo 39° (artigo II-99°), relativo ao direito de eleger e de ser eleito nas eleições para o Parlamento Europeu no Estado-membro de residência, e no artigo 40° (artigo II-100°) que enuncia o direito de eleger e ser eleito nas eleições municipais do Estado-membro de residência. Em articulação com estas disposições, o artigo 12°, n°2 (artigo II- 72°, n°2) declara que "*os partidos políticos ao nível da União contribuem para a expressão da vontade política dos cidadãos da União*". Outro preceito que configura um direito político é o artigo 46° (artigo II-106°), relativo à protecção diplomática e consular no território de países terceiros. Aspecto comum a todos estes direitos é o facto de se aplicarem exclusivamente aos cidadãos da União.

O direito de acesso ao Provedor de Justiça, artigo 43° (artigo II-103°), o direito de petição ao Parlamento Europeu, artigo 44° (artigo II-104°), e o direito de acesso aos documentos, artigo 42° (artigo II-102°), podem ser invocados por qualquer pessoa singular ou colectiva com residência ou sede social num Estado-membro. De comum no exercício destes direitos é o facto de os mesmos pressuporem relação directa do titular do direito com a União Europeia. Diferentemente, o direito de voto nas eleições europeias e municipais e a protecção diplomática e consular são direitos que requerem intermediação de um Estado-membro.

Para terminar a referência aos direitos de cidadania inscritos na Carta, o direito de circulação e de permanência, que consta do seu artigo 45° (artigo II-105°). Este preceito tem origem diferente dos demais direitos de cidadania. A sua génese é directamente reportável às disposições do Tratado da Comunidade Europeia que estabeleciam as liberdades económicas, em particular a livre circulação de pessoas, e, sobretudo, à interpretação criativa destes artigos pelo Tribunal de Justiça. O direito de circulação e permanência é o mais importante direito de cidadania da União. Da comparação da letra do artigo 45° da Carta com o artigo 18°, n°1, do TCE, poderia resultar que o direito de circulação e permanência dos cidadãos da União no território de qualquer Estado-membro tinha sido objecto de reconhecimento absoluto por parte da Carta, ou seja, não estaria sujeito às limitações decorrentes do direito comunitário. Todavia, nas disposições gerais da Carta encontra-se o n°2 do artigo 52° (artigo II-112°, n°2) que refere que "*os direitos reconhecidos pela presente Carta, que se baseiam nos Tratados comunitários ou no Tratado da União Europeia, são exercidos de acordo com as condições e limites por estes definidos*". Portanto, mantêm-se as limitações existentes ao direito de livre circulação e de residência que resultam do Tratado e das directivas adoptadas em sua aplicação.[303]

Direitos sociais

O problema da inserção dos direitos sociais na Carta foi o aspecto mais polémico dos trabalhos da convenção. Com efeito, verificou-se forte clivagem entre, por um lado, os defensores da chamada dimensão social da União e, por outro lado, as posições de certos Estados que consideravam os direitos sociais como não revestindo natureza de direitos fundamentais e que, em todo o caso, entendiam que tais direitos ultrapassariam as competências da União. O compromisso final entre as duas perspectivas antagónicas foi realizado pela afirmação dos direitos sociais fundamentais como parte integrante da dignidade do ser humano, no sentido do artigo 1º (artigo II-61º). A sua inclusão na versão final da Carta é considerada um resultado positivo e que permite, por si só, afirmar a mais valia da Carta dos Direitos Fundamentais relativamente à Convenção Europeia dos Direitos do Homem.[304]

Refira-se que o Tratado de Amesterdão tinha introduzido um novo parágrafo no Preâmbulo do Tratado da União que declarava o apego aos direitos sociais fundamentais, tal como definidos na Carta Social Europeia, de 1961, e na Carta Comunitária dos Direitos Sociais Fundamentais dos Trabalhadores, de 1989. Como se sabe, a referência a estes instrumentos internacionais sobre direitos sociais no Preâmbulo do Tratado da União não é suficiente para lhes conferir efeito vinculativo. Todavia, a referência do Preâmbulo foi complementada pelo artigo 136º do TCE, que declara que a Comunidade e os Estados-membros tendo pre-

---

[303] D. Simon, "Les droits du citoyen de l'Union", *Revue Universelle des Droits de l'Homme*, 12 (2000), p.25.

[304] Editorial Comments, "The EU Charter of Fundamental Rights still under discussion", *Common Market Law Review*, 38 (2001), p.3.

sentes os direitos sociais fundamentais enunciados na Carta Social Europeia e na Carta Comunitária dos Direitos Sociais Fundamentais dos Trabalhadores prosseguem os objectivos de política social por ele enumerados.

A maior dificuldade que os direitos sociais suscitam, em termos de técnica normativa, deriva da especial natureza jurídica. Com efeito, os direitos sociais não são, por regra, direitos subjectivos que possam ser directamente invocados pelos particulares diante dos tribunais. Na maioria dos casos, os direitos sociais consistem na faculdade dos seus titulares receberem prestações do Estado.[305] Como sucede, por exemplo, com o direito à segurança social, o direito à educação, o direito à saúde ou o direito à habitação. Ainda que existam certos direitos sociais que revistam natureza jurídica de verdadeiros direitos subjectivos, como é o caso da liberdade sindical, do direito de negociação colectiva ou do direito à protecção contra despedimentos sem justa causa. Todavia, o elemento marcante da diferença entre os direitos civis e políticos e os direitos sociais reside na especial natureza de direitos subjectivos dos primeiros face ao carácter de direitos de crédito, a receber prestações do Estado, dos segundos. Em resultado desta diferente natureza jurídica temos que os direitos civis e políticos são direitos que beneficiam do chamado efeito directo, ao passo que os direitos sociais por serem direitos de conteúdo positivo se caracterizam pela inexequibilidade directa.[306]

Este tipo de considerações marcou a convenção que elaborou a Carta. Sobretudo, pelo facto do mandato do Conselho Europeu de Colónia declarar que deveriam ser *"tidos em conta os direitos económicos e sociais consignados na Carta Social Europeia e na Carta Comunitária dos Direitos Fundamentais dos Trabalhadores (artigo 136º), na medida em que não constituam apenas uma base para objectivos de acção da*

---

[305] M. Gijzen, "The Charter: A Milestone for Social Protection in Europe?", *Maastricht Journal of European and Comparative Law*, 8 (2001), p.35.

[306] O. De Schuttter, "La contribution de la Charte des droits fondamentaux de l'Union européenne à la garantie des droits sociaux dans l'ordre juridique communautaire", *Revue Universelle des Droits de l'Homme*, 12 (2000), p.41.

União". Assim, o mandato conferido à convenção afastava do âmbito da Carta os direitos sociais que constituam meros objectivos de acção da União Europeia.

Na base desta limitação, os trabalhos da convenção orientaram-se pela distinção entre direitos, princípios e objectivos. Sendo certo que os objectivos em matéria social seriam de considerar fora da esfera da Carta, o capítulo social não deveria, contudo, reduzir-se aos direitos susceptíveis de produzir efeito directo. Como se viu, o traço distintivo dos direitos sociais reside, essencialmente, no facto de revestirem natureza de direitos a receber uma prestação do Estado. Pelo que não se poderiam limitar aos direitos subjectivos. Na medida em que os direitos sociais necessitam de medidas de implementação por parte dos poderes públicos, as normas que os consagram revestem natureza jurídica de princípios. Princípios que se impõem à actuação de legislador, que lhes deve dar aplicação. A falta de actuação do legislador na implementação deste tipo de princípios jurídicos é susceptível de controlo judicial. Todavia, os particulares não podem invocar nos tribunais direitos constantes desses princípios, enquanto estes não tenham sido objecto de implementação por parte dos poderes públicos.[307]

Em termos de técnica normativa, as disposições da Carta não se referem explicitamente à consagração de direitos ou ao enunciado de princípios. Contudo, é possível inferir do modo de formulação de certos artigos da Carta a natureza de direitos directamente invocáveis pelos cidadãos, ou, de princípios que requerem implementação pelas autoridades competentes. Assim, nos casos em que o titular do direito seja directamente mencionado na letra da disposição, como sucede por exemplo nos artigos 30º e 31º (artigos II-90º e II-91º), deparamos com a consagração de verdadeiros direitos. Diferentemente, nas situações em que se refere que a União deve reconhecer ou assegurar a protecção de certos valores, a Carta contém apenas a afirmação de princípios, como acontece nos artigos 34º a 38º (II-94º a II-98º).[308]

---

[307] J.J. Gomes Canotilho, V. Moreira, *Constituição da República Portuguesa Anotada*, Coimbra Editora, Coimbra, 1993, p.318.

[308] A. Vitorino, "La Charte des droits fondamentaux de l'Union européenne", *Revue du Droit de l'Union Européenne*, 1/2001, p.45.

Por seu turno, a distinção entre princípios e objectivos assenta no facto de os princípios consistirem em comandos dotados de certo grau de precisão, que na sua aplicação conferem estreita margem de apreciação aos poderes públicos. Temos nesta situação as normas relativas à protecção do ambiente ou à defesa do consumidor. A tutela do ambiente ou do consumidor são princípios cuja implementação tem sido objecto de controlo jurisdicional. As instituições públicas competentes não se podem eximir ao dever de aplicar esses princípios, sob pena de serem judicialmente accionadas. Diferentemente, normas que estipulem finalidades de carácter muito genérico, permitindo ampla discricionariedade ao legislador na sua implementação, são de considerar como meros objectivos de política social. O caso de uma norma relativa ao pleno emprego, por exemplo, estipula um objectivo de tal modo vago que a sua aplicação não pode ser controlada pelos tribunais.[309]

Como se referiu, o debate sobre a incorporação da Carta no Tratado Constitucional reacendeu as hesitações do Reino Unido no tocante aos direitos sociais.[310] Por este motivo, foi decidido acrescentar um novo parágrafo ao artigo II-112º (artigo 52º), que consagra a distinção doutrinária em sede de direitos fundamentais entre direitos e princípios. Assim, o nº 5º do artigo II-112º dispõe: *"As disposições da presente Carta que contenham princípios podem ser aplicadas através de actos legislativos e executivos tomados pelas instituições, órgãos e organismos da União e por actos dos Estados-membros quando estes apliquem o direito da União, no exercício das respectivas competências. Só serão invocadas perante o juiz tendo em vista a interpretação desses actos e a fiscalização da sua legalidade."* A distinção entre direitos e princípios, que suscitou grande discussão aquando da elaboração da Carta, foi entendida como

---

[309] J.-P. Jacqué, "La démarche initiée par le Conseil européen de Cologne", *Revue Universelle des Droits de l'Homme*, 12 (2000), p.5.

[310] J. Dutheil de la Rochère, "La place de la Charte des Droits Fondamentaux de l'Union Européenne dans la Constitution Européenne », in G. Cohen-Jonathan, J. Dutheil de la Rochère (dir.), *Constitution européenne, démocratie et droits de l'homme*, Bruylant, Bruxelles, 2003, p.237.

uma espécie de cláusula horizontal implícita na sua interpretação.[311] A natureza vinculativa da Carta, por via da incorporação no Tratado Constitucional, determinou a consagração expressa dessa distinção no âmbito das disposições gerais.

Relativamente aos direitos sociais inscritos na Carta, de um modo geral agrupados no Capítulo IV, sob a epígrafe "Solidariedade", as disposições da Carta Social Europeia e da Carta Comunitária dos Direitos Fundamentais dos Trabalhadores constituíram fonte preferencial de inspiração. Outras disposições da Carta decorrem directamente de preceitos aplicáveis no ordenamento dos Estados-membros, como sejam os direitos que constam dos artigos 30º, 34º e 35º (artigos II-90º, II-94º e II-95º). O Tratado da Comunidade Europeia serviu também de fonte de inspiração de alguns direitos sociais contidos na Carta, nomeadamente, os preceitos relativos à não discriminação e à igualdade entre homens e mulheres.

Em todo o caso, e apesar do valor acrescentado que representa a inserção dos direitos sociais na Carta dos Direitos Fundamentais, não se deve perder de vista que a adopção da Carta, de acordo com o seu artigo 51º, nº2 (artigo II-111º, nº2), não interfere com a repartição de competências entre a União e os Estados-membros. O que significa que a Carta não afecta as competências que os Estados detêm em matéria social, nomeadamente, a possibilidade de introduzirem restrições no nível de protecção social vigente no plano nacional, sem que o direito comunitário possa interferir. Esta situação é particularmente sensível face ao receio das chamadas operações de deslocalização de empresas. Na verdade, a ameaça de deslocalização de empresas tem sido utilizada no plano nacional como forma de pressão dos meios empresariais para obterem diminuições dos encargos sociais existentes, sob pena de as empresas se estabelecerem nos Estados com custos sociais mais reduzidos. O que desencadeia uma tendência, por parte dos governos nacionais, para a flexibilização da protecção social em vista do aumento da competitividade das

---

[311] F. Turpin, «L'intégration de la Charte des droits fondamentaux dans la Constitution européenne. Projet de Traité établissant une Constitution pour l'Europe», *Revue Trimestrielle de Droit Européen 39* (2003), p.617.

empresas. Este fenómeno de desregulação social tem sido percebido por vastos sectores da sociedade civil dos Estados como um custo político associado ao processo de integração económica europeia, tendo sido motivo essencial da rejeição do Tratado Constitucional pelos eleitorados francês e neerlandês.

Assim, e não obstante a faceta positiva da introdução dos direitos sociais, a Carta parece não bastar para impedir os efeitos nocivos decorrentes da construção do mercado interno, cujo combate requererá a adopção de uma efectiva política social europeia. Com efeito, a inclusão dos direitos sociais na Carta dos Direitos Fundamentais não substitui a discussão sobre a necessidade de aprovação de políticas sociais no plano comunitário que consubstanciem a definição de novos objectivos políticos da União. O que implica a atribuição de outras competências à União, que lhe permita actuar na defesa do chamado modelo social europeu.

BIBLIOGRAFIA

- L. Aggestam, "The European Union at the Crossroads: Sovereignty and Integration" in A. Landau, R. Whitman (ed.), *Rethinking the European Union. Institutions, Interests and Identities*, Macmillan Press, Londres, 1997.
- K.J. Alter, "Who Are the «Masters of the Treaty»? The European Governments and the European Court of Justice", *International Organization* 52 (1998).
- J. Althusius, *Politica Methodice Digesta* (Reprinted from the 3rd Ed., 1614), Introdução de Carl Friedrich, Harvard University Press, Cambridge, 1932. Versão inglesa, *Politica* (An Abridged Translation), Liberty Fund, Indianapolis, 1995.
- R. Barents, "Some Observations on the Treaty of Nice", *Maastricht Journal of European and Comparative Law 8* (2001).
- T. Bergman, T. Raunio, "Parliaments and policy-making in the European Union", in J. Richardson (ed.) *European Union. Power and policy-making*, 2ª ed., Routledge, Londres, 2001.
- R. Bieber e outros (eds.) *Au nom des peuples européens. Un catalogue des droits fondamentaux de l'Union européenne*, Nomos Verlagsgesellschaft, Baden-Baden, 1996.
- T.A. Borzel, T. Rhisse, *Who Is Afraid of a European Federation? How to Constitutionalize a Multi-Level Governance System*, Harvard Jean Working Paper, nº 7/00, 2000.

- K. Bradley,"Institutional Design in the Treaty of Nice", *Common Market Law Review 38* (2001).
- H. Bribosia, "Subsidiarité et répartition des compétences entre l'Union et ses États membres dans la Constitution européenne", *Revue du Droit de l'Union Européenne*, 1/2005.
- M. Burgess, "Federalism and European Union: Political Change and Continuity in the European Community" in C.L. Brown-John, *Federal-Type Solutions and European Integration*, University Press of America, Lanham, 1995.
- I. Camisão, L. Lobo-Fernandes, *Construir a Europa. O processo de integração entre a teoria e a história*, Principia, Cascais, 2005.
- T. Christiansen, "Reconstructing European Space: From Territorial Politics to Multilevel Governance", in K.E. Jorgensen (ed.), *Reflective Approaches to European Governance*, Macmillan Press Ltd, Londres, 1997.
- T. Christiansen, "The European Commission: administration in turbulent times", in J. Richardson (ed.) *European Union. Power and policy-making*, 2ª ed., Routledge, Londres, 2001.
- T. Christiansen, "The Council of Ministers: the politics of institutionalised inter-governmentalism", in J. Richardson (ed.) *European Union. Power and policy-making*, 2ª ed., Routledge, Londres, 2001.
- A.G. Chueca Sancho, *Los Derechos Fundamentales en la Comunidad Europea*, Bosch, Barcelona, 1989.
- M. Cini, "Reforming the European Commission: discourse, culture and planned change", in Madeleine O. Hosli e outros (eds.) *Institutional Challenges in the European Union*, Routledge, Londres, 2002.
- A. Clapham, *Human Rights and the European Community: A Critical Overview*, Nomos Verlagsgesellschaft, Baden-Baden, 1991.
- L.J. Constantinesco, "Fédéralisme – Constitutionalisme ou Fonctionalisme? (Réflexions sur la méthode de l'intégration européenne)" in *Mélanges Fernand Dehousse*, vol.2, Éditions Labor, Bruxelas, 1979.
- V. Constantinesco, *Compétences et Pouvoirs dans les Communautés Européennes - contribution à l'étude de la nature juridique des Communautés*, Librairie Générale de Droit et de Jurisprudence, Paris, 1974.
- V. Constantinesco, "Europe fédérale ou fédération d'États-nations?", in Renaud Dehousse (ed.) *Une Constitution pour l'Europe?,* Presses de Sciences Po, Paris, 2002.

- R. Corbett, "The Intergovernmental Conference on Political Union", *Journal of Common Market Studies XXX* (1992).
- A. Costa Pinto, N. Severiano Teixeira (eds.), *Southern Europe and the Making of the European Union, 1945-1980's*, SSM, Boulder, Nova Iorque, 2002.
- R.N. Coudenhove-Kalergi, *Pan-Europe*, A.A.Knopf, Nova Iorque, 1926; versão em língua inglesa, *Pan-Europe*, A.A.Knopf, New York, 1926.
- R.N. Coudenhove-Kalergi, *Europe Must Unite*, Paneuropa Editions Ltd, Suíça, 1939.
- R.N. Coudenhove-Kalergi, *Crusade for Pan-Europe - Autobiography of a Man and a Movement*, G.P.Putman's, Nova Iorque, 1943.
- R.N. Coudenhove-Kalergi, *An Idea Conquers the World*, Hutchinson, Londres, 1953.
- P. Craig, "Constitutional Process and Reform in the EU: Nice, Laeken, the Convention and the IGC", *European Public Law 10* (2004).
- P. Craig, G. De Burca (eds.), *The Evolution of EU Law*, Oxford University Press, Oxford, 1999.
- B. Crum, "Legislative-Executive Relations in the EU", *Journal of Common Market Studies 41* (2003).
- J. L. Cruz Vilaça, "A Protecção dos Direitos Fundamentais na Ordem Jurídica Comunitária", in *Estudos em Homenagem ao Professor Doutor Rogério Soares*, Coimbra Editora, Coimbra, 2001.
- D. Curtin, "The 'EU Human Rights Charter' and the Union Legal Order: the 'Banns' Before the Marriage?" in D. O'Keeffe (ed.), *Judicial Review in European Union Law*, Kluwer, Haia, 2000.
- J. Czuczai, "Pratical Implementation by the Acceeding Candidate Countries of the Constitutional Acquis of the EU. Problems and Challenges", in A.E. Kellerman e outros (eds.), *EU Enlargement. The Constitutional Impact at EU and National Level*, TMC Asser Press, Haia, 2001.
- G. d'Oliveira Martins, *O novo Tratado Constitucional Europeu*, Gradiva /Fundação Mário Soares, Lisboa, 2004.
- G. de Búrca, "The constitutional challenge of new governance in the European Union", *European Law Review 28* (2003).
- F. de Quadros, *Direito da União Europeia*, Almedina, Coimbra, 2004.
- J. De Ruyt, *L'Acte Unique Européen*, Éditions de l'Université de Bruxelles, Bruxelas, 1987.

- O. De Schuttter, "La contribution de la Charte des droits fondamentaux de l'Union européenne à la garantie des droits sociaux dans l'ordre juridique communautaire", *Revue Universelle des Droits de l'Homme, 12* (2000).
- O. De Schuttter e outros (eds.), *Governance in the European Union*, Comisssão Europeia, Bruxelas, 2001.
- B. De Witte, "Sovereignty and European Integration: the Weight of Legal Tradition", in A.M. Slaughter e outros (ed.), *The European Courts and National Courts – Doctrine and Jurisprudence*, Hart Publishing, Oxford, 1998.
- B. De Witte, "The Legal Status of the Charter: Vital Question or Non-Issue?", *Maastricht Journal of European and Comparative Law*, 8 (2001).
- B. De Witte (ed.), *Ten reflections on the constitutional treaty for Europe*, EUI, Florence, 2003.
- J.W. de Zwaan, "Summing-up and Conclusions", in A.E. Kellerman e outros (eds.), *EU Enlargement. The Constitutional Impact at EU and National Level*, TMC Asser Press, Haia, 2001.
- F. Dehousse, «Le Traité d'Amsterdam, Reflet de la Nouvelle Europe», *Cahiers de Droit Européen XXXIII* (1997).
- F. Dehousse, "La Déclaration Laeken : mode d'emploi », *Revue du Marché commun et de l'Union européenne 455* (2002).
- R. Dehousse, *Rediscovering Functionalism*, Harvard Jean Monnet Working Paper, nº7/00, 2000.
- L. M. Díez-Picazo, *Constitucionalismo de la Unión Europea*, Cuadernos Civitas, Madrid, 2002.
- L. M. Díez-Picazo, *Sistema de Derechos Fundamentales*, Thomson-Civitas, Madrid, 2003.
- M. Dougan, "The Convention's Draft Constitutional Treaty: bringing Europe closer to its lawyers?", *European Law Review 28* (2003).
- M.L.Duarte, "A Cooperação Intergovernamental na União Europeia - âmbito, natureza das acções previstas e sua relação com o domínio da integração comunitária", in AA.VV., *Em Torno da Revisão do Tratado da União Europeia*, Almedina, Coimbra, 1997.
- M. L. Duarte, *Direito das Comunidades e da União Europeia*, Lex, Lisboa, 2001.
- F. Duchêne, "Jean Monnet's Methods" in D. Brinkley, C. Hackett (edited by), *Jean Monnet: The Path to European Unity*, Macmillan, Londres, 1991.

- F. Duchêne, *Jean Monnet - The First Statesmam of Interdependence*, W.W. Norton & Comp., Nova Iorque, 1994.
- J.-B. Duroselle, *História da Europa*, Publicações Dom Quixote, Lisboa, 1990.
- J. Dutheil de la Rochère, "La place de la Charte des Droits Fondamentaux de l'Union Européenne dans la Constitution Européenne », in G. Cohen-Jonathan, J. Dutheil de la Rochère (dir.), *Constitution européenne, démocratie et droits de l'homme*, Bruylant, Bruxelas, 2003.
- J. Dutheil de la Rochère, "The EU and the Individual: Fundamental Rights in the Draft Constitutional Treaty", *Common Market Law Review*, 41 (2004).
- C.D. Ehlermann, «Différenciation, flexibilité, coopération renforcée: les nouvelles dispositions du traité d'Amsterdam », *Revue du Marché Unique Européen 3* (1997).
- D.J. Elazar, *American Federalism. A View from the States*, Harper&Row Publishers, Nova Iorque, 1984.
- D.J. Elazar (ed.), *Constitutional Design and Power-Sharing in the Post-Modern Epoch*, Lanham, Nova Iorque, 1991.
- D.J. Elazar, *Exploring Federalism* (tradução italiana, "Idee e Forme del Federalismo"), Mondadori, Milão, 1998.
- N. Emiliou, "Subsidiarity: An Effective Barrier Against the Enterprises of Ambition?", *European Law Review* (1992).
- G. Falkner, M. Nentwich, "Enlarging the European Union. The short term success of incrementalism and depoliticisation", in J. Richardson (ed.), *European Union. Power and policy-making*, 2ª ed., Routledge, Londres, 2001.
- M. Fischbach, "Le Conseil de l'Europe et la Charte des droits fondamentaux de l'Union européenne", *Revue Universelle des Droits de l'Homme*, 12 (2000).
- J. Fischer, "Da Confederação à Federação: Reflexão sobre a finalidade da integração europeia" (trad. portuguesa de S. Gomes da Silva), *Política Internacional 22* (2000).
- M. Franklin, "European elections and the European voter" in J. Richardson (ed.) *European Union. Power and policy-making*, 2ª ed., Routledge, Londres, 2001.
- M. Gabel, S. Hix, "The European Parliament and executive politics in the EU: voting behaviour and the Commission President investiture procedure", in M. O. Hosli e outros (eds.) *Institutional Challenges in the European Union*, Routledge, Londres, 2002.

- G. Gaja, "Opinion 2/94", *Common Market Law Review, 33* (1996).
- T. Georgopoulos, S. Lefevre, «La Commission après le traité de Nice: métamorphose ou continuité ?», *Revue Trimestrielle de Droit Européen 37* (2001).
- M. Gijzen, "The Charter: A Milestone for Social Protection in Europe?", *Maastricht Journal of European and Comparative Law*, 8 (2001).
- V. Giscard d'Estaing, G. Amato, J.L. Dehaene, "The varying size of the EU Member States and the double majority as an expression of the union of citizens and union of States, *Human Rights Law Journal 24* (2003).
- P.N. Glendening, M.M. Reeves, *Pragmatic Federalism. An Intergovernmental View of American Government*, Palisades Publishers, California, 1984.
- J.J. Gomes Canotilho, V. Moreira, *Constituição da República Portuguesa Anotada*, Coimbra Editora, Coimbra, 1993.
- A. Goucha Soares, *Repartição de Competências e Preempção no Direito Comunitário*, Edições Cosmos, Lisboa, 1996.
- A. Goucha Soares, "O défice democrático da União Europeia: alguns problemas conexos", *Análise Social XXXII* (1997).
- A. Goucha Soares, "O Tratado de Amesterdão e o novo passo da União Europeia", Legislação. *Cadernos de Ciência da Legislação 21* (1998).
- A. Goucha Soares, "The Division of Competences in the European Constitution", *European Public Law 11* (2005).
- M. Gorjão-Henriques, *Direito Comunitário*, 3ª ed., Almedina, Coimbra, 2005.
- D. Grimm, "Le moment est-il venu d'élaborer une Constitution européenne?", in Renaud Dehousse (ed.) *Une Constitution pour l'Europe?*, Presses de Sciences Po, Paris, 2002.
- M. Grodzins, *The American System - A New View of Government in the United States* (ed. by D.J. Elazar,.), Transaction Books, New Brunswick,1984.
- A. M. Guerra Martins, *Curso de Direito Constitucional da União Europeia*, Almedina, Coimbra, 2004.
- C. Gutiérrez Espada, "Una reforma 'difícil pero productiva': la revisión institucional en el Tratado de Niza", *Revista de Derecho Comunitario Europeo 9* (2001).
- E.B. Haas, *The Uniting of Europe,* Stanford University Press, California, 1958.
- T. Hartley, *Constitutional Problems of the European Union*, Hart Publishing, Oxford, 1999.

- A.W. Heringa, L. Verhey, "The EU Charter: Text and Structure", *Maastricht Journal of European and Comparative Law*, 8 (2001).
- J.-P. Jacqué, « La simplification et consolidation des traités », *Revue Trimestrielle du Droit Européen 33* (1997).
- J.-P. Jacqué, "La démarche initiée par le Conseil européen de Cologne", *Revue Universelle des Droits de l'Homme*, 12 (2000).
- J. -P. Jacqué, *Droit Institutionnel de L'Union Européenne*, Dalloz, Paris, 2001.
- G. Jolly, "Le Processus d'Élargissement de l'Union Européenne", *Revue du Marché commun et de l'Union européenne 457* (2002).
- A. Johnston, "Judicial Reform and the Treaty of Nice", *Common Market Law Review 38* (2001).
- P.J.G. Kapteyn e P. Verloren Van Themaat, *Introduction to the Law of the European Communities*, Kluwer, Deventer, 1973.
- H. Kelsen, *General Theory of Law and State*, Russell &Russell, Nova Iorque, 1945.
- R.O. Keohane, S. Hoffmann, "Conclusions: Community politics and institutional change" in W. Wallace (ed.), *The Dynamics of European Integration*, Pinter Publishers Ltd, Londres, 1990.
- R. O. Keohane, S. Hoffman, *The New European Community. Decision-Making and Institutional Change*, Westview Press, Boulder, 1991.
- J. Kincaid, "Confederal Federalism and Citizen Representation in the European Union" in J.B. Brzinsky e outros, *Compounded Representation in Western European Federations*, Frank Cass, Londres, 1999.
- J. Kokkot, A. Ruth, "The European Convention and its Draft Treaty establishing a Constitution for Europe: appropriate answers to the Laeken questions?", *Common Market Law Review 40* (2003).
- E. Landaburu, "L'élargissement de l'Union Européenne: l'état de la question», *Europa – Novas Fronteiras* (2002).
- C. Leben, *Fédération d'Etats-nations ou Etat fédéral?*, Harvard Jean Monnet Working Paper, n°7/00, 2000.
- A. R. Leitão, *Comunidade Europeia. Estudos de Direito e de Sociologia Política*, Coimbra Editora, Coimbra, 2005.
- P. Lemmens, "The Relation between the Charter of Fundamental Rights of the European Union and the European Convention on Human Rights – Substantive Aspects", *Maastricht Journal of European and Comparative Law*, 8 (2001).

- K. Lenaerts, "Constitutionalism and the Many Faces of Federalism", *American Journal of Comparative Law* (1990).
- K. Lenaerts, P. Van Nuffel, *Constitutional Law of the European Union*, Sweet & Maxwell, Londres, 1999.
- M.P. Llorens, *Los derechos fundamentales en el ordenamiento comunitario*, Ariel, Barcelona, 1999
- J.-V. Louis, «L'Union Économique et Monétaire», *Cahiers de Droit Européen 3-4* (1992).
- J.-V. Louis, « Le traité d'Amsterdam: Une occasion perdue? », *Revue du Marché Unique Européen 2* (1997).
- J. Lukaszewski, *Jalons de l'Europe*, Fondation Jean Monnet, Lausanne, 1985.
- G.F. Mancini, D.T.Keeling, "Democracy and the European Court of Justice", *The Modern Law Review 57* (1994).
- P. Manin, "L'Adesione dell'Unione Europea alla Convenzione per la Salvaguardia dei Diritti dell'Uomo e delle Libertà Fondamentali", in L. S. Rossi (a cura di), *Il Progetto di Trattato-Costituzione. Verso una nuova Architettura dell'Unione Europea*, Giuffrè Editore, Milão 2004.
- A.S. Milward, V. Sørensen, "Interdependence or integration? A national choice", in Milward e outros, *The Frontier of National Sovereignty. History and theory 1945-1992,* Routledge, Londres, 1993.
- J. Monnet, *Mémoires*, Fayard, Paris, 1976.
- A. Moravcsik, *The Choice for Europe - Social Purpose and State Power from Messina to Maastricht*, Cornell University Press, Nova Iorque, 1998.
- A. Moravcsik, "In Defence of the 'Democratic Deficit': Reassessing Legitimacy in the European Union", *Journal of Common Market Studies 40* (2002).
- C.W. Morris, *An Essay on the Modern State*, Cambridge University Press, Cambridge, 1998.
- J. Mota Campos, *Manual de Direito Comunitário*, 4ª ed., F.C.Gulbenkian, Lisboa, 2004.
- R.M. Moura Ramos, *Das Comunidades à União Europeia*, 2ªed., Coimbra Editora, Coimbra, 1999.
- R.M. Moura Ramos, "The Adaptation of the Portuguese Constitutional Order to Community Law", in A.E. Kellerman e outros (eds.), *EU Enlargement. The Constitutional Impact at EU and National Level*, TMC Asser Press, Haia, 2001.

- E. Noël, "Reflections on the Maastricht Treaty", *Government and Opposition 27* (1992).
- N. Nugent, "The Deepening and Widening of the European Community: Recent Evolution, Maastricht and Beyond", *Journal of Common Market Studies* XXX (1992).
- M. O'Neill, *The Politics of European Integration*, Routledge, Londres, 1996.
- F. Papadia, C. Santini, *La Banca centrale europea*, il Mulino, Bolonha, 1998.
- C. Pentland, "Political Theories of European Integration: Between Science and Ideology", in D.Lasok, P.Soldatos, *Les Communautés en Fonctionnement*, Bruylant, Bruxelas, 1981.
- J. M. Pérez de Nanclares, "El Proyecto de Constitución Europea: Reflexiones sobre los Trabajos de la Convencíon", *Revista de Derecho Comunitario Europeo 7* (2003).
- P. Pescatore, La répartition des compétences et des pouvoirs entre les États membres et les Communautés Européennes- Étude des rapports entre les Communautés et les États membres (version française de l'article intitulé: "Distribucion de competencias y de poderes entre los Estados miembros y las Comunidades europeas. Estudio de las relaciones entre la Comunidades y los Estados miembros", in "Derecho de la Integracion", nº1, Instituto para la Integracion de la America Latina, Argentina, 1967.
- P. Pescatore, "Guest Editorial: Nice – Aftermath", *Common Market Law Review 38* (2001).
- A. Peters, "European Democracy after the 2003 Convention", *Common Market Law Review 41* (2004).
- C. Pineau, C. Rimbaud, *Le Grand Pari. L'Aventure du Traité de Rome*, Fayard, Paris, 1991.
- P. Pitta e Cunha, *A Constituição Europeia. Um olhar crítico sobre o projecto*, 2ª ed., Almedina, Coimbra, 2004.
- P. Pitta e Cunha, *Direito Institucional da União Europeia*, Almedina, Coimbra, 2004.
- P. Pitta e Cunha, *Reservas à Constituição Europeia*, Almedina, Coimbra, 2005.
- P. Pitta e Cunha, *A Crise da Constituição Europeia*, Almedina, Coimbra, 2005.
- F. Pocar, *diritto dell'unione e delle comunità europee*, 5ª ed.,Giuffrè Editore, Milão, 1997.
- P. Ponzano, « La réforme des Institutions de l'Union européenne dans le cadre de la Constitution », *Revue du Droit de l'Union Européenne*, 1/2004.

- M. Porto, *Teoria da Integração e Políticas Comunitárias*, 3ª ed., Almedina, Coimbra, 2001.
- G. Pridham, "EU Enlargement and Consolidating Democracy in Post-Communist States – Formality and Reality", *Journal of Common Market Studies 40* (2002).
- C. Reich, « Le Traité sur l'Union Européenne et le Parlement Européen », *Revue du Marché Commun 357* (1992).
- J. Roldán Barbero, "La Reforma del Poder Judicial en la Comunidad Europea", *Revista de Derecho Comunitario Europeo 9* (2001).
- D. Ruiz-Jarabo, "La reforme de la Cour de Justice opérée par le Traité de Nice et sa mise en oeuvre future", *Revue Trimestrielle de Droit Européen 37* (2001).
- C. Saunders, "The Constitutional Arrangements of Federal Systems. A Sceptical View from the Outside" in J.J. Hesse, V. Wright, *Federalizing Europe? The Costs, Benefits, and Preconditions of Federal Political Systems*, Oxford University Press, Oxford, 1996.
- N. Schmitt, "Confédération et Fédération" in D. De Rougemont, F. Saint-Ouen (ed.), *Dictionnaire International du Fédéralisme, Bruylant*, Bruxelas, 1994.
- J. Schwarze, "The Distribution of Legislative Powers and the Principle of Subsidiarity: The Case of Federal States", *Rivista Italiana di Diritto Pubblico Comunitario,* (1995).
- F. Seixas da Costa, "Portugal e o Tratado de Nice. Notas sobre a estratégia negocial portuguesa", *Negócios Estrangeiros 1* (2001).
- A. K.Sen, *La libertà individuale come impegno sociale*, Editori Laterza, Bari, 1998.
- J. Shaw, "The Treaty of Nice: Legal and Constitutional Implications", *European Public Law 7* (2001).
- D. Simon, "Les droits du citoyen de l'Union", *Revue Universelle des Droits de l'Homme, 12* (2000).
- H. Sjursen, "Why Expand? The Question of Legitimacy and Justification in the EU's Enlargement Policy", *Journal of Common Market Studies 40* (2002).
- A. Smith, "Why European Commissioners Matter", *Journal of Common Market Studies 41* (2003).
- A. Spinelli, *La Rivoluzione Federalista – Scritti 1944-1947,* Il Mulino, Bolonha, 1996.

- B. Steunenberg, "Enlargement and Institutional Reform in the European Union: Separate or Connected Issues", *Constitutional Political Economy 12* (2001).
- G. Tesauro, *Diritto Comunitario*, 2ªed., CEDAM, Pádua, 2001.
- F. Turpin, « L'intégration de la Charte des droits fondamentaux dans la Constitution européenne. Projet de Traité établissant une Constitution pour l'Europe », *Revue Trimestrielle de Droit Européen 39* (2003).
- D.W. Urwin, *The Community of Europe. A History of European Integration Since 1945*, Longman, Londres, 2ª ed., 1995.
- G. Verheugen, "Questions sur l'élargissement », *Revue du Marché commun et de l'Union européenne 455* (2002).
- P.Verloren Van Themaat, « Les défis de Maastricht », *Revue du Marché Commun 356* (1992).
- S. Verney, "The Greek Association with the European Community: a Strategy of State", in A. Costa Pinto, N. Severiano Teixeira (eds.), *Southern Europe and the Making of the European Union, 1945-1980's*, SSM, Boulder, Nova Iorque, 2002.
- D. Vignes, "Un Marathon Danois pour le Cinquième Élargissement", *Revue du Marché commun et de l'Union européenne 464* (2003).
- A. Vitorino, "La Charte des droits fondamentaux de l'Union européenne", *Revue du Droit de l'Union Européenne*, 3/2000.
- A. Vitorino, "La Charte des droits fondamentaux de l'Union européenne", *Revue du Droit de l'Union Européenne*, 1/2001.
- P. Wachsmann, "les droits civils et politiques", *Revue Universelle des Droits de l'Homme, 12* (2000).
- D.B. Walker, *Toward a Functioning Federalism*, Winthrop Publishers, Cambridge-Massachusetts, 1981.
- H. Wallace, "The Institutions of the EU: Experience and Experiments", in H. Wallace, W. Wallace, *Policy-Making in the European Union*, 3rd ed., Oxford University Press, Oxford, 1997.
- H. Wallace, "Enlarging the European Union: reflections on the challenge of analysis", *Journal of European Public Policy 9* (2002).
- W.Wallace, J. Smith, "Democracy or Technocracy? European Integration and the Problem of Popular Consent", *West European Politics 18* (1995).
- I. Ward, "Identity and Difference: The European Union and Postmodernism", in J. Shaw, G. More, *New Legal Dynamics of European Union*, Clarendon Press, Oxford, 1995.

- S. Weatherill, "Competence", in B. De Witte (ed.) *Ten Reflections on the Constitutional Treaty for Europe*, European University Institute, San Domenico di Fiesole, 2003.
- J.H.H. Weiler, "The Community System: The Dual Character of Supranationalism", *Yearbook of European Law* (1981).
- J.H.H. Weiler, "The Transformation of Europe", *The Yale Law Journal* (1991).
- J.H.H. Weiler, "The Reformation of European Constitutionalism", *Journal of Common Market Studies* (1997).
- J.H.H. Weiler, *The Constitution of Europe - "Do the new clothes have an emperor?" and other essays on European integration*, Cambridge University Press, Cambridge 1999.
- J.H.H. Weiler, "A Constitution for Europe? Some Hard Choices", *Journal of Common Market Studies 40* (2002).
- J.H.H. Weiler, M. Wind (eds.), *European constitutionalism beyond the state*, Cambridge University Press, Cambridge, 2003.
- A. Williams, "EU human rights policy and Convention on the Future of Europe: a failure of design?", *European Law Review 28* (2003).
- J. Wouters, "Institutional and constitutional challenges for the European Union – some reflections in the light of the Treaty of Nice", *European Law Review 26* (2001).
- J. Zielonka, "How New Enlarged Borders will Reshape the European Union", *Journal of Common Market Studies 39* (2001).
- J. Ziller, *La nuova Costituzione europea*, il Mulino, Bolonha, 2003.
- J. Ziller, *The New European Constitution*, Kluwer Law International, Haia, 2005.

QUADRO DE MATÉRIAS

NOTA PRÉVIA 7

CAPÍTULO I: DAS COMUNIDADES À UNIÃO EUROPEIA 9

As Comunidades Europeias 12
    Alargamento 16
    Aprofundamento 18
O Acto Único Europeu 21
A União Europeia 24
O Tratado de Maastricht 29
O Tratado de Amesterdão 36

CAPÍTULO II: TRATADO de NICE 43

Comissão 45
Conselho 49
Parlamento Europeu 55
Cooperações reforçadas 57
Sistema jurisdiciona 59
O futuro da União 65

272 *A União Europeia*

CAPÍTULO III: O ALARGAMENTO A LESTE 69

Critérios de adesão 73
Acordos de associação 78
Procedimento de adesão 81
    Pedidos de adesão 83
    Negociações de adesão 86
    Conclusão das negociações 88
    Assinatura 90
    Ratificação 91
Alargamento e reforma institucional 92

CAPÍTULO IV: FEDERALISMO E UNIÃO EUROPEIA 97

Método de integração 98
Confederação e federação 102
Tipos de federalismo 110

CAPÍTULO V: O TRATADO CONSTITUCIONAL DA UNIÃO EUROPEIA 115

As conferências intergovernamentais 116
    Perspectivas sobre o futuro da União 119
    A Declaração de Laeken 121
    A Convenção Europeia 123
O Tratado Constitucional 127
    A ideia de Constituição 127
    Natureza jurídica 130
    Simplificação dos Tratados 132
    Divisão de competências 135
    Parlamentos nacionais 137
    Carta dos Direitos Fundamentais 139
    Vida Democrática da União 141
    Reforma das instituições 143
A Conferência Intergovernamental 144

CAPÍTULO VI: AS INSTITUIÇÕES E O PROCESSO POLÍTICO 151

Conselho Europeu 152
    Conselho Europeu e integração europeia 153
    Funcionamento 155
Conselho 157
    Composição 157
    Presidência 159
    Coreper 161
    Secretariado-Geral 163
    Poderes 164
    Modo de deliberação 166
Comissão 170
    Composição 172
    Nomeação 174
    Colegialidade 176
    Organização 178
    Poderes 180
Parlamento Europeu 182
    Poderes 183
    Composição e funcionamento 186
    Questão do défice democrático 188
Processo de decisão 191

CAPÍTULO VII: A DIVISÃO DE COMPETÊNCIAS ENTRE A UNIÃO
E OS ESTADOS-MEMBROS 197

A evolução da divisão de competências 198
    Tratado de Maastricht 201
A divisão de competências no Tratado Constitucional 205
    Competências exclusivas da União 207
    Competências partilhadas com os Estados-membros 212
    Medidas de apoio 217
    Método Aberto de Coordenação 220
    Cláusula de Flexibilidade 222

Controlo da aplicação do princípio da subsidiariedade	224
Respeito pela identidade nacional dos Estados-membros	226

CAPÍTULO VIII: DIREITOS FUNDAMENTAIS 229

A Carta dos Direitos Fundamentais 236

Natureza jurídica	237
Destinatários	241
Titulares	242
Competências	243
Convenção Europeia dos Direitos do Homem	245
Direitos civis e políticos	248
Direitos de cidadania	250
Direitos sociais	252

Bibliografia 259